国家社会科学基金重大项目成果

主编　杜建录

西夏通志

部族志

佟建荣　撰

人民出版社

教育部人文社会科学重点研究基地
宁夏大学西夏学研究院重大项目

目　录

序 一

在西夏陵入选世界文化遗产名录之际，以宁夏大学杜建录教授为首的西夏研究团队，凭借着对学术的执着追求与深厚积淀，又推出一部重磅成果——《西夏通志》。这部多年精心编纂的大型西夏史著作共11卷（12册），包括《西夏史纲》（2册）《西夏地理志》《西夏经济志》《西夏职官志》《西夏军事志》《西夏人物志》《西夏部族志》《西夏风俗志》《西夏语言志》《西夏文献志》《西夏文物志》，共400余万字。首卷《西夏史纲》以全景式的视角，为读者徐徐展开西夏王朝兴衰更迭的历史长卷，其余各卷则从不同维度分别展示西夏历史的一个重要侧面。

《西夏通志》为2015年国家社科基金重大项目成果，立项前我和建录教授多次交换意见，立项后我们的交流就更多了，我还参与《部族志》的撰写、《职官志》的审读，书稿付梓前又得以先睹，感到此书的编纂意义重大，功力深厚，贡献良多。

众所周知，宋辽夏金之后的元朝为前代修史时，只修了《宋史》《辽史》和《金史》，未修西夏史，仅在这三史的后面缀以简约的"夏国传""西夏纪""西夏传"，概略地介绍了西夏主体民族党项族和西夏建国后的大事简况，以及各自与西夏的交聘争战。历史资料的稀缺，使得人们对西夏历史和社会的认识模糊不清，感到西夏史在中国历史链条中似乎是个缺环。清代以来，有识之士拾遗补阙，先后编撰《西夏书事》《西夏事略》《西夏纪》等著作，均是对传统典籍中文献资料的编年辑录，不是一部完整的西夏史。20世纪80年代以来，学界推出多部重要的西夏史著作，尤以吴天墀《西夏史稿》影响最为深远。但一方面章节体很难容纳更多的内容，另一方面出土的文献资料特别是西夏社会文书尚未公布和释读，很难弥补元代没有编纂西夏史的缺憾。

为此，《西夏通志》在系统占有资料特别是近年公布考释的西夏社会文书的基础上，将我国古代史书中的纪传史志和近代以来的章节体专史结合起来完成的一部大型西夏史著作，如"西夏史纲"是西夏王朝兴衰更迭的历史长卷；"西夏史志"，相当于"正史"中的《志》，包括地理志、经济志、职官志、军事志、部族志、语文志、文献志、文物志等，但内容和"正史"中《志》不大相同，而是根据资料和当代学术的发展，赋予新的内容，显示出新的活力，如"经济志"中的经济关系、阶级结构和社会形态；"职官志"中蕃汉官名；"军事志"中的战略、战术与战役；"语文志"中的语音和文字；"文献志"已不是传统《艺文志》中的国家藏书，而是所有地下出土文献和传世典籍文献；"人物志"，相当于人物传记；"表"包括世袭、帝号、纪年、交聘、大事、战事、词汇以及名物制度异译对照等。由此可见，《西夏通志》在一定程度上弥补了元朝没有纂修一部西夏史的缺憾。

《西夏通志》的特点是内容丰富而平实。正如首卷《西夏史纲》在凡例中所提出的"本史纲在百年西夏学基础上，系统阐述西夏建国、发展和衰亡过程以及西夏政治、经济、军事和文化面貌，不是资料考辨和某种观点的阐述。"其他各卷也都在各自的凡例中规定，该卷是在前人研究的基础上，进行客观叙述，不是资料考辨和某种观点的阐述。这样明确的自我约定，表明了作者们的科学、客观的治学态度和大众化的表述理念，充分彰显了作者团队严谨的治学态度和致力于学术大众化传播的理念。他们十分注重吸收近些年来在西夏法律、经济、军事、文化诸多方面的最新研究成果，把认真搜罗的相关文献、文物资料展陈于前，将成熟的学术观点归纳于后，没有佶屈聱牙、艰涩难懂的争辩，只是客观地叙述历史，娓娓道来，毫无强加读者之意，却能收平易推介之功，让读者在轻松愉悦的阅读体验中，自然而然地接受西夏历史知识。这种独特的写作风格，真正实现了学术著作的传播，让高深的学术知识走出象牙塔，走进大众视野。

《西夏通志》的另一个特点是系统而全面。全卷不仅多方位地涵盖了西夏历史，即便是每一卷也都能做到在各领域中尽量搜罗各种资料，做到全面系统。如《西夏文献志》收入西夏世俗文献167 种，出土西夏佛教文献556 种，传统汉文典籍中的西夏文献41 种，历代编撰的党项西夏文献21 种，还有亡佚的西夏文献25 种，共达810 种之多，同时对每一种文献都有介绍，为读者提供了翔实的西夏文献盛宴，可谓西夏文献的集大成之作。

《西夏通志》还有一个亮点是多数卷的末尾附有《表》，如《史纲》卷的《世袭表》《帝号表》《纪年表》《交聘表》《大事年表》《西夏学年表》，《地理志》的《党项与西夏地名异译表》，《职官志》的《党项与西夏职官异名对照表》《西夏蕃名官号一览表》《夏汉官职异名对照表》《机构异名对照表》，《语言志》的《词汇表》等。这些《表》以简洁明了的形式，将复杂的历史信息清晰地呈现出来，如《西夏学年表》呈现出百年西夏学发展脉络，《词汇表》以2000条的篇幅分门别类地展示出西夏语的常用词，每条词有西夏文、国际音标和汉译文三项，非常方便读者检索使用。这些附录有的是对正文的补充，有的是对正文的提炼，有的则与正文相呼应，成为各卷不可或缺的有机组成部分，充分体现了作者对各研究领域的深入理解、长期积累以及对读者需求的贴心考量。我想，只有作者对该领域的全面了解和深耕细作才能做出这样既专业，又方便读者的附录，我们应该对作者们为读者的精细考量致以诚挚的感谢。

本书作者团队阵容强大，领衔的杜建录教授为长江学者，他一人担纲了《西夏史纲》《西夏经济志》及部分《西夏军事志》的重担。其他各卷作者均是这些年成长起来的学术带头人和学术骨干，据我所知，他们大多数主持完成两项以上国家社科基金项目，有的主持国家社科基金重大项目和国家社科基金冷门绝学团队项目。这个研究团队经过多年历练，有良好的研究基础与合作传统，十多年前也是由杜建录教授主持的4卷本《党项西夏文献研究——词目索引、注释、异名对照》（中华书局2011年出版），这个团队的大部分成员就参加了这项基础资料建设工作，使他们在对党项西夏文献整理过程中打下了坚实的基础。他们中有的还参与《西夏文物》整理出版，看得出《西夏通志》是在坚实的基础上厚积薄发，他们的学术积累得到了充分的运用和表达。

他们还有一个特点，就是多熟悉西夏文。随着近代西夏文文献的大量发现，特别是近些年来黑水城出土文献的系统刊布，使西夏文文献成为解读西夏历史文化的重要资料基础。掌握西夏文成为解读西夏历史文化的关键。熟悉西夏文译释的本书作者们凭借这一优势，在研究中可以将汉文史料和西夏文资料以及文物资料充分同时利用，相互印证，有机地融汇在一起，做出特殊的深层次解读，从而取得新的符合史实的客观认识。他们如同穿越时空的使者，借助古老的文字，与历史对话，从而得出更符合史实的客观认识。揆诸各卷内容，都不乏利用新的西夏文资料展现该卷历史内容的实例，这种在中国史研究中大量利用民族文字资料的特殊手段彰显出本书的特点，展现出作者们经过艰苦学习、训练而能熟练应用西夏文的亮丽学术风采。

最后，我要说的是《西夏通志》作者无论研究环境优劣，都能正确把握国家对"冷门绝学"长远战略，以研究西夏历史文化为己任，以彰显其在中华文明中的价值为使命，坚守岗位，坚持学术，默默耕耘、潜心研究，努力发掘西夏文化在中华文明发展中的历史性贡献，用实际行动和优秀成果推动着西夏学的发展。对他们这种难能可贵的学术坚守点赞，对他们的学术品格表示尊敬！

随着西夏陵入选世界文化遗产名录，西夏研究将愈加受到有关部门、学术界和社会的关注和重视。此重要成果的推出无疑将会给方兴未艾的西夏学增添新的热度，对关心西夏的读者们有了认识西夏历史的新途径，为读者打开西夏历史知识的全新窗口，助力大众深刻理解西夏文化在中华文明中的重要地位，对铸牢中华民族共同体意识发挥积极的作用。

史金波

2025 年 7 月 15 日

（史金波　中国社会科学院学部委员　中国社会科学院学部委员工作室专家）

序　二

　　西夏史学史研究表明，西夏学一百多年的发展史，大体经历了两个阶段。第一阶段从 20 世纪 20 年代至 80 年代。从俄国探险家掠走黑水城西夏文献开始，苏联学者因资料上的优势，率先开始了西夏文献的整理研究，出版了一批论著。日本及欧美的学者也开始了西夏文献的研究。这个阶段，我国学者在西夏文文献资料有限的情况下，开始着手对西夏语言文献、社会历史及宗教文化等方面的研究。总体来讲，这一时期国外西夏学特别是俄罗斯西夏文献研究具有十分重要的地位。第二阶段从 20 世纪七八十年代开始，中国西夏学的研究开始出现了新的变化。70 年代开始，西夏陵等一批西夏遗址的考古发掘，90 年代以来的俄、中、英、法、日等国藏西夏文献的整理出版，西夏学的主战场逐渐由国外转移到国内，西夏学的内涵从早期的黑水城文献整理与西夏文字的释读，拓展成对党项民族及西夏王朝的政治、经济、军事、地理、宗教、考古、文物文献、语言文字、文化艺术、社会风俗等全方位的研究，完整意义上的西夏学逐渐形成，和敦煌学、简牍学一样，成为一门涵盖面非常广泛的综合性学科。西夏学取得的丰硕成果，表明已开始走出冷门绝学的境地，出现了初步的繁荣局面，学界给予了更多的关注和赞誉。2007 年，在北京召开的《中国藏西夏文献》出版座谈会上，史学大师蔡美彪先生曾说，"我深切的感到 30 年来，我国西夏学、西夏史的研究取得的成绩非常大，甚至可以说，将这 30 年的中国历史学的各个领域比较起来的话，西夏的文献整理和西夏学研究的成绩，应该是最显著的领域之一"（《西夏学》第 3 辑，2008 年）。

西夏学在新的发展进程中，研究机构及学术团队的建立发展壮大，是必要的条件和基础工作。西夏故地在宁夏，宁夏大学一直把西夏学作为重点建设的学科，2001 年，宁夏大学西夏学研究中心被教育部批准为高校人文社会科学重点研究基地，2008 年教育部批准更名西夏学研究院。基地建设二十多年来，他们立足当地，着眼长远，培养队伍，积极开展具有学科发展意义的重点项目研究，已成长为国内外西夏学领域一支有科研实力、能够承担重大项目并起到领军作用的学术团队。在这个过程中，我作为亲历者和见证者，看到杜建录教授带领的基地和团队之所以能取得突出成效，缘于他们坚持正确的学术导向，具有长远的学术眼光，尊重学术发展规律，在推动西夏学学科体系建设方面采取了一系列必要的举措：

一是重视基础建设，组织文献整理、集成和出版。二十多年来，他们以教育部人文社会科学重点研究基地为平台，联合中国社会科学院西夏文化研究中心等单位，整理出版大型文献丛书《中国藏西夏文献》《中国藏黑水城汉文文献》《中国藏黑水城民族文字文献》《西夏文献丛刊》，建设大型西夏文献文物资料数据库；参与承担并完成国家社科基金特别委托项目《西夏文献文物研究》；将西夏文献研究由西夏文延伸到拓跋政权和西夏时期的汉文、西夏文、吐蕃文、回鹘文等多语种文献，拓展了西夏文献研究的深度和广度。

二是倡导"大西夏史"。跳出西夏看西夏，从唐五代辽宋夏金元大背景下研究西夏，推动多学科交叉综合研究，揭示中华民族"多元一体"格局形成的历史轨迹，揭示西夏多元杂糅的文化特点。将西夏学研究拓展到中华民族"三交"史的研究。

三是重视和推进民族史学理论建设。二十多年前建在宁夏大学西夏学研究院的中国少数民族史博士点就设立了中国民族史学理论专业方向。以"多元一体"为核心的史学理论建设推进和指导了西夏研究,专业人员的史学理论素养和分析概括能力明显提高,和近年来习近平总书记提出的铸牢中华民族共同体意识的理论创新思想紧密衔接。

四是重视学术团队建设和拓宽研究视域。宁夏大学西夏学研究已形成了有一定数量、结构配置合理的团队,研究方向涵盖了西夏历史、文化、语言、文献、文物等主要领域,近十多年迅速发展起来的西夏文化和西夏艺术研究,进一步丰富了西夏学的内涵,具有填补空白和创新的学术意义。运用中华民族史观和多学科综合研究方法,成为西夏学新的增长点。

五是重视国际合作研究,提升国际话语权。2010年成立中俄西夏学联合研究所,开展黑水城文献合作研究,形成中俄联合研究机制。连续举办八届国际学术论坛,促进国际西夏学的交流和学术资源共享;利用国家社科基金外译项目等各种途径,组织出版西夏研究外译著作十多种。

这些举措的坚持和落实,使宁夏大学西夏学研究基地积累了经验,扩大了视野,历练了队伍,完成了一系列重大项目,展示了"西夏在中国,西夏学也在中国"的厚实基础。这也正是他们能够承担并高质量完成国家社科基金重大攻关项目《西夏通志》的主要原因。

杜建录担任主编的《西夏通志》2015年获批国家社科基金重大项目,2022年完成结项,2025年正式出版,十年磨一剑,是迄今为止西夏学各个领域研究成果的集大成者。在学术指导思想上,贯穿了中华民族历史观和中华民族共同体意识;在历史资料运用上,充分吸收了迄今国内外发现刊布的各类文字资料及实物资料以及近年考古新发现;在叙述内容上,尽可能涵盖了西夏社会的各个方面和各个领域,力求全方位呈现一个真实、生动、立体的历史上的西夏;在编纂体例上,将我国传统的史志体和近代以来的章节体结合起来,作了有益的探索。从上述意义上看,《西夏通志》不仅是目前西夏学全面的创新性成果,而且是具有中国自主话语权和自主知识体系的学术成果。

在这里,特别要提到的是《西夏通志》所采用的编著体例。在中国悠久的治史传统中，不仅保留了各种记述历史的文献资料，也创造了编著史书的体例，形成了以纪传体（如《史记》为代表的二十四史）为主流以及编年体、纪事本末体等体例的史书编纂方式，与此同时形成的还有志书体例。志基本属于史的范畴，"郡之有志，犹国之有史"（宋·郑兴裔《广陵志·序》），"方志是地方之史"（白寿彝《史学概论》）。志更侧重于资料内容的分类编纂。以历史纵向为主线的"史"和以横向分类为主线的"志"，构成了中国传统史学的主要记述模式。传统史志体例作为中国历史庞大复杂内容的主要载体，数千年来不断改进完善，其功能和作用不可低估。但传统史著体例也有其历史局限性，如以王朝政治史为中心，忽视社会多元性；以儒家史观主导，难避片面性；以人物和事件描述为中心，缺乏历史发展内在联系及因果分析；史料的选择有局限，民间、地方、民族方面的史料缺失等等。上个世纪随着西方史学理论和方法的引入，史著的章节体体例渐成现代历史著作的主要形式，它以历史演进为基本线索，以科学分类和逻辑分章的形式，将传统史志的叙事方式赋予了现代学术规范，具有结构清晰、内容涵盖面广、可以跨学科综合、便于阅读和传授的特点。但史家在运用章节体书写历史中，与传统史著相比，也感到有不足之处，如对人物、典籍、制度、文化等专项内容的描述不够，一般的处理方法是简要地概括在章节的综合叙事中。白寿彝先生主编的 12 卷《中国通史》作了新的尝试，用传统与现代相融合的创新编纂体例，采用甲、乙、丙、丁四编结构，甲编"序说"整合文献与研究成果，乙编"综述"以时序勾勒朝代脉络，丙编"典志"解析政治经济文化制度变迁，丁编"传记"通过人物纪传体现史实。这种创新体例将专题考据与宏观叙事结合，史料评介、制度分析、人物纪传、考古发现、研究动态等在章节体中不易展开的内容都有了一定的位置呈现。

作为以断代史和王朝史为叙述对象的西夏历史，《西夏通志》大胆采用了传统史志体例与现代章节体例相融合的方式，将史、志、传、表作为基本结构，"史"为"西夏史纲"，以纵线时间脉络为主，集中阐述从党项到西夏政权的治乱兴衰和社会各方面的演进;"志"为"西夏史志",采用传统地理志、职官志、军事志、部族志、语文志、文献志、文物志等分类编纂叙述的方法,但充分运用了新资料,内容更充实,阐释更有新意;"传"即"人物志",对见于记载的西夏人物逐个立传;"表"包括世袭、帝号、纪年、交聘、大事、战事、词汇以及名物制度异译对照等。全书在中华民族史观的统领下,继承考证辨析的严谨治学方法,以现代学术规范为基本要求,充分吸收传统体例的元素,力求作到史论结合、史志结合、出土文献和实物与典籍文献结合、西夏文文献与汉文文献及其他民族文字文献结合、国内研究与国外研究结合,尽可能吸收国内外研究的新成果。这种编纂体例,虽然带有试验性,但体现了学术上守正创新的精神,体现了构建自主知识体系的积极探索。

经过 10 年的不懈努力,煌煌 12 卷 400 多万字的《西夏通志》终于呈现在读者面前,可以说,《西夏通志》的出版,在西夏学发展史上具有里程碑意义,对于西夏学的过往来讲,是一次全面的总结和收获;对于西夏学的未来来讲,是进一步研究的起点。正如编著者在"序"中所言,《西夏通志》的完成不是收官,而是起点!

陈育宁

2025 年 7 月 6 日

（陈育宁　宁夏大学教授　宁夏大学原党委书记　校长）

序 三

元朝修宋辽金三史，没有给西夏修一部纪传体专史，给后人留下很多缺憾。现存的资料无法编纂一部纪传体《西夏史》，当代章节体的《西夏史》又无法容纳更多内容。鉴于此，2008 年就开始策划编纂多卷本历史著作《西夏通志》，2015 年获批国家社会科学基金重大项目，2022 年完成结项，2025 年正式出版。该多卷本著作体裁介于"纪传体"断代史和"章节体"专史之间，将我国的史论和史志结合起来，在西夏史乃至中国古代史研究体例和方法上都是创新，这是本通志纂修的意义和价值所在。

自明、清以来，封建史家有感于西夏史的缺憾，筚路蓝缕，拾遗补阙，撰写出多种西夏专史，重要的有明代《宋西事案》、清代张鉴《西夏纪事本末》、吴广成《西夏书事》、周春《西夏书》、陈崑《西夏事略》，民国初年戴锡章《西夏纪》等等。这些著作梳理了西夏史资料，特别是参考了当时能见到、现已不存的文献资料，值得我们重视。不过从总体上来看，明、清两代学者对西夏史的研究有较大的局限性：一方面采取的是传统的封建史学观点、方法和体例；另一方面黑水城文献尚未发现，西夏陵等重要考古尚未开展，所使用的资料仅限于传世典籍，因此，这些著作都不能够全面阐释西夏社会面貌。

20 世纪 70 年代以来，西夏史的研究又得到学界的重视，先后出版林旅芝《西夏史》(1975)、钟侃等《西夏简史》(1980)、吴天墀《西夏史稿》(1981)、李蔚《简明西夏史》(1997)、李范文主编《西夏通史》(2005),这些成果各有所长,大大推动新时期西夏史的研究,如果从研究的全面性来看,仍有一定的局限,一是章节体例无法容纳更多历史事实,前四种都在四十万字以内,其中《西夏简史》不足10万字,即使由专家集体完成的《西夏通史》也是几十万字;二是地下出土文献尚未完全公布,特别是数千件俄藏西夏社会文书近年才公布,所利用的资料有限。因此,有必要运用新资料、新体例完成一部多卷本的西夏史。

国外西夏研究的重点集中在西夏文献,西夏历史方面的成果相对较少,主要有苏联克恰诺夫的《西夏史纲》(1968),日本冈崎精郎的《党项古代史研究》(1972),美国邓如萍的《白高大夏国:十一世纪夏国的佛教和政体》(1998),《西夏史纲》比较简略,且汉文资料使用上有较多错误;《党项古代史研究》侧重西夏建国前的历史;《白高大夏国:十一世纪夏国的佛教和政体》过分强调西夏佛教的地位,国外的西夏史代表作虽有较高的参考价值,但也不能反映西夏历史全貌。此外,《中国通史》《辽宋西夏金代通史》《剑桥辽夏金史》也都有西夏史的内容。该成果或作为中国通史的一部分,或是辽金西夏断代史的组成部分。

除通史外,文献资料和专史研究也取得了很大成绩,文献资料整理研究方面,相继出版《俄藏黑水城文献》《英藏黑水城文献》《法藏敦煌西夏文文献》《中国藏西夏文献》《中国藏黑水城汉文文献》《斯坦因第三次中亚考古所获汉文文献》《日本藏西夏文文献》《西夏文物》(多卷本)。韩荫晟《党项与西夏史料汇编》,陈炳应《西夏文物研究》,史金波《西夏经济文书研究》《西夏军事文书研究》,史金波等译《天盛改旧新定律令》,杜建录等《党项西夏文献研究——词目索引、注释与异名对照》《西夏社会文书研究》等。所有这些,将西夏历史文献整理研究推向了新阶段。

西夏专史方面,史金波《西夏文化》《西夏佛教史略》《西夏社会》,白滨

《元昊传》《党项史研究》，周伟洲《唐代党项》《早期党项史》，汤开建《党项西夏史探微》，杜建录《西夏经济史》《西夏与周边民族关系史》，李华瑞《宋夏关系史》，杨浣《宋辽关系史》，陈育宁、汤晓芳《西夏艺术史》，韩小忙《西夏美术史》，鲁人勇《西夏地理考》等。这只是百年西夏学论著的一部分，还有大量论著收录在《西夏学文库》《西夏学文萃》两套大型丛书中，不一一列举。这些研究成果，为多卷本《西夏通志》的撰写奠定坚实的基础。

《西夏通志》约四百万字，从内容上看，可分为四部分，一是"西夏史纲"，包括党项内迁与夏州拓跋政权建立、西夏建国与治乱兴衰、西夏人口与社会、西夏农牧业和手工业、西夏通货流通与商业交换、西夏赋役制度、西夏社会形态与阶级结构、西夏文化、西夏遗民等。

二是"西夏史志"，相当于"正史"中的《志》，包括地理志、经济志、职官志、军事志、部族志、语文志、文献志、文物志等，但内容和方法和"正史"中《志》大不相同，而是根据资料和当代学术的发展，赋予新的内容，显示出新的活力，如"地理志"中的地的西夏地图；"经济志"中的经济关系、阶级结构和社会形态；"职官志"中蕃汉官名；"军事志"中的战略、战术与战役；"语文志"中的语音和文字；"文献志"已不是传统《艺文志》中的国家藏书，而是所有地下出土文献和传世典籍文献（含典籍中记载而已佚失的文献），既包括西夏文文献，又包括西夏时期产生汉文文献和其他民族文字文献。

三是"西夏人物志"，相当于人物传记，对目前见于记载的所有西夏人物立传，由于资料不一，每个传记多则近千字，少则数十字。

四是附表，包括《西夏世袭表》《西夏帝号表》《西夏纪年表》《西夏交聘表》《西夏大事年表》《党项与西夏地名异译表》《党项与西夏职官异名对照表》《西夏蕃名官号一览表》《夏汉官职译名对照表》《机构译名对照表》《西夏战事年表》《西夏人物异名对照表》《西夏部族名称异译表》《西夏沿边部族名称异译表》《西夏词汇表》《西夏学年表》等。

为了高质量完成书稿，课题组结合西夏文献资料特点，尽可能多重证据，将地下出土文献和传世典籍文献相结合，西夏文文献和汉文文献及其他民族文字文献相结合，《天盛律令》《亥年新法》《法则》《贞观玉镜将》等制度层面上的资料和买卖、借贷、租赁、军抄、户籍等操作层面上的资料相结合，国内研究和国外研究相结合。例如，《天盛律令》规定"全国中诸人放官私钱、粮食本者，一缗收利五钱以下，及一斛收利一斛以下等，依情愿使有利，不准比其增加。"过去对这条律令不好理解，通过和黑水城出土西夏天盛十五年贷钱文契结合研究，可知一缗收利五钱为日息，一斛收利一斛为年息。

郡为秦汉以来普遍设置的地方机构，相当于州一级，下辖县，有时是州县，有时是郡县。一般情况下县级名称不变，而州郡名称互换，如灵州与灵武郡，夏州与朔方郡，凉州与武威郡，甘州与张掖郡，肃州与酒泉郡。西夏立国后承袭前代，在地方上设州置郡，以肃州为蕃和郡，甘州为镇夷郡。这条资料出自清人吴广成《西夏书事》，由于该书没有注明史料来源，往往为史家所诟病，研究者不敢确认西夏设郡。黑水城出土西夏榷场文书明确记载镇夷郡，为西夏在地方设郡找到了确凿证据，其意义不言自明。

二是考证辨析，对异见异辞、相互矛盾的史料，加以辨正，以求其是；辨析不清者，两存其说、存疑待考。例如，《天盛律令》记载有石州、东院、西寿、韦州、卓啰、南院、西院、沙州、啰庞岭、官黑山、北院、年斜等十二个监军司，有的名称和《宋史》《续资治通鉴长编》记载相同，有的不相同，要逐一考辨清楚。还如，汉文文献中的党项西夏地名、人名、官名、族名，有的是意译，有的是用汉语音写下来，不同的译者往往用字不同，出现了大量的异译；有的在传抄、刊印过程出现讹、衍、误。以上种种现象，造成将一人误做两人，将一地误做两地，将一官误做两官，为此，在全面系统搜集资料的基础上，对汉译不同用字以及讹、衍、误逐一进行甄别和考辨，表列党项与西夏地名、人名、官名、族名异名对照。

三是分三步完成，第一步为按卷编纂"西夏通志资料长编"，将所有出土文献、传世典籍、文物考古资料，按照时间和门类编成资料长编；第二步对搜集到西夏文献资料辨析考证，完成西夏史考异，对当代专家不同的认识，也要加以辨析，有的问题两存其说；第三步在资料长编和文献考异的基础上，删繁就简、去误存真、存疑待考，完成资料详实、内容丰富、观点鲜明的多卷本《西夏通志》。

教育部西夏学重点研究基地建设伊始，确立了西夏文献整理出版、西夏文献专题研究以及西夏社会面貌阐释的"三步走"战略。《西夏通志》的纂修是该战略的重要环节，它的完成不是收官，而是起点！

杜建录

2025 年 6 月 1 日

（杜建录　教育部人文社科重点研究基地

宁夏大学西夏学研究院院长　民族与历史学院院长）

凡　例

一、本志所收部族包括银夏绥宥盐地区部族、兴灵地区部族、河西地区部族、河湟地区部族、夏宋边境部族、夏辽边境部族。不同区域内以部族名为纲，按笔画排列。皇族嵬名（拓跋李氏家族）列首位。

二、本志在吸收前人研究成果基础上，按照通史形式撰写，不是资料考辨和某种观点的阐述。

三、本志主要依据汉文文献、西夏文文献、其他民族文字文献以及文物考古资料。西夏文文献等民族文字文献采用成熟的译本或译文，并注明出处。

四、本志所据《续资治通鉴长编》版本有四库全书影印本、四库全书底本、中华书局标点本三种。中华书局标点本与四库全书底本相同者，径直参引中华书局标点本；中华书局标点本与四库全书底本有异者，在注文中辨析，供读者参考。

五、本志文字通畅，不大段引用原文，只对关键内容注明出处；对异见异辞、相互矛盾的史料，在注文中简要辨正；辨析不清者，两存其说、存疑待考；对当代专家不同的认识，也加以辨析，有的问题两存其说。

六、本志纪年一律采用年号纪年后注公元纪年，如夏天授礼法延祚元年，即宋宝元元年（1038）。

七、本志对西夏国主（皇帝）的姓氏采用学界通用的李姓。部族成员，则根据史料记载，或用拓跋氏，或用李氏，或用嵬名氏，不做统一要求。

八、本志依据《宋史》记载，在西夏国主（皇帝）称谓上，采用庙号加姓名的方式，如夏仁宗李仁孝，亦可简称庙号，如夏景宗、夏仁宗等。

九、本志附族名异译表。

简　介

　　本志是西夏部族的系统梳理与归纳，所收部族包括银夏绥宥盐地区部族、兴灵地区部族、河西地区部族、河湟地区部族、夏宋沿边部族、夏辽沿边部族。既有党项族，又有西夏境内的吐蕃、回鹘等族，内容涉及族称、族源、分布、重要人物、重大事件等，尽可能地反映部族在西夏政治、经济、军事、文化等方面的作用，呈现西夏时期部族发展变迁的轨迹。西夏灭亡后，原境内党项、汉、吐蕃、回鹘等族，被统称为唐兀人或河西人，原有部族名不再见于史册，这和金朝灭亡后，原境内的女真人和汉人一起被称为"汉人"一样，反映了这一时期各民族间交往交流交融的深度和广度。同一族名在不同史料中写法不同，姓氏与部族密切相关，为此附族名异译表及《西夏姓氏辑录》，便于读者查阅。

一、概论

部族，贯穿西夏历史始终，在西夏政治、经济、军事等方面起着非常重要的作用，西夏社会因此也具有了浓厚的部落宗族色彩。

（一）西夏部族的发展演变

西夏是由一个党项、汉、吐蕃、回鹘等多民族构成的地方性政权，主体民族为党项，西夏党项与隋唐党项一脉相承。

党项，突厥语中称"唐古特人"[①]，吐蕃人称之为"弭药"[②]，西夏人自称"番"[③]，西夏文写作"𗼮""𗼮𗼮""𗼮"[④]。西夏亡国后，蒙元将包括党项、汉

---

① 芮传明《古突厥碑铭研究》中指出公元 735 年鄂尔浑河畔的《毗伽可汗碑》载"十七岁时，我（毗伽可汗）出征 tangut，我击溃了 tangut，夺得他们的儿童、妇女、马匹和财物"。汤开建《契丹境内党项部落的分布》(《宁夏社会科学》1990 年第 2 期）一文指出 Tangut 即指党项，读作"唐古特"，《辽史》《金史》《元史》译作"唐古""唐兀"，也异译为"唐括""唐骨""同骨"等。陈岑《金代唐括氏研究》（宁夏大学 2020 年硕士学位论文）指出宋金版本《金史》中"唐括"为女真部族，其在清代被改为"唐古"，从而导致此"唐古"与"党项六部"之唐古混淆。

② 《旧唐书》卷一九八《党项传》：其故地陷于吐蕃，其处者为其役属，吐蕃谓之"弭药"。

③ 《番汉合时掌中珠》中"番"即与"𗼮"对应，《俄藏黑水城文献》第 10 册，第 1 页。

④ 《文海·杂类》9·242 记𗼮𗼮𗼮𗼮𗼮𗼮𗼮𗼮𗼮𗼮𗼮。汉译为"番？也，弭药也，番人之谓"。𗼮、𗼮𗼮、𗼮皆党项人自称。参见史金波、白滨、黄振华《文海研究》，中国社会科学出版社 1983 年版，第 543 页；西夏文《新集碎金置掌文》中有𗼮𗼮𗼮𗼮𗼮，𗼮𗼮𗼮𗼮𗼮。聂鸿音、史金波《西夏文本〈碎金〉研究》(《宁夏大学学报》1995 年第 2 期）译为"弭药勇健行"，𗼮𗼮𗼮，与汉文史料中的"弭药"对应。

在内的西夏政权下的居民统称为"唐兀"①。

党项最早居"古析支之地",北周后逐渐强大,居地范围扩大至今甘、青、川三省毗连地带②。部族族帐众多,其下"每姓别自为部落,一姓之中复分为小部落,大者万余骑,小者数千骑,不相统一。有细封氏、费听氏、往利氏、颇超氏、野律氏、房当氏、米擒氏、拓跋氏,而拓跋最为强族"③。隋开皇四年(584)有首领拓跋宁丛率众入附旭州,被封为"大将军"④。开皇八年(588)有首领拓跋木弥率千余家至隋朝归化⑤。唐贞观三年(629),在唐南会州都督郑元璹的劝诫招谕下,细封部酋长细封步赖举部降唐,太宗"宴锡特异,以

---

① 《元史》中有"唐兀人""唐兀军""唐兀卫"等称号。陈垣《元西域人华化考》卷2《儒学篇》以为"五代而后,河西陷西夏者二百年,诸羌杂处,元人谓之唐兀氏"。汤开建《张澍〈西夏姓氏录〉订误》(《兰州大学学报》(社会科学版)1982年第4期)亦指出"唐兀"为蒙元对西夏故地的统称。

② 《旧唐书》卷一九八《党项传》记"党项羌,在古析支之地,汉西羌之别种也。魏晋之后,西羌微弱,或臣中国,或窜山野。自周氏灭宕昌、邓之后,党项始强。其界东至松州,西接叶护,南杂春桑、迷桑等羌,北连吐谷浑,处山谷间,亘三千里"。

③ 有关党项八大姓各类史料记载略有区别。《通典》卷一九○《边防六》记作"有细封氏、费听氏、往利氏、颇超氏、野律氏、房当氏、米禽氏、拓跋氏,而拓跋最为强族"。《旧唐书》卷一九八《党项传》记作"细封氏、费听氏、往利氏、颇超氏、野辞氏、房当氏、米擒氏、拓跋氏,而拓跋最为强族"。《五代会要》卷二九《党项传》记作"细封氏、费听氏、析利氏、野辞氏、房当氏、米禽氏,拓跋最为强族"。《宋史》卷四九一《党项传》记作"有细风氏、费听氏、往利氏、颇超氏、野乱氏、房当氏、来禽氏、拓跋氏最为强族。"据彭向前《党项西夏专名汇考》一文,《通典》是各类记载的总源头,内容正确。《宋史》中的"细风"为《通典》"细封"之同音异译;《五代会要》中的"住利氏",当《通典》中"往利氏"之形近之讹,与西夏文"蕰葰"勘同。元代西夏文佛经《大方广佛华严经海印道场十重行愿常遍礼忏仪》卷四二中有"开演疏钞久远流传卧利华严国师",其中的"卧利"即"往利";《五代会要》中漏"颇超氏","颇超氏"又译为"破丑氏";《旧唐书》中"米擒"为《通典》中"米禽"之同音异译,《宋史》中"来禽"为"米禽"形近之讹。"来禽"与西夏文"銢绲"勘同,即西夏汉文《杂字》中的"妹轻"。《旧唐书》《五代会要》的"野辞氏"、《宋史》中的"野乱氏"为《通典》中"野律氏"之误。"野律"与西夏文"荔葰"勘同,又异译为野力、野戾、迤逦、捜利、夜利、易里、野狸、野俚等。《旧唐书》中的"拓跋"即"拓拔",又异译为"托跋",元昊时,"拓跋氏"改称为"嵬名氏",西夏文写作"巍巍",又异译为威明、乌密、吾密、於弥、嵬、嵬多、嵬咩、威名等。

④ 《隋书》卷八三《党项传》。

⑤ 《拓跋守寂墓志》记"名王弥府君泪附,授大将军、宁府君",《中国藏西夏文献》第18册,第19页。《隋书》卷八三《吐谷浑传》记隋开皇八年(588)吐谷浑"名王拓跋木弥请以千余家归化"。周伟洲《早期党项拓跋氏世系补考》(《西夏研究》2015年第4期)一文认为《拓跋守寂墓志》中的"名王弥府君"即《隋书》中的名王拓跋木弥,《隋书》之所以称其为吐谷浑是因为"是党项大部分为吐谷浑所控制,故此拓跋木弥当为党项拓跋首领"。

其地为轨州，即授刺史，步赖请率兵讨吐谷浑"①。细封步赖内附后，"诸姓酋长相率亦内附，皆列其地置州县，隶松州都督府"②，唯拓跋部之拓跋赤辞与青海一带的吐谷浑互相联姻，互为支援，常以"被浑主亲戚之恩"为故，拒绝内附朝贡。后有"从子思头密送诚款，其党拓跋细豆又以所部来降"，赤辞"见其宗党离，始有归化之意"，率其种落内附，"太宗甚嘉之"，贞观五年（631）"拜赤辞为西戎州都督，赐姓李氏"，"自此职贡不绝"。③吐蕃政权在青藏高原崛起后，北上灭掉吐谷浑，兵锋直指党项部落。在生存受到严重威胁时，拓跋等部陆续迁往唐朝的陇右庆州等地，寻找新的家园，出现了党项历史上的第一次大迁徙，唐于庆州下置静边州都督府进行安置。"安史之乱"后，唐朝撤河西戍军入卫京师，吐蕃随即乘虚攻占了河西陇右数十州之地，党项又一次与吐蕃接壤。再次接壤后的吐蕃、党项经常联合起来寇扰唐朝诸州郡，为阻断两者的联系，唐政府将原属庆州的静边州都督府、原属夏州的乐容等六府党项部落迁往银州之北、夏州以东地区，从而完成了党项历史上的第二次大迁徙。

大规模的迁徙，带来了党项部族的整合与分离，新的部族名不断出现。唐时有"野利龙儿""野利越诗""野利厥律""儿黄""野海""野窣"④"磨梅"⑤"把利"等。五代时有"牛儿族""韦悉族""卢家族""司家族""白马族""杀牛族""折思族""折家族""没儿雀""悉命族""阿埋""屈悉保""客户族""树夥族""骨尾族""埋厮族""野鸡族""强赖族""越都""褒勒""薄备家族""泥乜"等。契丹辖地有"梅古悉部""颉的部""匿讫唐古部""塌西"⑥"宋犀族""隗衍(重熙)"等名称。与此同时，在这些专有族名的基础上，又形成了如六州部落、东山部落、平夏部落、南山部落（南山党羌）、唐古六

---

① 《新唐书》卷二二一，《党项传》。
② 《新唐书》卷四三，《地理志》。
③ 《旧唐书》卷一九八，《党项传》。
④ 《旧唐书》卷一九八，《党项传》。
⑤ （唐）白居易著，谢思炜校注：《白居易文集校诏》卷二〇，《与希朝诏》有"希朝，省所奏党项归投事，具悉……其磨梅部落等尚能继乜"。
⑥ 《辽史》卷一七《圣宗纪》有太平六年二月"庚午，诏党项别部塌西设契丹节度使治之"。

部等具有区域特征的部族统称名号。其中六州部落，又称六府部落，是对居住在唐河曲六州的野利部与其他部族的统称，具体包括野利越诗、野利龙儿、野利厥律、儿黄、野海、野窣等。东山部落对以庆州为中心的部族的称呼，核心部落为破丑部。平夏部落是对以夏州为中心的部族的称呼，核心部落即拓跋部。南山部落，又称南山党项，是为"在安、盐以南，居山谷者"[①]，其核心依然是野利部，唐时"为恶多年，化谕不悛，颇为边患"[②]。唐古六部是辽朝境内"梅古悉部""颉的部""匮讫唐古部""北唐古部""南唐古部""鹤剌唐古部[③]"的总称。其中的"北唐古部""南唐古部""鹤剌唐古部"显然也是一定程度上的泛称。

　　西夏立国前后，党项自称番族，其下部族更为丰富，仅可知的族姓就多达 300 余个。如此丰富的族姓，个别的如拓跋、野利、破丑等继承自早期的八大族姓，部分产生于内迁后党项部族的繁衍、裂变，更多的则是形成于党项对西北各民族的吸纳、整合过程中。

　　早期党项"每姓别自为部落"，强者八大姓，随着繁衍生息，部族人口不断增多，当人口发展到一定程度后，其下诸子就会分离出去，形成新的族名。西夏祖先嵬毥（啰都）有七子[④]，七子长成后分为七部族首领，七子之名成为七部族之号，其中獥弨（鬼迎）、燉毵（居地）、蒬蒬（恶恶）三名一直延续到了西夏，成为西夏的三个姓氏。獭徹、獭毣两个姓氏，也出自西夏传说中的两兄弟[⑤]。各个兄弟部族又进一步分化，从而又出现下一分支的部族。这些

---

① 《资治通鉴》卷二四九。

② （宋）宋敏求：《唐大诏令集》卷一三〇《平党项德音》，中华书局 2008 年版，第 710 页。

③ 《旧唐书》卷一九八《党项传》记有"黑党项，在于赤水之西""李靖之击吐谷浑也，浑主伏允奔黑党项，居以空闲之地"，"及吐谷浑举国内属，黑党项酋长号敦善王因贡方物"。据汤开建《契丹境内党项部落的分布》（《宁夏社会科学》1990 年第 2 期）考此"鹤剌唐古"即"黑党项"，是"契丹劫掠河湟时移居辽西南地区的党项部落"。

④ ［俄］克恰诺夫著，张海娟、王培培译：《夏圣根赞歌》，《西夏学》第八辑，上海古籍出版社，2011 年第 2 期。

⑤ 獭徹在《文海》獭条中解释为"族姓，又'波女'（獭毣）之弟也"，獭徹、獭毣是两兄弟。参见史金波、白滨、黄振华《文海研究》，中国社会科学出版社 1983 年版，第 526 页。

新的部族往往会用原族名或族姓中的一个字与别的字组成新的族姓。如□□（嵬迎）之中的□（嵬）与□（名），构成□□（嵬名），与□组合构成□□（嵬哆），与□组合构成□□（嵬恶），与□组合构成□□（坡嵬），与□（叔）组合构成□□（孰嵬）。□□（喻嵬）之中的□与□（屈）组合构成□□（喻屈），与□（施）组合构成□□（喻施）、与□（哆）组合构成□□（喻哆）、与□（藏）组合构成□□（喻藏）。还有如□□（讹一）、□□（讹二）、□□（讹三）、□□（讹四）、□□（讹五）、□□（讹六）、□□（讹七）、□□（讹八）、□□（讹名）、□□（讹利）、□□（讹喻）、□□（讹没）、□□（讹哆）、□□（讹没）、□□（讹哆）等族名，都从含"□"的部族或人名中分化而来①。

党项入迁的西北地区曾先后生活过匈奴、鲜卑、吐谷浑、柔然、回纥（回鹘）、吐蕃等民族。党项内迁后，与这些民族交错居住，相互影响，随着党项的发展壮大，这些民族先后进入党项部族中，成了党项部族的组成部分，融合的直接证据就是部分族称演变成了西夏的一个姓氏。

西夏番姓中有□□、□□、□□、□□、□□、鲜卑、回纥、恶恶。

其中□□，《义同·尊敬篇》置于党项番族一类，《文海》解释为族姓，《类林研究》中用来对译汉文中的"匈奴"，即秦汉之际，在中国北方草原创建帝国的匈奴族。□□即鲜卑，西夏有法显国师鲜卑宝源，其西夏文写作□□□□，翻译有多部佛经，著有劝世文集《贤智集》。有真义国师鲜卑智海，西夏文写作□□□□，是西夏华严宗派的大师②。西夏亡国后的元代有□□□□□（鲜卑小狗铁）、□□□□（鲜卑土青）等鲜卑姓氏的西夏遗民③，明代仍有西夏遗民保留着□□（鲜卑）姓④。□□与鲜卑在西夏社会中，除作为党项番

---

① 史金波：《西夏姓氏和亲属称谓》，《西夏文化》，吉林教育出版社1986年版，第12页。
② 榆林窟第29窟一供养人壁画旁有题记□□□□□□□（真义国师鲜卑智海），元一行慧觉录《大方广佛华严经海印道场十重行愿常遍礼忏仪》卷四二中有"讲经律论，重译诸经正趣净戒鲜卑真义国师"。其中鲜卑真义国师即□□□□（鲜卑智海）。参见史金波《西夏社会》，上海人民出版社2007年版，第31页。
③ 史金波：《西夏文〈金光明最胜王经〉序跋考》，《世界宗教研究》1983年第3期。
④ HB12·002《河北保定西夏文石经幢》，《中国藏西夏文献》第18册，第185页。

姓使用外，又指称兴起于大兴安岭山脉中部与北部，后尽有匈奴之地的漠北强主鲜卑，这一点与传统的汉文化语言没有区别。骀骒见于《三才杂字·番族姓》，回纥见于汉文《杂字·番姓名》中，骀骒即回纥，一组夏汉对应的党项番姓，同时又指隋唐北方连环盛衰中建立帝国的漠北回纥，后改称为"回鹘"。𘔼𘔼，西夏含义特别明确，就是"九姓回鹘"的西夏文写法[1]，且与骀骒（回纥）有继承关系[2]。与此同时，黑水城地区有𘔼𘔼𗒓、𗤀𗅆𘔼𘔼𘇂等𘔼𘔼姓氏居民，所以在西夏𘔼𘔼即回鹘，是为一族名，又是一姓氏[3]。𗣼𗣼，见于西夏文《三才杂字·番族姓》，部族首领有𗣼𗣼𗣩𘃪𗗙、𗣼𗣼𗗟，黑水城地区有𗣼𗣼𗣫𗑱𗒓、𗣼𗣼𗣰𘃸𘇂等𗣼𗣼姓氏人员；恶恶，西夏番姓，有武功大夫恶恶存忠、武节大夫恶恶世忠等。这里的西夏文𗣼𗣼即汉文中的"恶恶"[4]，"恶恶"则源出于历史上的"茹茹"，即"柔然"[5]。

除族称姓氏外，还有如"慕容（慕）""浑""党""余"等原北方非汉人群姓氏，"白""曹""康""翟"等河西甚至西域非汉人群姓氏，以及"李""苏""张"等大量的汉姓，也出现在西夏，且为党项人使用。冠以这些姓氏的党项人，相当部分就是融入党项的非汉及汉人。

西夏建国前后，领土迅速扩张，周边部族也随即进入西夏，成为西夏的重要组成部分。

---

① 𘔼𘔼，《文海》中有"九姓回鹘"之说，同时又解释为族姓。参见史金波、白滨、黄振华《文海研究》，中国社会科学出版社 1983 年版，第 42、446、461 页。

② 孙伯君：《西夏番姓译正》（《民族研究》2009 年第 5 期）考骀骒与回纥勘同；骀骒，《文海》中解释为"回鹘之本根生出处也"，参见史金波、白滨、黄振华《文海研究》，中国社会科学出版社 1983 年版，第 407 页。

③ 杜建录、史金波：《西夏社会文书研究》（上海古籍出版社 2010 年版，第 121 页）中指出俄 Инв.No.7741 号文书中有借贷者"𘔼𘔼𗒓"，黄振华《西夏文天盛二十二年卖地文契考释》（《西夏史论文集》，宁夏人民出版社 1984 年版）中指出俄 ИнвNo.5010《天盛二十二年卖地文契》中西夏人𗤀𗅆𘔼𘔼𘇂。

④ 𗣼𗣼𗣩𘃪𗗙、𗣼𗣼𗗟见于罗福颐主编，李范文译：《西夏官印汇考》，宁夏人民出版社 1982 年版，第 4 页，第 37 页；据史金波《西夏官印姓氏考》（《中国民族古文字研究》第二辑，天津古籍出版社 1993 年版）考，官印中的"𗣼𗣼"即汉文中的"恶恶"。

⑤ 聂鸿音：《西夏文献中的"柔然"》，《宁夏师范学院学报》2010 年第 5 期。

在入夏的诸部中吐蕃占了相当的比例。吐蕃与党项关系源远流长。早期党项就与其毗邻而居，唐中期后，入陇右的吐蕃与内迁的党项更是犬牙交错，语言、习俗相互影响借用，宋人无法分清，统称之为"蕃部"。西夏占领河西地区后，河西地区原有的吐蕃部族进入西夏，成为西夏社会部族的组成部分。西夏姓氏中的都啰、庄浪、野马、仁多等皆出自吐蕃部族。

都啰，凉州地区吐蕃部族①，西夏文写作𗙩𗂤②。夏景宗李元昊占领河西后娶其族女"都啰氏"③，夏惠宗李秉常时有权臣"都啰重进"④"都啰马尾"⑤。仁宗仁孝时有"𗙩𗂤𗴺𗋽（都啰刘西）"等⑥。西夏亡国后，仍有西夏遗民以都啰为姓，施刻西夏文佛经⑦。"仁多族"，河湟地区吐蕃大族，与鬼章等族齐名⑧。首领"仁多凌丁"及其子"仁多保忠"，世袭西夏卓罗右厢监军，是夏毅宗李谅祚、惠宗李秉常两朝西夏辖制西南吐蕃及与宋作战的主要将领。禹藏花麻，西使城及兰州一带的吐蕃，在夏宋争夺过程中权衡利弊后入夏，西夏以宗室

---

① 《宋史》卷四九二《吐蕃传》"知西凉府左厢押落副使折逋喻龙波、振武军都罗族大首领并来贡马"。汤开建《五代辽宋时期党项部落的分布》（《西北民族研究》1993 年第 1 期）中指出西夏社会中的"都啰"即出自《宋史·吐蕃传》中的"振武军都罗族"。

② 俄 Дx2822 汉文《杂字·番姓名》中有"都啰"，俄 Инв.No.210、6340 西夏文《杂字·番族姓》中有 𗙩𗂤 即"都啰"。据史金波《西夏官印姓氏考》（《中国民族古文字研究》第二辑，天津古籍出版社 1993 年版）考 𗙩𗂤 即"都啰"。

③ 《续资治通鉴长编》卷一六二，仁宗庆历八年正月辛未条记"曩霄凡七娶……三曰都罗氏"。

④ 《宋大诏令集》卷二三五《赐夏国主不还绥州诏》记载："向都啰重进等齐誓诏，遂令延州交割塞门、安远讫。却还绥州并须合依旧界及得延州奏夏国遣来人只要交割塞。"《宋史》中作"都罗重进"，同一人。

⑤ 《续资治通鉴长编》卷二一，神宗熙宁四年正月己丑条有："敌帅都啰马尾与其将四人，聚兵啰兀城之北曰马户川，谋袭㵎。谞谍知之，以轻兵三千潜出击破之。马尾脱身遁去，复与其将三人，驻兵立赏平。"

⑥ 史金波：《西夏陵园出土残碑译释拾补》，《西北民族研究》1986 年第 3 期。

⑦ G11·048［D.0208］《大朝戊午年印佛经残页》有施经者 𗙩𗂤𗴺（《中国藏西夏文献》第 16 册，第 154 页），B11·052《过去庄严劫千佛名经》中有刻经者 𗙩𗂤𗴺𗱤𗂈𗋽𗱕𗌽（《中国藏西夏文献》第 6 册，第 59 页）。

⑧ 《续资治通鉴长编》卷四六七，哲宗元祐六年十月甲戌条记其为"久据西南部落，素为桀黠，与邈川首领温溪心邻境相善，已令温溪心委曲开谕招致，许除节度使，令保守旧土，自为一蕃"。《铁围山丛谈》卷二亦有："西羌唃氏久盗有古凉州地，号青唐，传子董毡，死，其子弱而群下争强，遂大患边。一曰人多零丁，一曰青宜结鬼章，而人多零丁最黠，鬼章其亚也。"

女妻之，并授以统军。白岢牟亦为吐蕃人，入夏后，授以统军，元符年间不断进攻北宋。

庄浪，河湟地区吐蕃，其下"四族，一曰吹折门，二曰密臧门，三曰陇通门，四曰庞拜门"。公元 1123—1124 年，金将此地及部族划归为夏，夏筑祈安城镇守，其地为西夏十个"边中转运司"之一①。夏天盛二十一年，即金大定九年（1169），武功大夫庄浪义显入金贺正旦。

"野马"，西凉吐蕃②。西夏汉文《杂字·番姓名》中的有"野马"，西夏文写成𗉺𗙏③。

𗓊𗅆，西夏文献中指代建立辽朝的契丹族④，但同时黑水城、凉州等地区又有𗓊𗅆姓氏人员⑤。除此之外，西夏境内还有鞑靼聚落或城池⑥等。

与其他民族的交往互融，使得党项远祖记忆中出现了一些其他民族内容，其中最明显的就是鲜卑。夏州拓跋政权首领李仁宝墓志铭宣称志主"迺大魏道武皇帝之遐胤也"⑦。夏景宗李元昊立国时对宋称"祖宗本出帝胄，当东晋

① 杨富学《黑水城出土夏金榷场贸易文书研究》（《中国史研究》2009 年第 2 期）考：卓啰，当为卓啰和南之简称。卓啰，即"庄浪"之西夏语音译，和南，为"河南"之音译，卓啰和南，即"庄浪河南"，今甘肃兰州市永登县。

② 《宋史》卷七《真宗纪》中记咸平六年"西凉府者龙、野马族来贡"。咸平六年，西夏党项势力还未入西凉，"野马"应当为西凉吐蕃。

③ 𗉺𗙏，见于西夏文《三才杂字》，即汉文中的姓氏野马。参见佟建荣《西夏姓氏考论》，宁夏大学 2011 年博士学位论文。

④ 西夏文《新集碎金置掌文》中有：𘕘𗾔𗼕𗓊𗅆，𗓊𗅆𘝯𗊴𗫐。据聂鸿音、史金波《西夏文本〈碎金〉研究》（《宁夏大学学报》1995 年第 2 期）释为"弥药勇健行，契丹步履缓"。

⑤ 黑水城出土的 Инв.No.8005-3 号文书中有借贷者𗓊𗅆□（契丹□），参见杜建录、史金波《西夏社会文书研究》，（上海古籍出版社 2010 年版，第 121 页）俄 Инв.No.5949—31《光定寅年众会契》中有𗓊𗅆□□𗦼（契丹□□金），参见史金波《西夏经济文书研究》，社会科学文献出版社 2017 年版，第 706 页。

⑥ （宋）刘敞《公是集》卷五一《王开府行状》载，"未几，边将又遣兵攻羌境，羌复犯我庆州，我亦取其蒙古城"。汤开建《契丹境内党项部落的分布》（《宁夏社会科学》1990 年第 2 期）一文以为这是"蒙古"一词的最早记录。蒙古城就是因蒙古人聚居该城而得名，而这些聚居在西夏境内的早期蒙古人很可能就融进了党项部落。

⑦ 《中国藏西夏文献》第 18 册，第 45 页。

之末运，创后魏之初基"①。不仅拓跋氏追认元魏，党项其他部族如破丑氏也存在着同样的认同，李仁保之妻破丑氏即称"元魏灵苗，孝文盛族，天麟表瑞，沼凤腾芳"②。另外，吐蕃、柔然等也出现在了西夏祖先传说当中。赞颂祖先的诗歌中就记载先祖娶吐蕃女生七子，七子中有子名荄荄③。荄是吐蕃的西夏文写法，有相当部分的西夏人以荄命名，更有人直接称荄荄，即"羌子"④。

综上所述，党项内迁后，与西北民族不断地发生着融合、整合，在融合中发生着变迁，这种变迁的过程也可以说是西北各民族不断丰富、壮大党项部族的过程。建国时的党项早已不再是早期"八大姓"时期的党项，这种整合、变迁的进程在统一政权下继续进行。

（二）部族是一个军事与政治实体

部落社会的最大特点是亦兵亦民，"出则为兵，入则为民"，党项也不例外，大大小小的部族既是一个军事实体，也是一个政治实体。越是强宗大族，政治军事实力越强，基于此事实，李继迁时定建国方略为"联络豪右"。

宋太平兴国八年（983），李继迁奔走至夏州东北三百里的地斤泽时，仅有数十人，就是在当地咩嵬等族的庇护与资助下才得以喘息。宋雍熙元年（984）七月，攻掠夏州西北王庭镇，俘众万余计，李继迁势力渐盛。同年九月，李继迁族帐遭夏州尹宪及都巡检使曹光实袭击，李继迁仅与弟李继冲逃脱，妻母皆被俘。逃走后的李继迁一方面以夏州李氏世恩招抚各部族归附；另一方面与野利氏等豪羌联姻。通过这些措施，李继迁将银、夏等地分散的党项部族转化成了自己的同盟，各自独立的党项部族也因为李继迁而联系日益紧密。

---

① 《宋史》卷四八五《夏国传上》。
② 《中国藏西夏文献》第 18 册，第 30 页。
③ ［俄］克恰诺夫著，李范文、罗矛昆译：《圣立义海研究》，宁夏人民出版社 1995 年版，第 12 页。
④ 荄在羖纰（耶由）、骈（浑）、犀（梁）、燋詫、羖陉（耶和）、㦬（李）等姓氏后都出现过。参见佟建荣《西夏姓名研究》，社会科学文献出版社 2015 年版，第 130 页。

宋雍熙二年（985）二月，银州蕃部拓跋遇派人传信李继迁，愿以所部蕃众助继迁夺城。得到消息的李继迁，当即命令其弟李继冲纠合蕃族，向银州开拔。李继冲与破丑重遇贵、张浦、李大信等共同合计诱杀了宋银、夏诸州都巡检使曹光实，夺取了银州。此后，李继迁听取张浦意见"先设官授职，以定尊卑，预署酋豪各领州郡，使人自为战，则中国疲于备御，我得尽力于西土矣"。[①]据此李继迁称都知蕃落使、权知定难军留后，以张浦、仁谦为左右都押牙，李大信、破丑重遇贵为蕃部指挥使，李光祐、李光允等为团练使。蕃酋折八军为并州刺史，折罗遇为代州刺史，嵬悉为麟州刺史，折御也为丰州刺史，李延信为行军司马，其余除授有差。李继迁通过"预署"官员，将党项部族纳入自己麾下，使其成为实现恢复"故土"，开拓疆域的力量。

西夏对凉州地区的占领，也主要是依靠迷般嘱、日逋吉罗丹等吐蕃部落完成的。宋咸平六年（1003）十一月，李继迁被潘罗支射杀后，二部联络投来的者龙部与李德明商议替李继迁报仇，景德元年（1004），西夏李德明佯攻者龙六族，吐蕃潘罗支闻讯率百余骑赴援，迷般嘱、日逋吉罗丹二族趁潘罗支与者龙族商议之时，入帐击杀潘罗支。随后李德明遣万子等四军主领族兵攻西凉府[②]。

李继迁"联络豪右"的抗宋方略，虽然密切了西北党项部落的联系，但"联姻""预署"职官等方式，毕竟带有原始的部落会盟的性质，约束性较弱，所以常出现有令不从，或干脆离夏归宋的情况。如居青冈岭、三角城、龙马川一带的兀泥族，本隶属于李继迁，宋雍熙二年（985）十一月，在宋朝的招抚下，兀泥三族首领泥中估移等至宋府州归降，不久后又叛宋归李继迁。宋淳化元年（990），估移长子突厥罗与首领黄罗等又以千余帐离夏归宋。兀赃族，原宋泾原路蕃部，一度归服李继迁，宋景德元年（1004）九月，又应

---

① 《西夏书事》卷四。
② 《续资治通鉴长编》卷六八，真宗大中祥符元年三月戊辰。

宋诏率部归宋。

夏景宗李元昊时，"以兵法勒诸部"，加强了对部族的控制。"选部下骁勇自卫分为十队，队各有长。一妹勒、二浪讹遇移、三细赏香埋、四五里奴、五杂熟屈得鸡、六隈才浪罗、七细母屈勿、八李讹移岩名、九细母嵬名、十没罗埋布。每出入前后环拥，设备甚严，又分兵为左右厢，诸酋各选精骑目，为生刚捉生"[①]。宋景祐二年（1034）夏景宗在"悉有夏、银、绥、宥、静、灵、盐、会、胜、甘、凉、瓜、沙、肃"的基础上"始建大官""置十二监军司，委豪右分统其众"。[②] 监军司是一军政合一的地方机构，通过监军司所有的部族被纳入西夏政权当中。

军事系统中的基层单位为家庭。西夏"部族一家号一帐"，以帐为单位组成"抄"，即西夏兵制的最小单位。抄中包括正军、（正）辅主与负担。正军为战斗主力。辅主、负担，虽名为"正军之佑助""随军杂役"[③]，但也配备"弓一张、箭二十枝、长矛杖一枝、拨子手扣全"等战斗武器。西夏各户中的男子在成丁后都要入抄，分别成为正军、辅主或负担。即便是没有完全人身自由、半奴隶性质的使军也要入抄，成为辅主或负担。也就是说西夏社会全民男子皆兵。正军、辅主等身份实行世袭制，即"辅主强，正军未长大，当以之代为正军，待彼长成，则本人当掌职"。为保证抄中身份准确，西夏在申报土地、人口、牲畜、财物的户籍手实等籍账中，要叙述户主在军抄中的身份。[④]

若干个抄组成溜。溜下抄数不定，多的可以是十几抄，甚到二三十抄，少则几抄，溜之上再逐级设首领。不同级别首领授不同职级的官职，大致为末驱、舍监、盈能、刺史、团练使、监军使、副统军、统军。其中二十抄者设小首领一人，十抄可设舍监一人，小首领与舍监的任命，必须经"所属首

---

① （宋）田况：《儒林公议》（卷上），中华书局 2017 年版，第 15 页。

② 《宋史》卷四八五《夏国传上》。

③ 《宋史》卷四八五《夏国传上》。

④ 《宋史》卷四八五《夏国传上》。

领、族父等同意"。"盈能、副溜有应派遣时，监军司大人应亲自按所属同院溜顺序，于各首领处遴选，当派遣先后战斗有名，勇健有殊功、能行军规命令、人□□□折服，无非议者。"①如此逐级授职，使得大大小小的部族首领成为政府军事机构中的各级指挥官员。

亦兵亦民的部族性质，使得不同层级部族首领在承担不同级别的军事指挥任务时，也承担着从地方到中央的各级行政功能，也就是说通过不同级别的首领，部族成了西夏政权的军事力量，也成为西夏政权的编户居民，其居地成为西夏政权的辖地。西夏政权通过大大小小的不同级别的首领实现了对部族的统治②。其中的帐、迁溜，是监军司系统的基层单位，也是行政管辖的基本单位。家主、迁溜首领是部族兵中最基础的负责人，同时也有着汉式保甲制中保长的功能，他们承担着捕捉盗贼、追捕逃跑官私人、编制申报户籍人口、催缴租税、组织开渠修渠等事宜。③其他各级首领也分别被纳入各级官僚机构当中，成为各级政府机构的正副长官，以"大""大人"相称④，持有政府颁布的首领印作为其施行政府职权的凭信工具，其中嵬名家族的首领节亲主官位最高，位列宰相之上⑤。贞观后，越来越多的部族首领源出政府任命，而不是原来的父死子继的世代承袭，首领与部族血缘关系弱化，取而代之的是官僚体系中官员与辖民的关系⑥。

---

① 《天盛改旧新定律令》卷六《行监溜首领舍监派遣门》。
② 杜建录：《论党项宗族》，《民族研究》2001 年第 4 期。
③ 王震：《西夏首领研究》，宁夏大学 2017 年硕士学位论文。
④ 《番汉合时掌中珠》中"大人指挥""大人嗔怒"；《天盛律令》卷一〇"司序行文门"载"诸司大人"。据聂鸿音《"释"大》(《西夏学》第一辑，宁夏人民出版社 2006 年版）考西夏政府组织机构的"大"，由原始氏族部族的"大"或者"大人"转化而来，此处的"大"已不再是个真正的官衔，而是淡化成了对某些部门正副首长的统称。
⑤ 魏淑霞：《西夏职官中的宗族首领》，《宁夏社会科学》2015 年第 5 期。
⑥ 《宋史》卷一九一《兵志》记西夏"为首领者父死子继，兄死弟袭，家无正亲，则又推其旁属，多或数百，虽族首年幼，第其本门中妇女之令亦皆信服"。《金史》卷一三四《夏国传》载，"初，慕洧以环州降，及割陕西、河南与宋人，洧奔夏国，夏人以为山讹首领"。按：慕洧，本宋环州慕家族首领，先入金，后由金入夏，被任为"山讹首领"，山讹者，横山羌，非慕洧所出，可以看出，此时首领任命已与早期有别。

（三）集权政治下皇族与后族的联合与斗争

　　大大小小的宗族是西夏社会的细胞，"结婚于帐族之酋豪"①是李继迁及其继承者建国、立国的基本国策，通过联姻，强宗豪族成为西夏政权的重要支持力量，同时强宗豪族也借此进入西夏政权的核心，所以说西夏政权是嵬名家族与后族的联合政权，与此同时，宗族所特有的分散性与君主专制所要求的集权性之间又存在着不可调和的矛盾，所以，王室与后族的联合斗争贯穿了西夏的大半历史。

　　卫慕氏，银夏大族，李继迁母即卫慕氏②，李德明娶卫慕氏生夏景宗李元昊，元昊又娶舅女卫慕氏。卫慕氏舅卫慕山喜手掌大权，建国前夕，预谋击杀元昊，事败后，卫慕山喜一族全部被沉于河，元昊母卫慕氏、妻卫慕氏及卫慕氏所生子全部被诛。野利氏，横山党项的核心部落，唐时就颇为难制。李继迁在地斤泽被曹光实袭击后，仅以身及弟逃免，此时，野利氏豪羌以女妻之，助其立国，李德明母即野利氏；元昊亦娶野利族女，立其为后，立其所生子为太子。野利后有兄野利旺荣、野利遇乞，两人善兵法，有谋略，野利旺荣掌西夏明堂左厢的兵力，人称"野利王"；野利遇乞掌天都右厢的兵力，人称"天都大王"。另有文臣野利仁荣，创制西夏文字，元昊称之为"肱股之臣"。后元昊为野利氏之子宁令哥定婚天都山首领没嚟皆山之女，元昊见美而自娶之，此事引起野利氏家族不满，正值此时又有人传言，野利遇乞、野利旺荣谋于宁令哥大婚之夜作乱，于是元昊下令诛杀野利族人③。野利遇乞

---

①　（宋）彭百川：《太平治迹统类》卷二《太祖太宗经制西夏》，清文渊阁四库全书本，第57页。
②　《宋史》卷四八五《夏国传上》记"封继迁母卫慕氏卫国太夫人"。
③　《续资治通鉴长编》卷一六二，仁宗庆历八年正月辛未条"会有告遇乞兄弟谋以宁令哥娶妇之夕作乱，曩霄遂族遇乞、刚浪凌、城逋等三家"。卷一四五，仁宗庆历三年十一月乙酉条，陕西宣抚副使田况言："自冬初，诸路得谍者，皆声言西界迻逦遇乞、刚浪崚等诸腹心谋叛贼，事觉被诛"。按：据彭向前《党项西夏专名汇考》（甘肃文化出版社2017年版）考，迻逦遇乞即野利遇乞，刚浪凌、刚浪崚即野利旺荣。另，据《宋史》卷三三五《种世衡传》及《宋人轶事汇编》记，野利兄弟死于种世衡的离间计。

被杀后，元昊略有悔意，于是寻访遗口，发现了遇乞妻阁。阁，出自横山一带的党项没藏族，被发现后，元昊将其带回宫，生子谅祚，封其兄没藏讹庞为相。元昊去世后，在没藏讹庞的操作下，褓褓中的谅祚继位即为夏毅宗，没藏讹庞顺理成章地掌握了西夏军政大权。毅宗李谅祚稍长，与讹庞摩擦日益激烈，尤其在其与没藏讹庞子媳梁氏私通之事被发现后，没藏讹庞起谋杀之心。谅祚联合梁氏及漫咩等大族，先发制人，于奲都五年，即宋嘉祐六年（1061）四月夷没藏族。没藏族被灭后，梁氏被谅祚迎进后宫，其兄梁乞埋被封国相，梁氏部族随之进入政权核心。谅祚英年早逝，子李秉常继位即为夏惠宗，其母梁氏摄政，"圣母子"共"袭王位"①，一国现二主。以嵬名浪遇为首的王室成员极力拥护秉常，梁氏则纠合了都罗马尾、罔萌讹、仁多保忠等党项大族，将其处死，嵬名族人先后被排挤出重要位置，西夏实际进入梁氏专权阶段。夏大安三年，即宋熙宁九年（1076），夏惠宗李秉常年十六，梁太后、梁乞埋声称还政于秉常，与此同时配之以梁乞埋之女。秉常力主汉礼，礼遇汉人，主张缓和对宋关系，梁氏喜蕃礼，主张频繁攻宋，两者斗争激烈。为寻求抗梁力量，秉常接受入夏汉人李清建议，宋夏以黄河为界，也就是说将黄河以南土地归还宋朝，以此换得与宋议和的机会。事情泄露后，梁氏以李清为秉常招纳中原汉地娼妇、乐人致秉常昏庸为借口，处死李清，囚禁秉常。国主被囚，一时舆论哗然，西夏各地豪强借机拥兵自重，不听梁氏集团差遣。国境之外，宋以声讨梁氏囚国主为名，对夏大举进兵。夏大安十年，即宋元丰六年（1083）梁氏迫不得已还政于秉常，天安礼定元年即宋元丰八年（1085），梁乞埋、梁太后相继病死。次年秉常亦驾崩，其子李乾顺继位即为夏崇宗。继位时，乾顺亦未成年，大权遂由母亲梁氏掌握，即小梁太后，小梁太后任其兄梁乞逋为相，梁氏与仁多族分据西夏左右两厢兵力。小梁太后兄妹步大梁太后之后尘，对内继续推行蕃礼，排斥嵬名家族势力，对外扩

---

① 史金波《泥金写西夏文〈妙法莲华经〉的流失和考察》（《文献》2017年第3期）中指出，其序言中有"今圣母子已袭王位"的文字。

大对宋战争。在与嵬名家族斗争的同时，梁氏兄妹之间也发生了激烈的冲突，小梁太后联合仁多保忠及嵬名家族诛杀了梁乞逋。梁乞逋死后，小梁太后继续向宋进兵，长年的对宋用兵，引起西夏政权内部各大部族的不满，要求还政于乾顺的呼声越来越高。在梁氏向辽求援时，辽借机要求还政于乾顺，梁氏置之不理，夏永安二年，即宋元符二年（1099）辽使臣在觐见梁氏时，借赐酒之际用药酒毒死小梁太后，西夏政权重归嵬名家族。乾顺诸妻中有曹氏、任氏。其中曹氏为元昊时河西把关太尉曹勉孙女。任氏本为宋西安州州判任得敬之女，乾顺攻宋西安州时，任得敬先"率兵民出降"，后献女获职。任氏庄重寡言，知书达礼，深受乾顺喜欢，在任得敬操作下被封为后。凭借女儿任得敬一步步进入西夏朝堂，夏仁宗李任孝时，获封楚王、秦晋国王，同时广布党羽，其弟"任得聪为殿前太尉，任得恭为兴庆尹"①。夏乾祐元年，即宋乾道六年（1170）五月，任得敬逼迫仁宗"分国之西南路及灵州、罗庞岭与得敬自为国"。在金朝的默许下，夏仁宗先发制人，诛杀任得敬，分国危机被解除。任得敬分国事件后，西夏再无后族专权出现，但西夏王室政权中仍有太后的影响。夏仁宗妻中有罔氏、罗氏。罔氏，银夏大族，李继捧祖母、李继迁母都出自罔氏②。罗氏，来自中原地区的汉族，崇奉佛教，印施了大量佛经，其中包括《佛说转女身经》《佛说宝雨经》等有"女主"预言的佛经。夏应天元年，即宋开禧二年（1206）夏桓宗李纯祐的堂兄李安全发动宫廷政变，废纯祐自立为帝，罗氏上书金朝为李安全"奏求封册"，金派使臣向罗氏询问废帝之故，李安全"复以罗氏表来"③。罗氏后，史料中再没有西夏后族的记录，西夏历史也进入了它的尾声。

---

① 《西夏书事》卷三六。
② 《咸平集》卷二九中记载李继捧祖母"河西罔氏""特进西河郡太夫人"。《续资治通鉴长编》卷三二，太宗淳化二年七月己亥条记"封其（继迁）母罔氏西河郡太夫人"。
③ 《金史》卷六四《交聘表》。

二、部族

（一）银夏绥宥盐地区部族

嵬名族

嵬名，西夏文写作𘀗𗆟，西夏皇姓，汉文史料中又异译为威明、乌密、吾密、於弥、嵬茗、嵬多、嵬咩、威名等。

嵬名族的前身为党项拓跋部，唐宋先后获赐李、赵。拓跋，又作拓拔，早期党项八大姓中最强部族[1]。原生活于松州地区，隋开皇四年（584）首领拓跋宁丛率众到旭州附隋，被封为"大将军"，隋开皇八年（588）首领拓跋木弥率千余家归化隋朝[2]。另有首领拓跋赤辞与青海一带的吐谷浑相互联姻，互为支援。唐贞观三年（629），唐太宗遣使招谕党项诸部，拓跋赤辞以与吐谷浑有亲戚之恩为故，拒绝内附朝贡。拓跋赤辞有从子拓跋思头，在唐王朝对

---

[1] 《通典》卷一九〇《边防六》记作"有细封氏、费听氏、往利氏、颇超氏、野律氏、房当氏、米禽氏、拓跋氏，而拓跋最为强族"。《旧唐书》卷一九八《党项传》记作"细封氏、费听氏、往利氏、颇超氏、野辞氏、房当氏、米擒氏、拓跋氏，而拓跋最为强族"。"拓拔""拓跋""托拔"同名异译。

[2] 《拓跋守寂墓志》记"名王弥府君洎附，授大将军、宁府君"，《中国藏西夏文献》第18册，第19页。《隋书》卷八三《吐谷浑传》记，隋开皇八年吐谷浑"名王拓跋木弥请以千余家归化"。周伟洲《早期党项拓跋氏世系补考》（《西夏研究》2015年第4期）一文认为《墓志》中的"名王弥府君"即《隋书》中的名王拓跋木弥，《隋书》之所以称其为吐谷浑是因为"是党项大部分为吐谷浑所控制，故此拓跋木弥当为党项拓跋首领"。

吐谷浑大规模军事进攻的背景下，频繁向唐传达诚款之意，与此同时，拓跋赤辞其下首领拓跋细豆又率部降唐，赤辞见状，无奈率其种落内属，贞观五年（631）唐太宗"拜赤辞为西戎州都督，赐姓李氏""自此职贡不绝"。①

吐蕃政权在青藏高原崛起后，北上灭掉吐谷浑，兵锋直指党项部落，为寻求生存空间，拓跋等部开始向唐朝的陇右、庆州等地迁徙，唐于庆州设静边州都督府等予以安置。唐仪凤元年（676），拓跋立伽（拓跋守寂高祖）徙居今陕北无定河南，其子罗胄（拓跋守寂曾祖），拜右监门卫将军、押十八州部落使，充防河军大使。罗胄子后那（拓跋守寂祖），拜静边州都督，押淳、恤等18州部落使兼防河军大使、赠银州刺史。后那子拓跋思泰（拓跋守寂父），拜金吾卫大将军兼静边州都督防御使、西平郡开国公。唐开元九年（721）拓跋思泰在参加唐朝平定"康待宾之乱"中战死，为表其功，赠特进、左羽林军大将军，并以其子拓跋守寂袭其官爵，另一子拓跋守礼拜游击将军、守右武卫翊府右郎将、员外置宿卫，赐紫金鱼袋、助知检校部落使。拓跋思泰异母弟兴宗任"朔方军节度副使、并防河使、右领军卫大将军、兼将作大匠"。拓跋兴宗子拓跋守义拜开州刺史，早亡，葬于银州。后有拓跋守寂子拓跋澄澜拜"减朝散大夫、守殿中省尚辇奉御，员外置同正员，使持节、淳、恤等一十八州诸军事、兼静边州都督防御部落使，赐紫金鱼袋、西平郡开国公"。澄澜子拓跋乾晖任银州刺史②。

安史之乱后，吐蕃进占河陇，党项、吐蕃再一次接壤，两者经常联合寇扰唐边，为拆散其联系，唐政府将原属静边州、夏州、乐容等党项部落迁往银州之北、夏州以东地区。同时命拓跋朝光、拓跋乞梅等五刺史各绥其部。唐贞元年间（785—805），先后任拓跋澄澜子拓跋乾晖夏州刺史、拓跋守寂侄

---

① 《旧唐书》卷一九八《党项传》。

② 周伟洲：《早期党项拓跋氏世袭考辨》（《西夏研究》2010 年第 1 期）、《早期党项拓跋氏世系补考》（《西夏研究》2015 年第 4 期）及汤开建《隋唐五代宋初党项拓跋部世次嬗递考》（《西夏学》第九辑，上海古籍出版社，2013 年第 1 期）。

拓跋澄岘银州刺史。后有拓跋副叶，任宁州、丹州等刺史，金紫光禄大夫、检校司空兼御史大夫、上柱国。拓跋副叶有子拓跋重遂、拓跋重建。拓跋重建任大都督府安抚平下番落使，娶党项大族破丑氏族女，赠梁国太夫人。拓跋重建有子拓跋思恭，先占据宥州，自称刺史。中和元年（881）三月，拓跋思恭应诏率兵助唐讨伐黄巢，四月获权知夏绥节度使，六月，升任朔方军节度使，且任京城南面都统，中和二年（882）十二月，赐夏州号定难军。中和三年（883）七月，获封夏国公，赐姓李，任定难军节度使，辖夏、绥、银、宥之地。自此，夏州拓跋氏以李姓相称，开始了割据王土的历程。自拓跋思恭后至宋初，夏州政权一直被其一脉掌控。袭夏州节度使者先后有思恭弟李思谏、思谏孙彝昌、思恭子仁福、仁福子彝超、彝兴（即彝殷）、彝兴子李克睿（李光睿），克睿子继筠、继筠后克睿子继捧任留后。

李继捧出任定难军留后，"诸父昆弟多相怨怼"[1]，加上宋朝的削藩压力，无奈于宋太平兴国七年（982），率族入宋，献李氏世代所管四州八县，接受宋赐赵姓。李继捧的入宋献地之举，引起思恭弟思忠一支后裔李继迁的不满[2]，李继迁率部逃往地斤泽，高举夏州李氏旗帜，抗宋自立，夏州政权也由拓跋思恭一支转至拓跋思忠一支。拓跋思忠一支，自李继迁始，经过继迁子德明、德明子元昊三代的努力，不但恢复了银、夏"故土"，疆域还拓至兴、灵及河西一代。宋宝元元年（1038），元昊"以十月十一日郊坛备礼，为世祖始文本武兴法建礼仁孝皇帝，国称大夏，年号天授礼法延祚"[3]，拓跋氏的夏州政权由蕃镇蜕变为一帝国。在此之前，元昊已"自号嵬名吾祖"，吾祖，党项语，意为"青天子"。嵬名，西夏文写作𗼮𘂣，元昊为自己及族人创造的姓

---

① 《宋史》卷四八五《夏国传上》。

② 周伟洲：《早期党项拓跋氏世袭考辨》（《西夏研究》2010 年第 1 期）依《元史·夏国传》材料考证出，继迁出思恭弟思忠一支"曾祖仁颜、祖彝景、父光俨"。

③ 《宋史》卷四八五《夏国传上》。

氏^①，代替了早期的拓跋、唐赐的李姓与宋赐的赵姓。

嵬名、㵟㳆，分别为西夏汉文《杂字·番姓名》、西夏文《三才杂字·番族姓》中的第一个姓氏。作为皇族，嵬名氏世袭国主（皇帝），宗族世袭王爵，掌控着西夏国家机关的要害部门。景宗元昊时，其叔嵬名山遇掌左厢监军，弟嵬名浪遇任都统军，嵬名文高任番大学院学正学士，嵬名聿荣任职于受纳司，主文书；惠宗秉常时嵬名阿埋任左厢监军，嵬名济逜任南都统昂星，嵬名律令任南路都统；崇宗乾顺摧毁梁太后势力后，分封嵬名族人，以弟察哥为晋王，任都统军镇衙头，掌兵权，嵬名仁忠为濮王，授礼部郎中，仁礼为舒王，授河南转运使，封嵬名安惠为梁国正献王，令嵬名约默领会州一带蕃部；仁宗仁孝时，为表平定任得敬之功，封仁友越王，封彦忠齐王。《天盛律令》主持者中有嵬名地暴、嵬名盛山、嵬名仁谋、嵬名忠信等。主持《音同》修订者为嵬名德照。桓宗纯祐时，越王子安全受封镇夷郡王。襄宗安全时，遵顼嗣齐王，献宗德旺时封其弟清平郡王。另外，还有大大小小的嵬名氏部族首领，控制着人数不一的基层部族^②。

总之，嵬名氏自始至终都占据着统军、祖儒（西夏官大者）、中书令等重要的军政位置，把持着编制法典、对外用兵、交涉等关乎政权安危的事务，同时，大大小小首领又层层控制着各级部族，这些都是西夏在激烈的皇族与后族斗争中嗣位继统不乱的重要保证。

入元后，西夏王室或恢复李姓，或仍姓嵬名，其中名将李恒即出西夏王室，其祖父为夏国主子，守兀纳剌，城陷被俘身亡，其父李惟忠方七岁，为

---

① 《西夏书事》卷一一记"于是属族悉改嵬名，蕃部尊荣之，疏族不与焉"。彭向前《党项西夏专名汇考》（甘肃文化出版社 2017 年版）一文指出，自元昊改姓嵬名后，汉文史籍中再不见有"拓跋"一姓。而西夏文姓氏中也不见"拓跋"二字的写法。《金史·交聘表》中，西夏频繁派往金朝的使臣中，倒是"嵬名"一姓屡见不鲜。由此判断，真实的情况是整个拓跋氏都改名为嵬名氏了。并非如吴广成所判断的"疏族不与"。

② 西夏官印中有㵟㳆稫叐㵟（嵬名那征乐）、㵟㳆豩刻（嵬名由势）等首领印，见罗福颐编《西夏官印汇考》，宁夏人民出版社 1982 年版，第 34 块、第 35 块。

宗王合撒儿收养①。另有名将嵬名察罕、嵬名卜颜铁木儿等②。

拓跋部族分支众多，除直系王（皇）室外，大量的是旁支部落，有的保持着强宗大族的地位，如后晋天福年间（936—944），拓跋彦超为灵州一带强族，各族唯彦超向背决定去留③。宋初灵州保安镇有傍家外生后巡检使拓跋第一族④；更多的则沦为社会下层，唐开元十五年（727）七月，盐州拓跋三娘及其婢至乌白池劫盐。乾元元年（758）七月，拓跋戎德率众劫掠，九月，被招讨党项使王仲昇击杀⑤。夏天庆年间（1194—1206），黑水城地区嵬名圣由嵬在当地的高利贷经营者裴松寿处借贷粮食，敦煌地区嵬名法宝达为了还债被迫卖掉维持生活的土地。这些嵬名氏平民进入元代后，仍长期保留着嵬名姓氏⑥。

虽有元昊改姓嵬名，但宋金境内的拓跋氏仍有以拓跋为姓者，如李世辅亲校拓跋忠，为宋沿边指挥使，靖康之变后随李世辅入金，后又归宋⑦。金有名将拓跋耶乌，在太行山一代被南宋大将岳飞擒获⑧。蒙元时，木华黎前锋有拓跋按察儿，率蒙古军镇守平阳、太原⑨。另有部分拓跋族，留居原地，归吐蕃麾下，如大中三年（849），吐蕃鄯州节度使，以拓跋怀光居守，恐热麾下多归之⑩。

---

① 《元史》卷一二九《李恒传》记"李恒，字德卿，其先姓于弥氏，唐末赐姓李，世为西夏国主。"吴天墀《西夏史稿》考，"于弥"西夏国主姓"嵬名"的异译。

② 《元史》卷一二〇《察罕传》记"察罕，初名益德，唐兀乌密氏"。卷一四四《卜颜铁木儿传》"卜颜铁木儿字珍卿，唐兀吾密氏"。汤开建《张澍〈西夏姓氏录〉订误》（《兰州大学学报》1982年第4期）考，"吾密氏"即"嵬名氏"。

③ 《新五代史》卷四九《冯晖传》。

④ 《太平寰宇记》卷三六《关西道一二》。

⑤ 《新唐书》卷六《肃宗纪》。

⑥ 佟建荣《〈中国藏黑水城汉文文献〉中的西夏姓氏考》（《宁夏社会科学》2010年第5期）指出，《中国藏黑水城汉文文献》第F116：W186号元代文书中有"邻众嵬名能（缺）"。

⑦ （宋）李心传：《建炎以来系年要录》卷一二四，中华书局2013年版，第2030页。

⑧ 《宋史》卷三六五《岳飞传》。

⑨ 《元史》卷一一九《木华黎传》。

⑩ 《新唐书》卷二一六《吐蕃传》。

三汉族

夏州蕃族。宋太平兴国九年（985），被宋夏州守将、转备库使尹宪击破。[①]

土金族

散居西夏后桥寨一带蕃族。

夏天授礼法延祚二年，即宋宝元二年（1039）十一月，与吴家、外藏、舍利、遇家等族帐被环庆路钤辖洛苑使高继隆等合力攻破[②]。

兀二族

分布于宋环州周边及与之相对的西夏境内，西夏有姓氏"悟儿"，西夏文写作𰕏𰓘[③]。夏景宗李元昊时，兀二族接受西夏署牒。宋天圣五年（1027），兀二族与浪㕔族、磨娟、托校、拔新、兀三等六族入寇环州，知环州史方晓谕恩信，并传箭牵羊乞和，六族退却。不久，复寇宋边，被卢鉴攻破。[④]

夏天授礼法延祚五年，即宋庆历二年（1042），种世衡至环州，兀二族屡招不至，乃命环州蕃官慕恩出兵诛杀，死者半，百余帐受慑附宋，上交西夏所授文券、袍带等。[⑤]

夏乾定三年，即宋靖康元年（1226）四月，酋首悟儿思齐率众进攻震武

---

① 《宋史》卷二七六《尹宪传》。
② "环庆钤辖高继隆等出兵破西贼后桥寨及破吴家外藏图克金舍利遇家等族"事件见于李焘《续资治通鉴长编》卷一二五，仁宗宝元二年十一月辛亥条及司马光著《涑水记闻》卷一二。中华书局版《长编》点校为"破吴家、外藏图克、金舍利、遇家等族"。中华书局《涑水记闻》点校为"破荡却吴家、外藏、土金、舍利、遇家等族帐"（邓广铭、张希清校，第222页）。四库全书本底本中族名为"吴家外藏土金舍利遇家"，"藏土"旁墨改为"藏图克"，标点本回改有误，此处句读采《涑水记闻》中华书局点校本。
③ 《宋史》卷四四六《朱昭传》中有"悟儿思齐"。据佟建荣《西夏姓名研究》（社会科学文献出版社2015年版）考：悟儿即兀二，西夏文写作𰕏𰓘。
④ 《宋史》卷三二六《史方传》。
⑤ （宋）吕祖谦编，齐治平校：《宋文鉴》卷一三九《种世衡墓志铭》，第1955页。

城。久攻不下，悟儿思齐乃穿介胄，以毡盾遮蔽，城下喊话知城事朱昭，企图说服其投诚，朱昭不降，悟儿思齐遂"以利啖守兵，得登城"，朱昭中矢而亡①。

兀三族

分布于宋环州周边及与之相对的西夏境内，西夏有姓氏珋舿②。

宋天圣五年（1027），兀三族与浪啂族、磨娟、托校、拔新、兀二等六族入寇环州，时知环州史方晓谕恩信，并传箭牵羊乞和，六族退却③。西夏时，沙州地区有兀三族人④。

兀泥族

又作泥巾、兀泥巾族、威尼族、瓦泥族，李继迁旧部，初居青冈岭、三角城、龙马川及丰州地区等地。

太平兴国七年（982），丰州大首领黄罗并弟乞蚌入宋府州贡马⑤。宋雍熙二年（985）十一月，兀泥族首领泥中佶移等归附宋府州，宋赐敕书招抚，授慎州节度，不久又叛宋归夏。宋淳化元年（990），佶移长子突厥罗与首领黄罗等以千余帐归降宋朝，宋府州折御卿上报宋廷，降诏慰谕⑥。此后，兀泥族

---

① 《宋史》卷四四六《朱昭传》，此处"悟儿"当即"兀二"。
② 珋舿见于俄 Инв.No.210、6340《杂字·番族姓》，《俄藏黑水城文献》第10册，第48页。
③ 《宋史》卷三二六《史方传》。
④ 舿珋舿韝见于G12·039［Y13］榆林石窟第12至13窟通道内，《中国藏西夏文献》第18册，第240页。据佟建荣《西夏姓名研究》（社会科学文献出版社2015年版）考，其中舿为汉姓张的西夏文写法，珋舿即讹三。
⑤ 《宋史》卷四九一《党项传》。
⑥ 《宋史》卷四九一《党项传》雍熙二年条下记"兀泥三族首领佶移等、女女四族首领杀越都等归化，并赐敕书之"。淳化元年下记"兀泥大首领泥中佶移内附，诏授慎州节度，俄复归继迁，其长子突厥罗与首领黄罗至是以千余帐降"。至道二年七月下记"李继隆出讨继迁，赐麟府州兀泥巾族大首领突厥罗、女女杀族大首领越都、女女梦勒族大首领越移、女女忙族大首领越置、女女籦儿族大首领党移"等。按："兀泥"，"兀泥巾"同名异译。彭向前《党项西夏专名汇考》（甘肃文化出版社2017年版）指出"兀泥巾族"即"兀泥族"，应该是"兀泥巾"脱去词尾音，变成了"兀泥"。

数次大败契丹，并攻击李继迁，功绩卓越，宋淳化五年（994）授黄罗怀化将军，领昭州刺史。不久李继迁上表附宋，部族因惧报复，逃至黄河以北[1]。宋至道二年（996），李继隆出讨李继迁，宋廷赐突厥罗敕书，重新招怀兀泥族。宋至道三年（997），大首领名悉俄，首领皆移、尹遇、崔保罗、没佶等五人来贡马[2]。宋咸平元年（998）宋廷允许兀泥族返回原有居地，兀泥族重新入贡。十月，宋真宗在崇德殿召见兀泥族首领黄罗[3]。宋景德三年（1006），兀泥族另一首领盛佶为李德明白池军主，密遣使告其从子名崖，李德明表面与宋修贡，暗中点阅兵马，准备劫掠山界。名崖将此状况转告宋府州折惟昌，折惟昌上报宋廷[4]。宋大中祥符二年（1009），名崖同府州折惟昌入贡，宋真宗亲自召见安抚，并特赐射于琼林苑。[5]后有府州宁武寨兀泥族皇城使、费州团练使、本族巡检魁保之名被附于《折武恭公克行神道碑》碑文中，以激励将来[6]。

万山族

又做旺善族，散居灵夏绥银宥等地。

为图河西及宋鄜延、环庆等路，李继迁先后授万山首领都虞候、军主等职，后暗中派万山族入住河西西凉地区。清远军在宋咸平四年（1001）被李

---

① 《宋史》卷四九一《党项传》。

② 《宋史》卷四九一《党项传》中记："（至道）三年二月，泥巾族大首领名悉俄，首领皆移、尹遇、崔保罗、没佶、凡五人来贡马。名悉俄等旧皆内属，因李继迁之叛，徙居河北，今复来贡。"此处"泥巾族"当"兀泥巾"。

③ 《宋史》卷四九一《党项传》记"丰州大首领黄罗并弟乞蚌等来贡马"；《续资治通鉴长编》卷二三，太宗太平兴国七年二月庚午条记"丰州大首领黄罗并弟乞蚌等以良马来贡"。按：四库底本作"乙蚌"，旁墨改为伊克绷。"乙蚌"即"乞蚌"。参见《宋会要辑稿》方域二一之一、方域二一之九、蕃夷七之一一。

④ 《续资治通鉴长编》卷六三，真宗景德三年五月辛亥条。按：兀泥，四库全书影印本作"威尼"。

⑤ 《宋史》卷四九一《党项传》。参见《续资治通鉴长编》卷七一，真宗大中祥符二年六月辛丑条及《宋会要辑稿》方域二一之一。

⑥ 曾晓梅、吴明冉：《羌族文献石刻集成·集释汇考》，《折克行神道碑》，巴蜀书社2016年版，第981页。

继迁攻陷后，宋陕西经略安抚使张齐贤上言，先招凉州潘罗支，使鄜、延、环、庆、原、渭、镇戎军等蕃部归化宋廷，进而迫使万山退兵灵州、河西、贺兰诸部叛离李继迁，以解灵州之困[①]。于是，宋景德元年（1004）二月，宋廷招谕万山等族都虞候、军主吴守正马尾等，能率部归顺者，可授予团练使、赐银万两、绢万匹、钱五万缗、茶五千斤，其"军主职员外郎，将校补赐有差，其有自朝廷叛去者并释罪甄录"[②]。

万子族

又作万资族，散居灵夏绥银宥等地。

李继迁时，其首领被授予军主、太保之职。宋咸平二年（999），北宋放弃镇戎军后，李继迁在萧关一带屯聚万子、咩逋、西鼠等族三千余人，对原、渭、灵、环熟户构成胁迫之势[③]。宋景德元年（1004）二月，宋廷招谕万子等族首领，"能率部归顺者，授予团练使，赐银万两、绢万匹、钱五万缗、茶五千斤""军主职员外郎，将校补赐有差，其有自朝廷叛去者并释罪甄录"[④]。同年八月，万子族军主族帐在镇戎军西北的武延咸泊川地区遭遇宋泾原部署陈兴与熟户章迷族的共同袭击，二百五十三人被斩杀，三百余人被俘，牛马、器仗损失三万一千计[⑤]。宋大中祥符元年（1008），夏州万子等族军主受李德明之命，攻西凉府，至西凉府后因见六谷吐蕃强盛，既而转攻回鹘，被回鹘设伏，剿戮殆尽，仅军主逃脱[⑥]。宋大中祥符三年（1010），万子族太保在天都山附近劫掠渭州吐蕃部署绰克宗给宋廷的贡马二百匹。宋大中祥符七年（1014）

---

① 《续资治通鉴长编》卷四九，真宗咸平四年十月丁未条；《续资治通鉴长编》卷五一，真宗咸平五年三月癸亥条。按：万山，四库全书影印本作"旺善"。
② 《宋史》卷四九一《党项传》。参见《续资治通鉴长编》卷五六，真宗景德元年正月壬子条。
③ 《宋史》卷二五七《李继和传》。
④ 《续资治通鉴长编》卷五六，真宗景德元年正月壬子条。按：万子，四库影印本作"万资"。
⑤ 《续资治通鉴长编》卷五七，真宗景德元年八月乙卯条记"泾原部署陈兴言率兵与熟户折密桑等族掩击伪署万子军主族帐于乌尔戬咸巴川擒俘三百余人斩首二百五十三级虏获牛马器仗三万一千计。"按：折密桑即章迷。
⑥ 《宋史》卷四九一《党项传》，参见《宋史》卷七《真宗纪》。

七月，在泾原路的天麻川附近被宋将曹玮大败，旋又遇宋熟户卫埋等族，被其掩杀，酋帅及族人千余级被斩①。宋天圣元年（1023），有首领孙儿纥嵬入宋称臣，被补三班奉职，获赐姓名李文顺，居陈州②。

万遇族

散居灵夏绥银宥等地。

宋景德元年（1004）二月宋廷招谕万遇等族首领，能率部归顺者，将被授予团练使，赐银万两、绢万匹、钱五万缗、茶五千斤，其"军主职员外郎，将校补赐有差，其有自朝廷叛去者并释罪甄录"③。

卫慕族

又作米母、米募、米慕、未幕、未慕、来慕等，银夏定盐一带党项大族。西夏有姓卫慕氏，西夏文写作𗼨𗰚④。

宋至道二年（996）九月，卫慕族在乌、白池一带随李继迁与宋交战，五千余首级被斩，二千余人被擒，军主、指挥使等被俘，损失马两千匹，兵器、铠甲数万计⑤。李继迁母即出卫慕族。宋咸平年间（998—1003），宋廷为

---

① 《宋史》卷四九一《党项传》。按："卫埋"原文作"魏埋"。

② 《续资治通鉴长编》卷一〇〇，仁宗天圣元年二月庚申条。按："苏渴嵬"，四库底本作"孙儿纥嵬"，旁墨改为"苏尔格威"，标点本回改有误。

③ 《续资治通鉴长编》卷五六，真宗景德元年正月壬子条。

④ 𗼨𗰚见于俄 Инв.No.210、6340《杂字·番族姓》，《俄藏黑水城文献》第10册，第48页。据佟建荣《西夏姓名研究》（社会科学文献出版社2015年版）考𗼨𗰚与"卫慕"勘同。

⑤ 《宋史》卷五《太宗纪》记为"夏州、延州行营言破李继迁于乌白池，获未幕军主、吃啰指挥使等二十七人，继迁遁"。《续资治通鉴长编》卷四〇，太宗至道二年九月己卯条记"未慕军主"。《宋太宗实录》记"两路合势破贼于乌池，斩首五千级，生擒二千人，获米募军主、吃啰指挥使等二十七人，马二千匹，兵器铠甲数万"。《宋会要辑稿》兵一四之一四"杀来慕军主一十人，乞啰指挥使二十余人"。《小畜集》卷三〇记"杀米啰军主一十一人，吃啰指挥等二十余人"。据汤开建《五代宋辽时期党项部落的分布》（《西北民族研究》1993年第1期）"未幕""未慕""米募""米慕"同音异译，"来慕""未慕"形近讹误。参见《宋史》卷二八九《范廷召传》《宋会要辑稿》兵八之一九。

招抚李继迁，封其母卫慕氏卫国太夫人^①。李德明娶卫慕氏女，生子元昊^②。元昊又娶舅女卫慕氏^③。夏广运元年，即宋景祐元年（1034），卫慕氏族人卫慕山喜，即元昊舅舅密谋弑杀元昊，不料被元昊知晓，山喜及族人皆被沉河，元昊亲自端毒酒鸩杀生母^④，后又以卫慕氏所生子类他人貌为由，杀卫慕氏及其子^⑤。从此，卫慕一族不见于国中大事件中。

马讹族

居宋鄜延一带，一度为李继迁掠走。

宋天禧四年（1020）七月，与李继迁蕃族扑咩等一起入宋^⑥。

瓦井族

乌、白池蕃族^⑦。

夏大安七年，即宋元丰四年（1081），宋五路伐夏时，瓦井族被宋将李浩攻破^⑧。

---

① 《宋史》卷四八五《夏国传上》。

② 《宋史》卷四八五《夏国传上》记："德明娶三姓，卫慕氏生元昊。"《续资治通鉴长编》卷一一一，仁宗明道元年十一月壬辰条有"夏王赵德明凡娶三姓，米母氏生元昊"。按：米母氏，即卫慕氏。

③ 《续资治通鉴长编》卷一六二，仁宗庆历八年正月辛未条记"曩霄凡七娶：一曰米母氏，舅女也"。按："米母"即"卫慕"。

④ 《续资治通鉴长编》卷一一五，仁宗景祐元年七月丁卯条有"母米氏族人山喜，谋杀元昊，事觉，元昊杀其母"。据佟建荣《汉文史料中的西夏番姓考辨》指出"母米"乃"米母"之误，即《宋史》之"卫慕"。

⑤ 《续资治通鉴长编》卷一六二，仁宗庆历八年正月辛未条。

⑥ 《续资治通鉴长编》卷九六，真宗天禧四年七月辛未条。

⑦ 《宋史》卷三五○《李浩传》记"旋以战吃啰、瓦井连立功，复之"。又《宋太宗实录》："两路合势破贼于乌池，斩首五千级，生擒二千余，获米募军主、吃啰指挥使等二十七人，马二千匹，兵器铠甲数万。"按：吃啰，乌白池蕃族，瓦井亦当为乌白池一带蕃族。

⑧ 《宋史》卷三五○《李浩传》。

瓦娥族

又作旺额族，横山地区蕃族。

夏授礼法延祚四年，即宋庆历元年（1041）瓦娥遭宋郝仁禹攻击，郝仁禹人马折损三四百人，而无所收获①。

毛奴族

夏州、宥州等地蕃族，又作貌奴，西夏有姓氏麻奴。

宋淳化二年（991）八月，李继迁奔走至夏州东北三百里的地斤泽，毛奴族联合猥才等族夺继迁牛畜二万余。宋宝元元年至宋庆历二年（1038—1042）间，屡被宋延州指使狄青掠杀，财物、族帐、生口损失甚众②。夏雍宁五年，即金天辅二年（1118）正月，武功大夫麻奴绍文入金贺正旦③。

丑奴庄族

夏州蕃族。宋太平兴国九年（984），丑奴庄遭遇宋夏州守将、转备库使尹宪攻击，部众被击杀，首领被其诱招④。

末腋族

宥州东南横山一带蕃族。

末腋族在横山一带屡次进攻宋军，雍熙中，被延州党项金明族首领李继

---

① 《续资治通鉴长编》卷一三二，仁宗庆历元年五月甲戌条。按：瓦娥，四库影印本作"旺额"。
② 《宋史》卷二九〇《狄青传》："略宥州，屠庞咩、毛奴、尚罗、庆七、家口等族，收其帐二千三百，生口五千七百。"卷四九一《党项传》"继迁奔地斤泽，貌奴、猥才二族夺其牛畜二万余"。据汤开建《张澍〈西夏姓氏录〉订误》（《兰州大学学报》1982年第4期）考证，"麻奴""毛奴""貌奴"均一音之转，故称"麻奴"出自"貌奴"族，以族为姓。另，《宋史·回鹘传》中有"邈孥王子族"，汤开建《五代宋辽时期党项部落的分布》（《西北民族研究》1993年第1期）考，邈孥可能是麻奴、貌奴。
③ 《金史》卷六一《交聘表中》。
④ 《宋史》卷二七六《尹宪传》。

周及侯延广击败①。

正名怡族

宥州蕃族，有首领名正名怡，又作结明爱。

梁太后、梁乞埋主权西夏时，正名怡与罔萌讹积极助推对宋用兵。连年用兵，致西夏人畜疲敝，宋廷绝岁赐，西夏上下携贰。为缓和矛盾，梁乞埋将诱杀宋知保安军杨定的李崇贵、韩道喜二人送还宋朝，以示请和。正名怡、罔萌讹与梁氏兄妹由此结怨。宋集贤校理赵禼上言，为达肢解西夏招抚横山蕃族目的，可昭告边吏，如有人能擒获正名怡、罔萌讹及同谋首领者，朝廷赐予无所吝，如果二人能主动归顺，则厚宠之以示余酋。②

扑咩族

邻近宋延州一带蕃族③。又作朴咩、普密。

初属李继迁，宋咸平四年（1001），在宋廷的招谕下，与讹猪等族入宋归服，宋廷下诏拨良田安置④。后部分人口又被李继迁掠回夏界。宋天禧四年

① 《宋史》卷二五三《李继周传》记"雍熙中，又与侯延广败末藏、末腋等族于浑州西山"。《宋史》卷四八五《夏国传上》："（元昊）凡五娶……四曰妃没㖫氏。"《西夏书事》卷一六"会纳其臣没㖫皆山女为妃"。汤开建《五代辽宋时期党项部落的分布》（《西北民族研究》1993年第1期）考，元昊妃"没㖫氏"及臣"没㖫皆山"出自"末腋族"。佟建荣《西夏姓名研究》（社会科学文献出版社2015年版）考，"没㖫氏"为天都山大族，此处"末腋"居宥州东南，地理不符，非一族。

② 《续资治通鉴长编》卷二一六，神宗熙宁三年冬十月戊午条记"宋集贤校理赵禼言：请令边吏谕他，如能禽致旺荞额、结明爱及同谋首领来者，朝廷赐予无所吝。如此则彼腹心暌离，虽有狡计，当不得发。若此二人至，厚宠之以示余酋，宜各解体，因而招横山之众，不战而屈人兵也"。按：结明爱，四库底本作"正名怡"，旁墨改为"结明爱"；旺荞额，四库底本作"罔萌讹"，旁墨改为"旺荞额"。标点本回改未尽。

③ 《宋史》卷四九一《党项传》记："环州言，又继迁诸羌族明叶示及扑咩、讹猪等首领率属内附，并令给善地处之。"按：此处上言者为"环州"。《续资治通鉴长编》卷五○，真宗咸平四年十月己酉条记"延州言继迁蕃部明叶示、扑咩、讹猪等首领率属归附"。此处上言者"延州"，取《长编》说法。

④ 《续资治通鉴长编》卷五○，真宗咸平四年十月己酉条记"延州言继迁蕃部明叶示、扑咩、讹猪等首领率属归附"。按：明叶示、扑咩、讹猪，四库底本分别作"胡叶示""扑咩""讹猪"，影印本分别作"瑚叶实""普密""额珠"。参见《宋史》卷四九一《党项传》。

（1020）七月，首领马讹等率族人入宋称服①。

叶市族

白豹城之北延州、绥州一带蕃族，又作叶施、伊实。

李继迁时叶市曾与潘、保、薛等族被掠至绥州安置，接受西夏署牒。宋咸平六年（1003）二月，叶市族啰埋、啰胡等持李继迁署牒、率百余族帐归宋。啰埋被授本族指挥使，啰胡被授军使②。景德三年（1006），叶市与潘、保、薛等四族又挈族归投宋廷，镇戎军钤辖秦翰出兵应之。德明诉之于宋，愿举刑章。秦翰回言，叶市等四族本为延州熟户，现归还旧居，并非新有招纳。真宗诏谕张崇贵，转报德明，自今不复侵扰境外蕃部③。大中祥符七年（1014）五月，叶市族大首领艳奴归顺宋廷④。康定元年（1041），宋将任福攻白豹城时，命张显围城北，以守叶市族来路⑤。

令王族

银州地区蕃族，后有部族移居府州。

先有族人西夏衙头背嵬移舁"投汉，累为乡道"，被宋授以府州靖化堡麻乜族蕃官，后又因随折可大讨荡夏界，夺渡过河，率先立功，赐予驿券，转三官，授供奉官⑥。夏永安二年，即宋元符二年（1099）三月，移舁之兄令王皆保，夏钤辖，以兵掠府州，被知府州折克行擒获，宋廷置其于移舁处保管，

---

① 《续资治通鉴长编》卷九六，真宗天禧四年七月辛未条记"鄜延路钤辖言扑咩族马讹等，先为北界所略，今帅众来归"。按：扑咩，四库底本作"朴咩"，旁改译为"普密"，标点本回改有误。参见《宋史》卷四九一《党项传》。

② 《宋史》卷四九一《党项传》。

③ 《续资治通鉴长编》卷六三，真宗景德三年六月甲午条。

④ 《宋史》卷四九一《党项传》记"玮言叶市族大首领艳奴归顺"。《宋史》卷八《真宗纪》记（大中祥符七年）五月"泾原言叶施族大首领艳般率族归顺"。《续资治通鉴长编》卷八二，真宗大中祥符七年五月辛亥条记法同《宋史·党项传》。按："叶施"即"叶市"。

⑤ 《宋会要辑稿》蕃兵一四之一八。

⑥ 《续资治通鉴长编》卷五一〇，哲宗元符二年五月乙卯条。

住坐于府州，以示存抚，以冀北界各族首领皆图归汉①。

令介族

宥、绥、凉州一带蕃族。西夏有姓氏令介，又作令分、凌吉、陵结、凌结，西夏文写作頿纖②。

绥、宥一带有令介讹遇部。夏大安九年，即宋元丰五年（1082）九月，沈括退守绥德，令介讹遇以八万人南袭绥德，属羌三百人欲翻城应之，其弟"声暖"密告沈括③。夏大安八年，即宋元丰四年（1081）十月，米脂城被宋将高永能攻下后，时任夏都钤辖令介讹遇④率其下酋长五十余人请降，城中老小万四百二十一口悉皆归宋。宋廷仍命令介讹遇统辖所部，替宋御边⑤。但令介讹遇率众营险，阻挠蕃族归宋。夏永安元年，即宋元符元年（1098），吕惠卿遣王愍扫荡宥州时，令介讹遇与西夏两州监军迎战，被王愍击破，千余级被斩首。夏永安二年，即宋元符二年（1099），为向宋请和，夏拘执令介讹遇，

---

① 《续资治通鉴长编》卷五一〇，哲宗元符二年三月庚申条。

② 頿纖，见于俄 Инв.No.210、6340《杂字·番族姓》，《俄藏黑水城文献》第10册，第49页。佟建荣《西夏姓名研究》（社会科学文献出版社2015年版）考，頿纖勘同"令介"。

③ 《续资治通鉴长编》卷三二九，神宗元丰五年九月乙未条记"时贼游骑犯米脂，括退保绥德，……方命济师于延州，羌领凌结阿约勒以八万人南袭绥德，属羌三百人欲翻城应之，阿约勒之弟兴嫩以告括"。按：凌结阿约勒，底本作"令介讹遇"，旁墨改为凌结阿约勒。兴嫩，底本作"声暖"，旁墨改为兴嫩，标点本回改未尽；汤开建《五代辽宋时期党项部落的分布》（《西北民族研究》1993年第1期）考"凌结"即"令介"，皆出绥州"令介族"。

④ 《宋史》卷四八六《夏国传下》记"（谔）克米脂，降守将令分讹遇"。《宋史》卷三三五《种世衡传》，记"夏兵八万来援，谔御之无定川，伏兵发，断其首尾，大破之，降守将令介讹遇"。汤开建《五代辽宋时期党项部落的分布》（《西北民族研究》1993年第1期）考，"令分讹遇""令介讹遇"为同一人。

⑤ 《续资治通鉴长编》卷三一七，神宗元丰四年十月丁巳条。

进献宋廷①。凉州地区也有部族人员。夏天祐民安五年，即宋绍圣元年（1094），塔寺小监崇圣寺僧令介成庞，参与重修凉州护国寺感通塔碑②。夏天庆元年，即宋绍熙五年（1194），𗼩𗵃𗵦𘟣𘜶（令介老房玉）于七五日参与集会集资活动③。

外藏族

散居西夏后桥寨一带。

夏天授礼法延祚二年，即宋宝元二年（1039）十一月，外藏族与吴家、土金、舍利、遇家等族帐被环庆路钤辖洛苑使高继隆等合力攻破④。

---

① 《续资治通鉴长编》卷四九〇，哲宗绍圣四年八月丙戌条在记述鄜延路经略使吕惠卿上言王愍破荡宥州事件下的注文有，"惠卿家传云：⋯⋯愍据漳河，贺浪啰率其众来袭⋯⋯而首领移卜淖、凌吉讹遇以数千骑出，半入鸡川，将邀官军"。《续资治通鉴长编》卷五〇八，元符二年四月己卯亦有："审会昨夏国差到嵬名布啰肀介到来，已降朝旨令进献作过蕃珏布默玛、凌吉讹裕等，即许收接告哀谢罪表章，回报去讫。"条下注文有："(西人)部族离散来归者日益多，凌吉讹裕率众营险以镇之，欲归者不得至。"按：凌吉讹裕，四库全书底本作"令介讹遇"，旁墨改为"凌结鄂裕"。汤开建《五代辽宋时期党项部落的分布》(《西北民族研究》1993 年第 1 期) 考"凌吉"即"令介"。佟建荣《西夏姓名研究》(社会科学文献出版社 2015 年版) 考"凌吉讹裕"即"令介讹遇"。另，移卜淖，四库底本作叶石牛儿，旁墨改为"伊实诺尔"，移卜淖，四库影印本写法。珏布默玛，四库底本作"归伏乜埋"，旁墨改为"珏布默玛"，标点本回改有误。

② G32·001《凉州重修护国寺感通塔碑》西夏文碑文中有"𗼩𗵃𘟣𘜶"，与汉文碑文中的"令介成庞"对应。《中国藏西夏文献》第 18 册，第 89 页。

③ 𗼩𗵃𗵦𘟣𘜶，见于 G21·003［15512］西夏《天庆寅年会款单》，《中国藏西夏文献》第 16 册，第 257 页。参见王静如《甘肃武威发现的西夏文考释》(《考古》1974 年第 3 期)，史金波《〈甘肃武威发现的西夏文考释〉质疑》(《考古》1974 年第 6 期)，陈炳应《西夏文物研究》(宁夏人民出版社 1985 年版)，王荣飞《天庆寅年"七五会"集款单》(《宁夏社会科学》2013 年第 5 期)。

④ "环庆钤辖高继隆等出兵破西贼后桥寨及破吴家外藏图克金舍利遇家等族"事件见于《续资治通鉴长编》卷一二五，仁宗宝元二年十一月辛亥条及《涑水记闻》卷十二。《续资治通鉴长编》点校为"破吴家、外藏图克、金舍利、遇家等族"。《涑水记闻》点校为"破荡却吴家、外藏、土金、舍利、遇家等族帐"。四库底本中族名为"吴家外藏土金舍利遇家"，"藏土"旁墨改为"藏图克"，标点本回改有误，此处句读采《涑水记闻》本。

山讹族

又称横山羌，横山地区部族[1]，西夏文写作𗾔𗩾[2]。

其主体为唐以来的南山党项，核心为野利羌[3]。西夏时又融入嵬名山部、朱令陵部等部族。横山羌最能征善战"平夏兵不及也"，景宗元昊"苦战倚山讹"。[4]

由于累年用兵"点集最苦"，至毅宗谅祚时，横山羌人心离贰[5]，宋廷得此消息后，积极展开招抚，谋取横山部众。与此同时，为防制横山部族归宋，毅宗谅祚欲实行"迁横山种落于兴州"，此举反激部众不满[6]。

夏拱化元年，即宋嘉祐八年（1063）嵬名山传信宋廷"欲以横山之众取

---

① 《宋史》卷四八五《夏国传上》记"山讹者，横山羌，平夏兵不及也"。

② 聂鸿音、史金波《西夏文本〈碎金〉研究》（《宁夏大学学报》1995 年第 2 期）考，西夏文𗾔𗩾可能就是"山讹"；许伟《西夏时期横山地区若干问题探讨》（《西夏学》第十七辑，甘肃文化出版社，2018 年第 2 期）进一步论证𗾔𗩾即"山讹"，亦即横山羌。

③ 《资治通鉴》卷二四九《唐纪》："党项居庆州者，号东山部；居夏州者，号平夏部；其审居南山者，为南山党项。"其下注文引赵珣《聚米图经》内容："党项部落在银、夏以北居川泽者，谓之平夏党项；在安、盐以南，居山谷者，谓之南山党项。"杜维民《唐夏州张宁墓志考释》（《西夏研究》2014 年第 3 期）指出，唐末，唐廷对归降的南山党项异地安置，分散至平夏地区，但仍有一批党项留在"南山"，留居"南山"的党项，或许就是宋夏时期的"横山羌"。《宋史》卷二六四《宋琪传》记载：党项界东自河西银、夏，西至灵、盐，南距鄜、延、北连丰、会。厥土多荒隙，是前汉呼韩邪所处河南之地，幅员千里。从银、夏至青、白两池，地惟沙碛，俗谓平夏；拓跋，盖蕃姓也。自鄜、延以北，多土山柏林，谓之南山；野利，盖羌族之号也。汤开建《五代辽宋时期党项部落的分布》（《党项西夏史探微》，商务印书馆 2013 年版，第 125 页）一文考证南山党项在鄜延以北、银夏以南的横山地区。"野利，盖羌族之号"，那么南山部落也是羌族，当属横山羌。

④ 《续资治通鉴长编》卷一二〇，仁宗景祐四年十二月癸未条。

⑤ 《续资治通鉴长编拾补》卷二，治平四年十月甲寅条。

⑥ 《续资治通鉴长编拾补》卷二，治平四年十月甲寅条。

谅祚"①，并请兵延州，约取灵、夏之地，此事件后因宋廷意见不一暂时搁置。至夏拱化五年，即宋至平四年（1067），在宋知青涧城种谔的努力下，嵬名山以所统横山部族——酋首三百，户一万五千，口四万五千一百，精兵万人，孳畜十余万归宋②，宋廷分处族帐于荚村及怀宁寨，授嵬名山为右千牛卫上将军，并许以绥州住坐③，嵬名山成为宋朝一名蕃官，替宋守边。夏乾道元年，即宋熙宁元年（1068）贾逵至绥州，选其强壮千余人刺为兵，余丁皆刺手为"忠勇"二字④，又以夏宋两不耕田及绥州旁近闲田给之使耕。夏天赐礼盛国庆元年，即宋熙宁二年（1069），宋又以嵬名山为供备库使，赐姓赵，名怀顺，以嘉其防托绥州日久之功。

夏拱化五年，即宋至平四年（1067），酋长朱令陵部也为种谔招抚⑤。

夏元德元年，即宋徽宗宣和元年（1119）宋总领六边事童贯以种师道、刘仲武等为将，率鄜延、环庆之兵出萧关，全面占领了横山之地，横山羌部分部族暂时成为宋属户⑥。宋廷南迁后，横山羌依然是西夏重要的军事力量，桓宗乾顺时，宋环州蕃官慕洧归夏，被任命为山讹首领。⑦

托校族

分布于宋环州周边及与之相对的西夏境内。宋天圣五年（1027），托校族

① （宋）司马光著，李之亮笺注《司马温公集编年笺注》卷三八《章奏》二三"轻泥濛侧，欲以横山之众攻谅祚"。（巴蜀书社 2008 年版，第 512 页）《宋史》卷三三六《司马光传》"西戎部将嵬名山欲以横山之众，取谅祚以降，诏边臣招纳其众。光上疏极论，以为'名山之众，未必能制谅祚。幸而胜之，灭一谅祚，生一谅祚，何利之有？若其不胜，必引众归我，不知何以待之'"。《司马温公集编年笺注》以为"轻泥濛侧"即"嵬名山"，所译不同。"轻泥濛侧""嵬名山"语音差别明显，不是翻译，当为传抄中的论误。"轻泥濛侧"仅此一处，后归降宋者"嵬名山"，司马光所奏当为"嵬名山"。

② （宋）杜大珪辑：《名臣碑传琬琰之集》中卷一三，清文渊阁四库全书本，第 1202 页。

③ 《皇宋通鉴长编纪事本末》卷八三，宛委别藏清钞本，第 2759 页。

④ 《皇宋通鉴长编纪事本末》卷八三，宛委别藏清钞本，第 2767 页。

⑤ 汪圣铎：《宋史全文》卷一〇，中华书局 2016 年版，第 823 页。

⑥ 《续资治通鉴长编》卷三五二，神宗元丰八年三月甲午条。

⑦ 《金史》卷一三四《夏国传》"初，慕洧以环州降，及割陕西、河南与宋人，洧奔夏国，夏人以为山讹首领。及撒离喝再定陕西，洧思归，夏人知之，遂族洧"。

与浪壹族、磨娟、拔新、兀二、兀三等六族入寇环州，时知环州史方晓谕恩信，并传箭牵羊乞和，六族退却 [1]。

扬珠族

西夏境内蕃族。

宋景德三年（1006），扬珠族与玛哈族万余落，乞内迁附宋。曹玮率劲旅至天都山接应，部族人马分批入宋归附 [2]。

西鼠族

宋咸平二年（999），宋放弃镇戎军后，李继迁在萧关一带屯聚万子、咩通、西鼠等族三千余人，对原、渭、灵、环熟户构成胁迫之势，宋重置镇戎军后，诸族稍安 [3]。

吃哆族

原西夏境内蕃族，又作策木多。

夏天赐礼盛国庆四年，即宋熙宁五年（1072）前后降宋，被安置于麟府路。同年八月，麟府遭遇霜降，吃哆与香崖受损严重。宋廷诏令麟府路经略司核实灾情，并依旧拨给口粮 [4]。

吃啰族

乌白池一带党项部族，又作吃罗、乞啰。

---

① 《宋史》卷三二六《史方传》。

② （宋）宋庠：《元宪集》卷三三，清文渊阁四库全书补配文津阁四库全书本，第998页。

③ 《宋史》卷二五七《李继和传》。按：咩通，原文作"米通"，同音异译。

④ 《续资治通鉴长编》卷二三〇，神宗熙宁五年二月丙寅条记"自八月癸西陨霜害稼及五六分，可令经略司体量。如实灾伤其新投降蕃部香叶、策木多二族，并仍旧给口食；及河东沿边麟、丰二州蕃部弓箭手阙食者，亦令宣抚转运使体量赈济"。按：策木多，四库底本作"吃哆"，标点本回改未尽。另，香叶，四库底本作"香崖"。

宋至道二年（996）九月，吃罗族在乌、白池随李继迁与宋交战，指挥使等被擒获。夏大安七年，即宋元丰四年（1081）宋五路伐夏时，与瓦井族一道被宋将李浩攻破[①]。

岁香族

宥州蕃族。

夏天授礼法延祚元年至五年间即宋宝元元年至庆历二年（1038—1042）间，屡次侵扰宋境，被宋三班差使、殿侍、延州指使狄青掠杀，财物、族帐、生口损失甚众[②]。

岌伽罗腻叶族

夏州蕃族，又作岌伽罗腻、岌罗腻，下有分族十四。太平兴国四年（979），尹宪等引师至盐城，吴移、越移四族归降，唯岌伽罗腻叶十四族持众不归[③]，尹宪等出兵袭击，夷其帐千余，俘斩七千余级[④]。宋至道二年（996），宋五路讨李继迁，岌伽罗腻叶等族聚众拒宋，宋鄜延路副都部署石保兴组成

---

① 《宋史》卷五《太宗纪》记为"夏州、延州行营言破李继迁于乌白池，获未幕军主、吃啰指挥使等二十七人，继迁遁"。《宋会要》兵八之一九"获米募军主，吃罗指挥使等二十七人"。《宋会要辑稿》兵一四之一一四"杀来慕军主一十人，乞啰指挥使二十余人"。按："吃啰""吃罗""乞啰"，同名异译。

② 《宋史》卷二九〇《狄青传》。

③ 《宋史》卷二五七《李继和传》。按：岌伽罗腻叶，原文作"岌伽罗腻"。

④ 《宋史》卷二七六《尹宪传》记"杀戮三汊、丑奴庄、岌伽罗腻叶十四族，及诱其渠帅"。《宋史》卷四九一《党项传》记"（雍熙）六月，夏州尹宪等引兵至盐城，吴移、越移等四族来降，宪等抚之。岌伽罗腻十四族拒命，宪等纵兵斩首千余级，俘擒百人，焚千余帐，获马牛羊七千计"。《宋太宗皇帝实录校注》卷三三记"（雍熙）六月，守文与尹宪等引兵至盐城，吴移、越移四族皆奔，有岌伽罗腻二十四族，怙众不率，宪等袭系之，斩首数千级，生擒百人，焚千余帐，获牛畜万计"。彭向前《党项西夏专名汇考》（甘肃文化出版社2017年版）指出，"岌伽罗腻叶"，宋人又译作"岌伽罗腻""岌罗腻"，都是正确的，省去词尾音"叶"字，便成了"岌伽罗腻"，又省去"伽"字，相当于韵尾 -k，便成了"岌罗腻"。另，"岌伽罗腻叶十四族"被歼于"太平兴国四年"事件，见于《宋史》卷四九一《党项传》雍熙六月条下，《宋史》卷二七六《尹宪传》中记于"太平兴国四年"下。《宋史》卷四六六《神宝传》记于"太平兴国九年"条下，即"（太平兴国）九年，命与尹宪屯夏州，时岌伽罗腻等十四族久叛，神宝率兵大破之，焚其庐帐，斩千余级，虏获甚众"。此处取"太平兴国四年"。

敢死士数百人，"衔枚夜击，歼之"①。

延家族

陇山以西大族，又作延族。

宋咸平六年（1003），延家族首领秃逋入宋贡马，并称愿随宋廷兵马讨伐西夏，宋廷下诏，授其本族军主②。景德元年（1004）正月，延家与狸家、王家三部族归宋，真宗下诏授三族首领官职③。景德三年（1006），又有延家族与妙娥、熟嵬等族三千余帐、七千余口入宋归服。曹玮率骑士近天都山接应至内地安置，并赐袍带茶彩④。

德顺军延家族盛产良马，是重要招买马匹的地方之一，后因有蕃客贩马至秦州途中遭遇西夏劫掠，而不愿再贩马于宋军中，致宋军在德顺军买马数比额亏少⑤。

杀牛族

居庆州以北十余里地。

有强壮人马二千余，恃险自居，宋廷多次招辑不归。夏天授礼法延祚四年，即宋庆历元年（1041）六月，陕西体量安抚使王尧臣上书建言，环、庆

---

① 《宋史》卷二五〇《石保兴传》。按：炭伽罗腻叶，原文作"炭伽罗腻"。
② 《宋史》卷七《真宗纪》。参见《宋史》卷四九二《吐蕃传》，《续资治通鉴长编》卷五五，真宗咸平六年六月丁丑条。
③ 《续资治通鉴长编》卷五六，真宗景德元年正月辛卯条。
④ 《宋史》卷二五八《曹玮传》记"既而西延家、妙娥、熟魏数大族请拔帐自归"。《宋史》卷四九二《吐蕃传》记：景德三年五月"渭州言妙娥、延家、熟嵬等族率三千余帐、万七千余口及羊马数万款塞内附"。《宋史》卷七《真宗纪》记景德三年五月"渭州妙娥族三千余帐内附"。按：《宋史·曹玮传》前文记载李继迁、李德明之"河西"局势，故此处"西"，当为"河西"之误。《宋史·真宗纪》中"渭州"当为"渭州言"之误。"延家、妙娥、熟魏"为河西蕃族，即李继迁、德明之西夏蕃族，非渭州蕃族。汤开建《五代辽宋时期党项部落的分布》依延家、妙娥、熟嵬出自《吐蕃传》，且在渭州上言中提及，推测妙娥、延家、熟嵬等族为渭州附近吐蕃部族恐误。
⑤ 《宋会要辑稿》兵二二之六。

两州增兵二万以制杀牛族①。

后周时，杀牛部族与野鸡、喜玉、折四等族交错居住。广顺三年（953）野鸡族被击破后，杀牛族与喜玉、折四纷纷以牛羊敬犒官军。官军反而劫掠三族牛羊孳畜，致三族共诱张建武军至包山险地而攻之，逼迫官兵投崖坠地，死伤甚众②。

庆七族

宥州蕃族。

夏天授礼法延祚元年至天授礼法延祚五年间，即宋宝元元年至庆历二年间（1038—1042），屡次侵扰宋境，被延州指使狄青掠杀，财物、族帐、生口损失甚众③。

讹猪族

与宋延州相邻的李继迁蕃族，又作额珠。

宋咸平四年（1001），在宋廷的招谕下，与扑咩等族一起入宋归服，宋廷下诏拨良田安置④，后部分人口又被李继迁掠回夏界。宋天禧四年（1020）七月，又有族帐与扑咩等族一起入宋⑤。

玛哈族

西夏境内蕃族。景德三年（1006），玛哈族与扬珠族万余落，乞内迁附宋。

---

① 《续资治通鉴长编》卷一三二，仁宗庆历元年六月己亥条。

② 《新五代史》卷七四《党项传》。按：折四，原文作“折思”，汤开建《五代辽宋时期党项部落的分布》（《西北民族研究》1993年第1期）考“折思”即“折四”。

③ 《宋史》卷二九〇《狄青传》。

④ 《续资治通鉴长编》卷五〇，真宗咸平四年十月己酉条记“延州言继迁蕃部明叶示、扑咩、讹猪等首领率属归附”。按：明叶示、扑咩、讹猪，四库底本分别作“胡叶示”“扑咩”“讹猪”，影印本分别作“瑚叶实”“普密”“额珠”。参见《宋史》卷四九一《党项传》。

⑤ 《续资治通鉴长编》卷九六，真宗天禧四年七月辛未条。

曹玮率劲旅至天都山接应，部族人马分批入宋归附[1]。

把利族

西夏有姓氏芭里，又作把里，西夏文写作𗆟𘔽[2]。族人入西夏庙堂者有把里公亮、芭里昌祖、芭里直信、芭里安仁、芭里你令布、𗆟𘔽𗟲𗹧𘊜等。

夏元德六年，即金天会二年（1124）三月，夏使把里公亮等入金上誓表[3]。夏天盛十四年，即金大定二年（1162）十二月夏芭里昌祖以武功大夫身份与宣德郎扬彦敬入金贺正旦[4]。

夏天盛十九年，即大定七年（1167）十二月，夏臣任得敬有疾，芭里昌祖以殿前太尉身份，与枢密都承旨赵衍出使金朝，为任得敬求良诊治[5]。夏乾祐元年，即金大定十年（1170）十一月，仁宗李仁孝遣殿前太尉芭里昌祖与学士高岳至金，就金助夏诛任得敬一事上表陈谢[6]。夏乾祐三年，即大定十二年（1172）三月，仁孝遣押进瓯匦使芭里直信等入金贺金世宗完颜雍加尊号[7]。夏乾祐四年，即金大定十三年（1173）三月癸巳朔，夏武功大夫芭里安仁使金贺万春节[8]。夏乾祐十四年，即金大定二十三年（1183），三司使芭里你令布管理夏金榷场贸易[9]。仁孝时，有族人𗆟𘔽𗟲𗹧𘊜参与修订《天

---

① （宋）宋庠：《元宪集》卷三三，清文渊阁四库全书补配文津阁四库全书本，第998页。

② 𗆟𘔽，见于俄 Инв.No.210、6340《杂字·番族姓》，《俄藏黑水城文献》第10册，第49页；俄 Инв.No.211、212、213《文海》，《俄藏黑水城文献》第7册，第132页；俄 Инв.No.741《新集碎金置掌文》，《俄藏黑水城文献》第10册，第109页；俄 Инв.No.2539《义同》，《俄藏黑水城文献》第10册，第75页。佟建荣《西夏姓名研究》（社会科学文献出版社2015年版）考，𗆟𘔽与汉文史料中的"芭里"对应。芭里，见于 Дх2822《杂字·番姓名》，《俄藏黑水城文献》第6册，第138页。

③ 《金史》卷六〇《交聘表上》记"夏使把里公亮等来上誓表"。按：汤开建《党项源流新证》中指出"芭里""把里"一音之转。

④ 《金史》卷六一《交聘表中》。

⑤ 《金史》卷六一《交聘表中》。

⑥ 《金史》卷六一《交聘表中》。

⑦ 《金史》卷六一《交聘表中》。

⑧ 《金史》卷六一《交聘表中》。

⑨ 芭里你令布，见于俄 Инв.No.2208《西夏乾祐十四年安推官文书》，《俄藏黑水城文献》第6册，第300页。

盛改旧新定律令》^①。

姓氏芭里源于唐代党项把利族。

唐初党项由青藏高原边缘内迁，其中有把利族，唐贞观五年（631），唐设诺州以安置，隶属松州都督府。贞观十二年（638），吐蕃向唐请婚被拒，率众二十余万屯松州西境，遣使贡金帛，云迎公主，进攻松州，败唐都督韩威。诺州刺史把利步利趁机以州叛归吐蕃^②。唐退吐蕃后，把利族继续内迁，部族分散至庆州一带，与破丑氏、野利氏等党项大族交错居住，形成东山部。吐蕃占领陇右地区后，与吐蕃再次接壤，且长期联姻，吐蕃赞普授之以王号，把利等族依吐蕃之势侵扰唐边达十年。代宗时，以工部尚书路嗣恭为朔方留后，梁进用为庆州刺史，隔断党项、把利等部与吐蕃往来道路，同时又置静边、芳池、相兴王州都督、长史，永平、旭定、清宁、宁保、忠顺、静塞、万吉等七州都督府，于是把利等部皆入朝称服^③，历五代至宋夏时，部分部族进入西夏境内。

克顺族

夏属唐龙镇蕃部，与嘉舒等七族聚集居住。

旧居宋府州，因边臣不恤，离宋入夏，过黄河西与辽火山军对岸而居^④。后元昊又掠麟府人户安置其地，生齿日繁，分为十四族。夏天授礼法延祚七年，即宋庆历四年（1044）内属蕃部首领香布上言，契丹驻兵宁仁静寇镇，欲待河冻之际入侵唐龙镇，范仲淹以为如果契丹夺取克顺等七族，则府州河外又生一契丹；如果七族惊疑必逃入火山界，契丹则会因追袭克顺而入汉地，

---

① 𗣼𗖊𘞌𘝵𗒑，见于俄 Инв.No.2570、4187《天盛改旧新定律令·颁律表》，《俄藏黑水城文献》第 8 册，第 48 页。

② 《资治通鉴》卷一九五《唐纪十一》。

③ 《新唐书》卷一四六《党项传》。按：汤开建《五代辽宋时期党项部落的分布》（《西北民族研究》1993 年第 1 期）考此 "把利" 即西夏 "芭里" 之源出。

④ 汤开建《契丹境内党项部落的分布》（《宁夏社会科学》1990 年第 2 期）考 "火山军" 为辽宁辽州。唐龙镇属契丹，曾一度归夏，唐龙镇部族曾内附北宋府州。

则此一带番汉人户必尽遭驱虏，所以，应先行招抚嘉舒、克顺等七族。后随着夏辽仇解，嘉舒、克顺无被掠之忧，宋招抚一事也被搁置①。

吴家族

散居西夏后桥寨一带蕃族。

夏天授礼法延祚二年，即宋宝元二年（1039）十一月，与外藏、土金、舍利、遇家等族帐被环庆路钤辖洛苑使高继隆等合力攻破②。

吴啰族

银夏一带蕃族，又作吴移。西夏有姓氏"吴啰"③，又译作"兀啰"，西夏文作𗙸𘊳④。

曾与夏州盐城镇越啰、岌伽罗腻叶十四族等结党应援李继迁。宋太平兴国四年（979），宋夏州尹宪等率兵至盐城，吴啰与越啰等四族出降⑤。夏天授礼法延祚九年，即宋庆历六年（1046）元昊以本属宋朝的土地，命名为吴啰

---

① 《续资治通鉴长编》卷一五二，仁宗庆历四年十月壬子条。

② "环庆钤辖高继隆等出兵破西贼后桥寨及破吴家外藏图克金舍利遇家等族"事件见于《续资治通鉴长编》卷一二五，仁宗宝元二年十一月辛亥条及《涑水记闻》卷十二。《续资治通鉴长编》点校为"破吴家、外藏图克、金舍利、遇家等族"。《涑水记闻》点校为"破荡却吴家、外藏、土金、舍利、遇家等族帐"。四库本底本中族名为"吴家外藏土金舍利遇家"，"藏土"旁墨改为"藏图克"，标点本回改有误，此处句读采《涑水记闻》本。

③ 吴啰，见于俄 Дx2822《杂字·番姓名》，《俄藏黑水城文献》第6册，第138页。

④ 𗙸𘊳，见于俄 Инв.No.210、6340《杂字·番族姓》，《俄藏黑水城文献》第10册，第48页。孙伯君《西夏番姓译正》（《民族研究》2009年第5期）考，𗙸𘊳勘同于汉文中的"吴"。佟建荣《西夏姓名研究》（社会科学文献出版社2015年版）考"兀啰"即"吴啰"。

⑤ 《宋史》卷四九一《党项传》记"（雍熙）六月，夏州尹宪等引兵至盐城，吴移、越移等四族来降，宪等抚之"。《宋史》卷二五七《李继隆传》"太平兴国四年"下有"（李继隆）引师至监城，吴移、越移四族来降，惟岌伽罗腻十四族怙其众不下，乃与尹宪袭击之，夷其帐千余，俘斩七千余级"。汤开建《五代辽宋时期党项部落的分布》（《西北民族研究》1993年第1期）考"吴移"，即"吴"，"越移"即"越啰"。另，《宋史》卷二七六《尹宪传》"改护夏州兵，转供备库使。杀戮三汊、丑奴庄、岌伽罗腻叶十四族，及诱其渠帅"系于"太平兴国四年"下。故可知，吴、越啰等族于太平兴国四年降宋，《宋史》卷四九一《党项传》误。

寨，以假乱真献给宋朝，并以此为条件要求宋归还入宋蕃部①。夏天祐民安八年，即宋绍圣四年（1097）首领吴哆革哆及妹勒都逋领兵并塞②。夏永安元年，即宋元符元年（1098），有庆唐吴哆嗥浦，作为衙头大使到宋保安顺宁寨商量事宜③。

夏乾祐二十四年即金明昌四年（1193）正月，族人武节大夫吴哆遂良出使金朝④。

没邵族

银州地区蕃族。西夏有姓氏𘈶𗏁。

宋雍熙二年（985）五月，银州杏子平东北山谷内没邵族与浪悉讹族被宋将李继隆击破。

西夏中后期，西夏辅都凉州地区有𘈶𗏁族人生活⑤。

没细族

又作密日。西夏有姓氏"没细"，又作"穆齐"，西夏文写作𘈶𘚜。

---

① 《续资治通鉴长编》卷一五八，仁宗庆历六年正月戊子条。按：吴哆寨，原文作"吴移寨"。

② 《宋会要辑稿》兵八之三三记："西夏起甘州、右厢、卓啰、韦州、中寨、天都六监军人马屯立扁江州白草原，又遣首领妹勒都逋、乌革哆领兵并塞"。乌哆革哆，汤开建《五代辽宋时期党项部落的分布》（《西北民族研究》1993年第1期）考"乌哆"即"吴哆"。

③ 《续资治通鉴长编》卷五〇八，哲宗元符二年四月己卯条记"鄜延路经略使吕惠卿据顺宁寨将李子明等申，有西人创格裕等到，言衙头差大使庆璜嵬名科逋、副磋迈花结香等来计会"。按：创格裕，底本作"床革愚"；庆璜嵬名科逋，底本作"庆唐吴哆嗥浦"，旁墨改为"庆璜威科卜"；磋迈花结香，底本作"湊洺贺济寨"，旁墨改为"磋迈喀结桑"。标点本回改有误。

④ 《金史》卷六二《交聘表下》。

⑤ 《宋史》卷二五七《李继隆传》记"复破没邵浪、悉讹诸族，及浊轮川东、兔头川西，生擒七十八人，斩首五十九级，俘获数"。此事件还见于《宋史》卷四九一《党项传》，其中的"没邵浪、悉讹诸族"句读为"没邵、浪悉讹诸族"；𘈶𗏁，见于Инв.No.210、6340《杂字·番族姓》，《俄藏黑水城文献》第10册，第49页。G31·004《乾定申年典糜契约》有人名"𘈶𗏁𘜶𗟲"。𘈶𗏁，李范文《西夏文〈杂字〉研究》（《西北民族研究》1997年第2期）译为"没施"，孙寿岭《西夏乾定申年典糜契约》（《中国文物报》1993年第5期）译为"没水"，彭向前《党项西夏专名汇考》（甘肃文化出版社2017年版）指出𘈶𗏁即"没邵"，并据此推断《宋史》卷四九一《党项传》句读正确，今采用彭向前说法。

早期分布于契丹境内，宋太平兴国七年（982）十二月，没细与日利、月利、兀瑶等十一族七万余帐自辽归宋，被安置于丰州①。宋太平兴国八年（983）四月，宋授没细族大首领越移为怀化大将军②。在西夏立国斗争中，部分族帐先后入夏。

夏永安元年，即宋元符元年（1098）二月，首领没细游成宁至宋投服，宋廷诏"没细游成宁特与内殿崇班，差充本族巡检，更赐银、绢、钱各二百"③。仁宗仁孝时，綐纆缪燋（没细仁显）编纂西夏文《宫廷诗集》④，后有夏统军没细征牟入侵镇戎军，被宋将刘琦破⑤。夏大德四年，即宋绍兴八年、金天眷元年（1138），有武功郎没细好德奉表入金贺正旦⑥。

没藏族

银夏横山一带党项大族，又作密藏、兀臧、末藏。西夏有姓氏"没藏"，西夏文写作綐觓⑦。

雍熙中（984—987），没藏族在横山一带屡次进攻宋军，被延州党项金

---

① 《续资治通鉴长编》卷二三，太宗太平兴国七年十二月庚寅条"丰州刺史王承美言契丹日利、月益、没细、兀瑶等十一族七万余帐内附"。按：没细，四库底本如是作，旁墨改为"密日"；月益，底本作"月利"，旁墨改为"裕噜"；兀瑶，四库底本作"瓦窑"，旁墨改为"威约克"。

② 《宋史》卷二五三《王承美传》记"没细大首领越移为怀化大将军"。《宋会要辑稿》方域二一记："四月诏以承美为本州团练使，又以本州没细都大首领越移为检校太傅、怀化大将军。"此事件亦见于《续资治通鉴长编》卷二四，太宗太平兴国八年四月壬寅条。《宋史》为"大首领"，《宋会要辑稿》《续资治通鉴长编》为"都大首领"；另，《宋史》《续资治通鉴长编》无"检校太傅"一职。

③ 《续资治通鉴长编》卷四九四，哲宗元符元年二月乙未。

④ 綐纆缪燋，见于俄 Инв.No.121《宫廷诗集》及 Инв.No.876《宫廷诗集》，《俄藏黑水城文献》第 10 册，第 312、314 页。另，M21·151［F1：W60/0060］《僧人名单》中有綐纆毻羧，《中国藏西夏文献》第 17 册，第 251 页。据佟建荣《西夏姓名研究》（社会科学文献出版社 2015 年版）考綐纆即汉文史料中的"没细"。

⑤ （宋）章颖：《南渡十将传》卷一《刘琦传》，元重刊本，第 5 页。

⑥ 《建炎以来系年要录》卷一一八"夏国主乾顺遣武功郎穆齐好德、高丽国王楷遣卫尉少卿李仲衍奉表贺正"。佟建荣《西夏姓名研究》（社会科学文献出版社 2015 年版）考"穆齐好德"，即《松漠记闻下》卷二一中的"没细好德"，"穆齐"即"没细"。

⑦ 没藏，见于俄 Д x 2822《杂字·番姓名》，《俄藏黑水城文献》第 6 册，第 138 页。綐觓，见于俄 Инв.No.210 6340《杂字·番族姓》，《俄藏黑水城文献》第 10 册，第 48 页。孙伯君《西夏番姓译正》（《民族研究》2009 年第 5 期）考，綐觓勘同于"没藏"。

明族首领李继周及侯延广击败①。西夏立国初以没藏屈已、没藏讹庞两支最为强大。

没藏屈已，居宥州南浑州川，与元昊从父嵬名山遇联姻，夏天授礼法延祚元年，即宋宝元元年（1038）九月，元昊欲谋诛嵬名山遇，嵬名山遇召没藏屈已及团练侍者没藏福罗②，嘱咐二人传信延州大人"悉以黄河以南户口归命朝廷"。屈已送福罗至长城岭南而还，福罗至金明以状言于延州。后嵬名山遇与侄屈讹相公、从父弟吃也相公等在宥州起兵，并率部抵归娘族指挥使嚷罗家，以求归宋。宋以为元昊贡使不断，不能接受，令延州李士彬婉顺约回，务令安静③。

没藏讹庞一支为西夏后族，把持西夏军国大政数年。西夏立国初，有没藏氏女子先嫁于西夏天都山大王野利遇乞。夏天授礼法延祚十年，即宋庆历五年（1047），野利族因被疑谋反而遭诛族，野利遇乞妻没藏氏幸免于难，被接进皇宫，与元昊私通生子谅祚④，其兄没藏讹庞凭此荣升至国相。元昊死后，谅祚继位，封其母为宣穆惠文太后，没藏氏及其兄没藏讹庞借机把持国中大权。为长期控制谅祚，没藏讹庞又以女妻之。没藏兄妹专权期间，在屈野河一带与宋展开激烈的耕战，侵耕之利尽归没藏兄妹。⑤

---

① 《宋史》卷二五三《李继周传》记"雍熙中，又与侯延广败末藏、末腋等族于浑州西山"。汤开建《五代辽宋时期党项部落的分布》（《西北民族研究》1993 年第 1 期）考"末藏"即"没藏"，"浑州"即"浑州川"，在延州西北，宥州东南。"西山"即"横山一段"。

② （宋）司马光《涑水记闻》卷一二记"宥州末藏屈已团练侍者末藏福罗"，"屈已居宥州南没姑川"。汤开建《五代辽宋时期党项部落的分布》（《西北民族研究》1993 年第 1 期）考"末藏"即"没藏"，"没姑川"即"浑州川"。

③ 《涑水记闻》卷一二。

④ 《续资治通鉴长编》卷一六二，仁宗庆历八年正月辛未条。"没藏氏"身份还见于《涑水记闻》卷十"拓跋谅祚之母密藏氏，本野利旺荣之妻，曩霄通焉，有娠矣"。"野利旺荣之妻"当为"野利遇乞之妻"之误。佟建荣《西夏姓名研究》（社会科学文献出版社 2015 年版）考，谅祚之母"密藏氏"即"没藏氏"。

⑤ 《宋史》卷一八六《食货志下八》记"嘉祐初，西人侵耕屈野河地。知并州庞籍谓：'非绝其互市，则内侵不已。且闻出兀藏讹庞之谋，若互市不通，其国必治罪讹庞。年岁间，然后可与计议'"。佟建荣《西夏姓名研究》（社会科学文献出版社 2015 年版）考，"兀藏讹庞"即"没藏讹庞"，"兀藏""讹藏"异译。

　　没藏讹庞子娶西夏大姓梁氏之女，梁氏又与谅祚私通，讹庞知晓后欲杀谅祚，梁氏将谋杀之事密告谅祚，夏奲都五年，即宋嘉祐六年（1061）谅祚先发制人以谋叛罪，诛杀没藏讹庞，夷其宗族①。没藏氏专权西夏时代结束，仁孝时有族人作《宫廷诗集》②。

妙娥族

银夏等地蕃族。

景德三年（1006）五月，妙娥族与熟嵬、延家等三族，见德明孤弱，移书镇戎军愿意拔帐归宋，宋诸将犹豫不敢应，知军曹玮则以为此乃折德明羽翮之机会③，即将兵出石门，到天都山接迎。内附者妙娥等三千余帐、万七千余口及羊马数皆内迁安置，并赐袍带茶彩④。

努玛族

西夏绥州境内蕃族⑤。

部族首领香布曾为西夏太尉，香布子玛尔布为团练使。夏天授礼法延祚七年，即宋庆历四年（1044）十一月，香布及玛尔布等十八人归附宋朝，宋

---

　　① 《宋史》卷四八五《夏国传上》嘉祐二年条下记"谅祚忌讹庞专，或告讹庞将叛，谅祚讨杀之，夷其族"。

　　② Ин в.No.121《宫廷诗集》卷尾题款中有作者人名籢毻□□，《俄藏黑水城文献》第10册，第312页。

　　③ 《宋史》卷二五八《曹玮传》记曹玮言"明野心，不折其翮，后必飞扬"。

　　④ 《宋史》卷二五八《曹玮传》记"既而西延家、妙娥、熟魏数大族请拔帐自归"。《宋史》卷四九二《吐蕃传》记景德三年五月"渭州言妙娥、延家、熟嵬等族率三千余、万七千余口及羊马数万款塞内附"。《宋史》卷七《真宗纪》记景德三年五月"渭州妙娥族三千余帐内附"。《宋史·曹玮传》前文记载李继迁、李德明之"河西"局势，故此处"西"，当为"河西"之误，"河西"当即黄河以西银夏故地。《宋史·真宗纪》中"渭州"当为"渭州言"之误。"延家、妙娥、熟魏"为河西蕃族，即李继迁、德明之西夏蕃族，非渭州蕃族。汤开建《五代辽宋时期党项部落的分布》依延家、妙娥、熟嵬出自《吐蕃传》，且在渭州上言中提及，推测妙娥、延家、熟嵬等族为渭州附近吐蕃部族，恐误。

　　⑤ （宋）苏颂著，王同策等点校：《苏魏公文集》（中华书局2004年版，第84页）卷三四记"蕃官香布"及"嵬名山"一并加官制文。汤开建《五代辽宋时期党项部落的分布》（《西北民族研究》1993年第1期）据此考"香布"与"嵬名山"一样，皆绥州蕃族。

廷下诏，授香布为右千牛卫将军、努玛族巡检，玛尔布为右班殿直①。

拔新族

分布于宋环州周边及与之相对的西夏境内。

宋天圣五年（1027），拔新族与浪豆、磨娟、托校、兀二、兀三等六族入寇环州，时知环州史方晓谕恩信，并传箭牵羊乞和，六族退却②。

耶布移族

丰州蕃部。

宋太平兴国八年（983），耶布移、邈二族首领弗香克浪买率部击破契丹，宋廷诏补弗香克浪买为归德郎将③。景宗元昊立国后，耶布移接受夏署牒，首领被授容州刺史，助夏攻宋。夏天授礼法延祚五年，即宋庆历二年（1042），容州刺史耶布移堡障被府州折继闵攻克，耶布移守贵又被宋将张岊等攻破，损失万计④。

---

① 《续资治通鉴长编》卷一五二，仁宗庆历四年十月庚戌条。
② 《宋史》卷三二六《史方传》。
③ 《宋史》卷二五三《王承美传》记"乞党族次首领弗香克浪买为归德郎将"。《续资治通鉴长编》卷二四，太宗太平兴国八年四月壬寅条"耶保移邈二族首领弗香克浪买，乞党族大首领岁移并为归德郎将，赏其破契丹之功也"。此处取《续资治通鉴长编》说法。按：标点本《续资治通鉴长编》中将"耶保移邈二族"断为一族，因府州地区有人名"耶布移守贵""耶布移堡障"，详见下条注释，又有"邈二族"，详见"邈二族"词条，据此，正确句读当为"耶保移、邈二族"。
④ 《续资治通鉴长编》卷二四，太宗太平兴国八年四月壬寅条记"耶保移邈二族首领弗香克浪买、乞党族大首领岁移并为归德郎将，赏其破契丹之功也"。《太平治迹统类》卷七记"岊与诸将一日数战破伪容州刺史耶布移守贵三寨俘获万计"。《宋史》卷三二六写法同《太平治迹统类》。《折继闵神道碑》有"破伪容州刺史耶布移堡障"（曾晓梅、吴明冉：《羌族石刻文献集成》，巴蜀书社2016年版）。汤开建《五代辽宋时期党项部落的分布》（《西北民族研究》1993年第1期）考"耶保移"即"耶布移"，"保""布"同音异译。

茅女王子开道族

黄河以西银夏宥蕃族。部族居地多沙漠，沙深难行，部族乘橐驼出行[①]。

茅女喝子族

银夏宥临黄河蕃族。族人以羊皮筏子或木筏渡河出行。[②]

卧浪己部

李继迁蕃部，咸平五年（1002），自夏境至宋石州归顺，真宗赐田宅安抚[③]。

冈萌讹部

宥州蕃族，有首领名冈萌讹，又作旺莽额。

梁太后、梁乞埋主权西夏时，冈萌讹与正名怡积极助推对宋用兵。连年用兵，致西夏人畜疲敝，宋廷绝岁赐，西夏上下携贰。为缓和矛盾，梁乞埋将诱杀宋知保安军杨定的李崇贵、韩道喜二人送还宋朝，以示请和。冈萌讹、正名怡与梁氏兄妹由此结怨。宋集贤校理赵禼上言，为达肢解西夏招抚横山蕃族目的，可昭告边吏，如有人能擒获冈萌讹、正名怡及同谋首领者，朝廷赐予无所吝，如果二人能主动归顺，则厚宠之以示余酋。[④]

---

① 《宋史》卷四九〇《回鹘传》记有"次历茅女王子开道族，行入六窠沙，沙深三尺，马不能行，行者皆乘橐驼"。

② 《宋史》卷四九〇《回鹘传》记有"次历茅女喝子族，族临黄河，以羊皮为囊，吹气实之浮于水，或以橐驼牵木筏而渡"。

③ 《续资治通鉴长编》卷五一，真宗咸平五年正月乙卯条。参见《宋史》卷六《真宗纪》。

④ 《续资治通鉴长编》卷二一六，神宗熙宁三年冬十月戊午条记"宋集贤校理赵禼言：请令边吏谕他，如能禽致旺莽额、结明爱及同谋首领来者，朝廷赐予无所吝。如此则彼腹心暌离，虽有狡计，当不得发。若此二人至，厚宠之以示余酋，宜各解体，因而招横山之觿，不战而屈人兵也"。按：旺莽额，四库底本作"冈萌讹"，旁墨改为"旺莽额"；结明爱，四库底本作"正名怡"，旁墨改为"结明爱"。标点本回改未尽。

委乞族

庆州以北的西夏藩族。又作乌尔勤、鄂伽。

宋天禧三年（1019），宋廷任曹玮为华州观察使、鄜延路副都总管、环庆秦等州缘边巡检安抚使，委乞等部族听闻后入宋归附[①]。白豹城被西夏占领后，与骨咩四十一族帐尽归西夏。

舍利族

邻环庆路后桥寨一带亦有部族分布。夏天授礼法延祚二年，即宋宝元二年（1039）十一月，舍利与吴家、外藏、土金、遇家等族帐被环庆路钤辖洛苑使高继隆等合力攻破[②]。

庞青族

白豹城一带蕃族。西夏有姓氏庞静[③]，西夏文写作"祥薇"[④]。

---

① 《宋史》卷二五八《曹玮传》天禧三年下记"委乞骨咩大门等族闻玮至归附者甚众"。《续资治通鉴长编》卷九三，真宗天禧三年九月壬申条记"曹玮为华州观察使、鄜延路副都部署、环庆秦州缘边巡检安抚使。委乞、骨咩、大门等族闻玮至归附者千余落"。（宋）宋庠《元宪集》"三年，复拜华州刺史、充本州岛观察使、鄜延路驻泊马步军副都部署、环庆路缘边巡检安抚使。庆州羌乌尔勤郭勒敏特你等族千余落诣吏归歇"。按：委乞、乌尔勤同一族名。委乞，四库底本如是作，旁墨改为"鄂伽"。

② "环庆钤辖高继隆等出兵破西贼后桥寨及破吴家外藏图克金舍利遇家等族"事件见于《续资治通鉴长编》卷一二五，仁宗宝元二年十一月辛亥条及司《涑水记闻》卷十二。《续资治通鉴长编》点校为"破吴家、外藏图克、金舍利、遇家等族"。《涑水记闻》点校为"破荡却吴家、外藏、土金、舍利、遇家等族帐"。四库本底本中族名为"吴家外藏土金舍利遇家"，"藏土"旁墨改为"藏图克"，标点本回改有误，此处句读采《涑水记闻》本。

③ 庞静，见于 Д x 2822《杂字·番姓名》，《俄藏黑水城文献》第 6 册，第 138 页。《续资治通鉴长编》卷一三二，仁宗庆历元年五月甲戌条"刘谦、高继嵩等破庞青诸族，任福袭白豹城，皆指为有功者也"。据汤开建《五代辽宋时期党项部落的分布》考，"庞青"为"庞静"译音之异，姓氏"庞静"出自族名"庞青"。

④ 祥薇，见于俄 Инв.No.210、6340《杂字·番族姓》，《俄藏黑水城文献》第 10 册，第 4 页。西夏有部族首领名祥薇瓬瓟瀧（罗福颐：《西夏官印汇考》，宁夏人民出版社 1982 年版，第 63 页）。孙伯君《西夏番姓译正》（《民族研究》2009 年第 5 期）考，祥薇勘同于汉文《杂字·番姓名》中的"庞静"。

夏天授礼法延祚四年，即宋庆历元年（1041），先后遭遇宋麟州都监王凯、刘谦、高继嵩等攻击，族人老弱被杀戮者甚众，为复杀戮之仇，转向西夏求援①。夏乾祐二十四年即金明昌四年（1193）五月，夏武节大夫庞静师德入金谢横赐②。

夜浪族

邻麟府路之西夏境内蕃族，西夏有姓氏夜浪，又作拽浪、异浪、伊朗、易浪、叶朗，西夏文写作荔濒③。

李继迁时，部族首领接授西夏署牒。咸平五年（1002），有首领拽浪南山等持继迁署牒归宋，宋真宗授其本族指挥使④。夏奲都五年，即宋嘉祐六年（1061），谅祚遣吕宁拽浪獠黎至宋，与太原府、代州兵马钤辖苏安静合议宋夏麟府路疆界事宜⑤。夏天祐民安三年，即宋元祐七年（1092），首领异浪升涯及其随从绥移投宋，宋人识得异浪升涯为西夏正钤辖，授内殿承制，差赴麟府路军马司使唤，并许候别立劳效，当便推恩。绥移因探事重伤，授予副兵马使⑥。另有蕃族易浪昇结被宋俘获后执意要求归返西夏国，宋廷牒宥州

---

① 《续资治通鉴长编》卷一三二，仁宗庆历元年五月甲戌条。

② 《金史》卷六二《交聘表下》。

③ 荔濒，见于俄 Ин в.No.210、6340《杂字·番族姓》，《俄藏黑水城文献》第10册，第49页。孙伯君《西夏番姓译正》（《民族研究》2009年第5期）考荔濒与汉文《杂字·番姓名》中的"夜浪"勘同。

④ 《宋史》卷六《真宗纪》记作"拽浪南山"。汤开建《五代辽宋时期党项部落的分布》（《西北民族研究》1993年第1期）考"拽浪"即"夜浪"。

⑤ 《宋史》卷四八五《夏国传上》嘉祐二年条下记"太原府、代州兵马钤辖苏安静得夏国吕宁、拽浪撩黎来合议"。《续资治通鉴长编》卷一九三，仁宗嘉祐六年条下记"安静与其国人辄移吕宁、拽浪獠黎始议定"。"拽浪撩黎""拽浪獠黎"同名异写。汤开建《五代辽宋时期党项部落的分布》（《西北民族研究》1993年第1期）考"拽浪"即"夜浪"。

⑥ 《宋会要辑稿》兵一七之五记"十二月二日河东经略司言，西界投来头首异浪升崖是西界正钤辖，乞特与一诸司副使名目，其从人岁移曾差出探事，斗故重伤，诏异浪升崖与内殿承制，给驿券，差赴麟府路军马司使唤。候别立劳效，保明以闻。绥移为探事重伤，与副兵马使"。此事件又见于《续资治通鉴长编》卷四七九，哲宗元祐七年十二月庚戌条，异浪升崖、岁移，四库底本如是作，天头处墨笔分别书"异浪升崖改为伊朗僧鄂""岁改绥"，标点本回改未尽。

处理。[①]

孟香族

宥州蕃族，有首领名孟香。

孟香，得罪西夏部族，惧诛率众千余人附宋。宋廷诏知庆州杜杞遣返孟香，杜杞恐遣返会使孟香一族成为边患，上奏不遣。后西夏以兵入宋界要求归还孟香。孟香藏匿不可得，夏人遂杀边户，掠牛马。杜杞移檄夏人，不偿所掠，则不还孟香。夏人不愿偿所掠，而杜杞也不肯归还孟香[②]。

妹轻族

西夏有姓氏妹轻，西夏文写作𘝴𘂲。

妹轻即米禽，早期党项八大部姓之一，又作米擒、来禽[③]。

细母族

西夏大族。

至道二年（996），宋廷在李继隆出讨李继迁之际，赐细母族大首领杂保乜敕书招怀[④]。景宗元昊时，族人细母屈勿、细母嵬名分别出任元昊自卫队中

---

①　申利校《文彦博集校注》上记有，河东经略司奏"捉到易浪昇结，愿归夏国，已牒宥州去讫"。佟建荣《西夏姓名研究》（社会科学文献出版社 2015 年版）考，"易浪"也即"夜浪"。

②　《续资治通鉴长编》卷一六四，仁宗庆历八年四月甲戌条。

③　佟建荣：《西夏姓名研究》（社会科学文献出版社 2015 年版）考，姓氏"妹轻"与西夏文𘝴𘂲勘同。《新唐书》卷二二一《党项传》中有党项"米禽氏"，《旧唐书》卷一九八《党项传》记作"米擒氏"；《宋史》卷四九一《党项传》记作"来禽氏"。"米禽氏""米擒氏""来禽氏"同一姓氏。彭向前《党项西夏专名汇考》（甘肃文化出版社 2017 年版）中指出《宋史》中"来禽"实为"米禽"之误，"来""米"书籍传抄过程中，形近致误；"米禽"西夏汉文献中写作"妹轻"。

④　《宋史》卷四九一《党项传》记"七月，李继隆出讨继迁，赐麟府州……细母族大首领罗保保乜凡十族敕书招怀之。"《宋会要》方域二一之三记"七月，以李继隆出讨贼迁，赐麟府州……细母族大首领杂保也凡十族敕书招怀之。"彭向前《党项西夏专名汇考》（甘肃文化出版社 2017 年版）指出"罗保保乜""杂保也"，皆"杂保乜"之误。

第七、第九队队长 [①]。

拽臼族

绥州一代蕃族，西夏有姓氏拽臼，西夏文写作"荔罷" [②]。

有首领任绥州东山蕃部军使。宋咸平六年（1003）拽臼等九十五口至石、隰州归宋。

拽厥族

又作椻厥，叶结。

西夏有驸马称拽厥嵬名，出任宥州监军 [③]。夏天安礼定元年，即宋元丰八年（1085）拽厥嵬名驻兵贺兰原，遭遇宋知庆州赵禼，交战被擒 [④]。夏天祐民安二年，即宋元祐六年（1091），国相梁乞逋派亲信拽厥唛丁与嵬名麻胡至鄜延路经略使赵禼处交涉熙兰边界事宜 [⑤]。

胡叶示族

又作明叶示，瑚叶实，延州蕃族。

---

① （宋）田况：《儒林公议》（卷上），中华书局 2017 年版，第 15 页。

② 荔罷，见于俄 Инв.No.210、6340《杂字·番族姓》，《俄藏黑水城文献》第 10 册，第 49 页；佟建荣《西夏姓名研究》（社会科学文献出版社 2005 年版）考"拽臼"勘同荔罷。

③ 据史金波《西夏姓氏和亲属称谓》（《西夏文化》，吉林教育出版社 1986 年版）考，拽厥嵬名为"拽厥"与"嵬名"两姓氏人群联姻的反映。

④ 《续资治通鉴长编》卷三五四，神宗元丰八年四月甲申条记"获宥州正监军伪驸马拽厥嵬名"。《宋史》卷三三二《赵禼传》记"酋椻厥嵬名宿兵于贺兰原时出攻边禼遣将李照甫蕃官归仁各将兵三千左右分击"。《续资治通鉴长编》卷三五六（神宗元丰八年五月丙辰条，第 8519 页）内容同于《宋史》卷三三二，其所获夏将记作"椻厥嵬名"。按：椻厥嵬名，四库底本作"拽厥嵬名"，标点本当据《宋史》回改。彭向前《党项西夏专名汇考》（甘肃文化出版社 2017 年版）考，"拽厥"或可与西夏姓氏"拽臼"勘同，西夏文作荔罷，此处暂且看作两姓氏。

⑤ 《续资治通鉴长编》卷四五六，哲宗元祐六年三月乙亥条记"（梁乞逋）遽遣亲信嵬名麻胡、乞吉唛丹来。禼呼前诘折，开晓累日，麻胡等辞谢，曰：'公言无不是，皆为民为国，奈我家不利何！'"。按：嵬名麻胡、乞吉唛丹，四库底本分别作"嵬名埋㸄""拽厥唛丁"。标点本回改未尽。

初隶李继迁，宋咸平四年（1001），首领率族归宋，宋廷下诏拨良田安置[1]。

咩兀族

宥州蕃部。

宋雍熙二年（985），李继迁欲攻银州，会诸族于无定河侧。咩兀族首领遇乜布等以暗箭射继迁，中其鼻，久创不愈，继迁师期推缓。遇乜布等九人也因此授宋太宗敕书[2]。

咩保族

西夏部族。

曾有部族首领咩保吴良以万骑尾随宋府州折克行之后，被折克行击杀[3]，部分部族入宋府州宁边寨。后其族皇城使、本族巡检越买之名被附于《折武恭公克行神道碑》碑文中，以激励将来[4]。

咩嵬族

夏州蕃族。

有族人乜崖聚结南山诸族不断寇宋，宋廷招怀不至，宋雍熙二年（985），宋武州团练使郭守文出兵征伐，擒获乜崖，斩首示众，咩嵬遭遇

---

[1]《续资治通鉴长编》卷五〇，真宗咸平四年十月己酉条记"延州言继迁蕃部明叶示、扑咩、讹猪等首领率属归附"。按：明叶示，四库底本作"胡叶示"，影印本分别作"瑚叶实"。彭向前《党项西夏专名汇考》（甘肃文化出版社2017年版）中据影印本中"瑚叶实"，推断标点中"明叶示"为"胡叶示"之误。《宋史》卷四九一《党项传》，亦作"明叶示"。

[2]《宋史》卷四九一《党项传》雍熙二年条下记"七月，赐宥州界咩兀十族首领、都指挥使遇乜布等九人敕书，以安抚之"。《西夏书事》雍熙四年冬十一月条下记"遇乜布以闻，太宗赐敕书安抚之"。此处从《宋史》。

[3]《宋史》卷二五三《折克行传》。

[4] 曾晓梅、吴明冉：《羌族文献石刻集成·集释汇考》，《折克行神道碑》，巴蜀书社2016年版，第981页。

灭族^①。

咩魏族

宋鄜延熟户，又作密威。

宋天禧四年（1020），遭遇宥州蕃族腊儿劫掠，金明都监李士彬出兵击助其击败，斩腊儿^②。

骨咩族

庆州以北的夏界蕃族。又作骨咩、郭勒敏、恭迈等。

宋大中祥符九年（1016）五月，骨咩族首领乩唱、毛尸族军主浪埋、巢迷族首领冯移埋等率部属千一百九十口、牛马杂畜八千归附宋廷，宋廷下诏安抚^③。宋天禧三年（1019），宋廷任曹玮为华州观察使、鄜延路副都总管、环庆秦等州缘边巡检安抚使，又有骨咩部族听闻后入宋归附^④。白豹城被西夏占领后，骨咩族四十一族帐尽归西夏。夏天授礼法延祚三年，即宋康定元年

---

① 《宋史》卷四九一《党项传》。

② 《宋史》卷四九一《党项传》记"宥州羌族腊儿率众劫熟户咩魏族"；《续资治通鉴长编》卷九五，真宗天禧四年正月辛未条记"鄜延部署言宥州蕃族腊儿，率众劫熟户咩魏族"。按：咩魏，四库底本如是作，旁墨改为"密威"。汤开建《五代辽宋时期党项部落的分布》（《西北民族研究》1993年第 1 期）以为"咩魏"即"咩嵬族"，西夏文写作"抚膴"，待考。

③ 《宋史》卷四九一《党项传》记（大中祥符九年）"五月北界毛尸族军主浪埋、骨咩族酋长乩唱、巢迷族酋长冯移埋率其属千一百九十口、牛马杂畜千八百，归附降诏抚之"。《续资治通鉴长编》卷八七，真宗大中祥符九年五月乙卯条"环庆路承受公事王从德等言，北界毛尸族军主浪埋、骨咩族蕃官乩唱、巢迷族蕃官冯移埋率其属千一百九十人，牛马杂畜千八百三十，器械百一十四事来归，降诏抚之"。浪埋、骨咩，四库底本将其句读为"浪埋骨、咩"，并将"浪埋骨"改为"朗密郭"，误。

④ 《宋史》卷二五八《曹玮传》记天禧三年"委乞骨咩大门等族闻玮至归附者甚众"。《续资治通鉴长编》卷九三，真宗天禧三年九月壬申条"曹玮为华州观察使、鄜延路副都部署、环庆秦州缘边巡检安抚使。委乞、骨咩、大门等族闻玮至归附者千余落。"（宋）宋庠《元宪集》"三年，复拜华州刺史、充本州岛观察使、鄜延路驻泊马步军副都部署、环庆路缘边巡检安抚使。庆州羌乌尔勤郭勒敏特你等族千余落诣吏归歅"。按：骨咩、骨咩、郭勒敏同名异译。骨咩，四库底本如是作，旁墨改为"恭迈"。

（1040），宋环庆路副都总管任福攻克白豹城，骨咩族四十一族被击破①，部分部族归顺宋廷，安置于大顺城一带，后苏颂上书大顺城下骨咩族蕃官屈嵬可补本族副军主②。

香崖部族

原西夏境内蕃族，又作香叶。

夏天赐礼盛国庆四年，即宋熙宁五年（1072）前后降宋，被安置于麟府路。同年八月，麟府遭遇霜降，香崖与吃哆受损严重。宋廷诏令麟府路经略司核实灾情，并依旧拨给口粮③。

保族

银州北蕃族，曾与潘、薛等被李继迁掠至绥州安置，并接受署牒。宋雍熙二年（985）四月，与洗族一同被宋夏州行营破，"俘三千人，降五十五族，获牛羊八千计"④。宋景德三年（1006），叶市、潘、保、薛四族挈族归投宋廷，镇戎军钤辖秦翰出兵应之。德明诉于宋，愿举刑章。秦翰回言，四族本为延州熟户，现在归还旧居，并非新有招纳。真宗诏谕张崇贵，转报德明，自今不再侵扰境外蕃部⑤。

---

① 《续资治通鉴长编》卷一二八，仁宗康定元年九月壬申条记"环庆副都部署任福等攻西贼白豹城克之凡烧庐舍酒务仓草场伪太尉衙及破荡骨咩等四十一族兼烧死土垎中"。骨咩，四库底本作"骨哔"，旁墨改为"恭迈"。参见《宋史》卷三二五《任福传》、卷四八五《夏国传上》。

② （宋）苏颂，王同策、管成学、严中其等点校：《苏魏公文集》卷三三，中华书局2004年版，第495页。

③ 《续资治通鉴长编》卷二三〇，神宗熙宁五年二月丙寅条记"自八月癸酉陨霜害稼及五六分，可令经略司体量。如实灾伤其新投降蕃部香叶、策木多二族，并仍旧给口食；及河东沿边麟、丰二州蕃部弓箭手阙食者，亦令宣抚转运使体量赈济"。香叶，四库底本作"香崖"，策木多，四库底本作"吃哆"，标点本回改未尽。

④ 《宋史》卷四九一《党项传》。

⑤ 《续资治通鉴长编》卷六三，真宗景德三年六月甲午条。

保寺族

银州开光谷西杏子平蕃族。

宋雍熙二年（985），与保香族一同被李继隆、四方馆事田仁朗、宋阁门使王侁等攻破，两族八百余级被斩首，首领乜埋等五十七人被枭首，四十九人被生擒，老小三百余人被缚系，牛羊马驴凡四千余计被掠①。

保细族

银夏地区党项，又作保纳、布纳克、部曲、部细。

宋太平兴国七年（982），保细族结集扇动诸族起兵助李继迁反宋，被宋夏州巡检使梁迥率兵讨平②。其族人保细吃多已，人称保细相公，曾侍奉景宗元昊及没藏氏，后因与没藏氏有私情，以谋乱之名被杀③。夏大安八年，即宋元丰四年（1081）十月，有族人保细唛降宋，补殿直，被送江西州军羁管。④

---

① 《宋史》卷二五七《李继隆传》。

② 《宋史》卷四九一《党项传》有"保细族结集扇动诸部，夏州巡检使梁迥率兵讨平之"。《续资治通鉴长编》卷二三，太宗太平兴国七年十二月辛亥条有"布纳克族结集扇动诸部，夏州巡检使梁迥率兵讨平之"。按："布纳克"即"保细"。布纳克，四库底本作"保纳"。"保纳"，"保纳"当为"保细"之形近讹。西夏有"保细"族人。

③ 《东都事略》卷一二八中有"李守贵者，尝与遇乞掌出纳宝；保细吃多已者，尝侍曩霄及没藏氏于佛舍，故出入无所问；没藏尼既通守贵，又通吃多已，李守贵杀吃多已及没藏尼"。《续资治通鉴长编》卷一八四，仁宗嘉祐元年十二月甲子条"初，李守贵者尝为遇乞掌出纳，补细吃多已者，尝侍曩霄及没藏氏于戒坛院，故出入没藏氏所无所问。没藏氏既通守贵，又通吃多已。守贵愤怒，于是杀吃多已及没藏氏"。按："补细"即"保细"；《续资治通鉴长编》卷一八五，仁宗嘉祐二年二月壬戌条记"讹庞之妹使其亲信部曲嘉伊克来视之，还白所耕皆汉土，乃召还讹庞，欲还所侵地。会嘉伊克作乱诛而国母死，讹庞益得自恣"。《宋会要辑稿》兵二七之四一记"讹庞之姊使其亲信部细移者来视之，还白所耕皆汉土，乃召还讹庞，欲还所侵地。会皆移作乱诛而国母死，讹庞益自得，正月领兵至境上，比及三月，稍益至数万人"。按："部曲嘉伊克"即"部细皆移者"，"部曲"即"部细"之形近讹。"部细""保细"之同音异译。

④ 《续资治通鉴长编》卷三三一，神宗元丰五年十一月乙酉条。

保香族

又作保杏族，银州开光谷西杏子平蕃族。宋雍熙二年（985），与保寺族一同被李继隆、王侁等攻破。两族八百余级被斩首，首领乜埋等五十七人被枭首，四十九人被生擒，老小三百余人被缚系，牛羊马驴凡四千余计被掠①。

洗族

银州北党项蕃部。

宋雍熙二年（985）四月，洗族与保族一同被宋夏州行营破。②

尅山族

延州大里河以北蕃族，又作克实克。

宋大中祥符六年（1013），尅山族南渡大里河，侵扰宋朝熟户，被宋熟户罗勒族首领都啰击败③。

破丑族

党项大族，居庆州、夏州一带，又作颇超，西夏王室嵬名氏的通婚部族之一④。

雍熙二年（985）二月，破丑族人破丑重遇贵与李继迁、李继冲、张浦、

---

① 《宋史》卷四九一《党项传》记"五月，又于开光谷西杏子平破保寺、保香族，追奔二十余里，斩首八百余级，枭其首领乜已埋等五十七人，生擒四十九人，俘其老小三百余人，获牛羊马驴凡四千余计"。此事件亦见于《文献通考》，其中"保香"记作"保杏"。

② 《宋史》卷四九一《党项传》。亦见于《续资治通鉴长编》卷八一，真宗大中祥符六年七月乙未条。

③ 《宋史》卷四九一《党项传》。亦见于《续资治通鉴长编》卷八一，真宗大中祥符六年七月乙未条，尅山，四库底本中如是作，旁墨改为"克实克"。

④ N42·022［P9：1］西夏陵残碑中有"破丑氏先封"等内容，《中国藏西夏文献》第19册，第332页。

李大信等在葭芦川诈降，诱杀宋银夏诸州都巡检使曹光实，袭击银州①。破丑重遇贵因此被李继迁授予蕃部指挥使一职②，德明时被授都知蕃落使③。夏天授礼法延祚五年，即宋庆历二年（1042），鄜延经略使庞籍令知保安军守刘拯赂蕃部破丑族人，传书信于野利兄弟，言野利兄弟若能内附宋廷，即册封西平王④。

破丑，为早期党项八大强部之一，因居雪之下，故又名雪山党项⑤。贞观六年（632），破丑族遣使入唐朝贡。贞观九年（635），因屡扰唐边，阻挠部族入境附唐，被唐将刘师立领兵追击，逃至山谷中。龙朔年间（661—663）臣属吐蕃。后因不堪吐蕃役使而内迁至陇右地区，与野利氏族、把利氏族等交错居住，形成东山部。吐蕃占领河陇地区后，接授吐蕃赞普王号，借吐蕃之力，侵扰唐边达十年。代宗时，以工部尚书路嗣恭为朔方留后，梁进用为庆州刺史，隔断破丑等党项部族与吐蕃的往来道路，同时置静边、芳池、相兴王州都督、长史，永平、旭定、清宁、宁保、忠顺、静塞、万吉等七州都督府。于是，破丑等部皆入朝称服。夏州政权建立后，破丑氏与夏州李氏有着密切的联系，唐大都督府安抚平夏蕃落使李重建、后晋绥州刺史李仁宝、后周绥州刺史李彝谨之子李光琇、李光睿三代四人之妻皆出破丑氏⑥。同时与李氏之外的拓跋氏、野利氏等党项大族亦保持着联姻⑦。

---

①《宋史》卷四八五《夏国传上》。

②（清）周春著，胡玉冰校补：《西夏书校补》附录一，中华书局 2014 年版，第 1682 页。

③（宋）欧阳修著，李之亮笺注：《欧阳修集编年笺注》卷二二《居士集·神道碑铭》，巴蜀书社 2007 年版，第 247 页。

④《宋史》卷三三五《种世衡传》。

⑤《通典》《旧唐书》《唐会要》《五代会要》《宋史》文献中记有党项八大部族之一"颇超氏"。彭向前《党项西夏专名汇考》（甘肃文化出版社 2017 年版）考"破，普过切，过韵滂母。丑，昌九切，有韵昌母。颇，滂禾切，戈韵滂母。超，敕宵切，宵韵彻母。宋代西北方音中，知组字并入章组字。"破丑"勘同"颇超"。

⑥《中国藏西夏文献》第 18 册，第 31、50、55、74 页。

⑦ 陕西横山出土《故野利氏夫人墓志铭》中墓主野利氏丈夫即银州都知兵马使拓跋，其长女"妻破丑虓罗"，"次娉破丑方受"。参见杜建录、王富春、邓文韬《陕西横山出土〈故野利氏夫人墓志铭〉初探》，《西夏学》第十九辑，甘肃文化出版社，2019 第 2 期。

党儿族

宋辽夏交界的唐龙镇蕃部，又作阿儿，党阿儿[①]。

景宗元昊改姓立国时，受胁诱入夏，唐龙镇大族首领来守顺被补党儿族观察使。夏天授礼法延祚四年，即宋庆历元年（1041），来守顺率党儿族随元昊进犯鄜延，被教练使张岊及府州折继闵攻破，来守顺仅以身免[②]。同年十一月宋廷下诏，招谕来守顺等，"能挺身自归者，当除节度、观察至刺史，仍以锦袍带赐之"[③]。

党平族

西夏蕃部。夏天授礼法延祚四年至天授礼法延祚十一年，即宋庆历年间（1041—1048），被宋内殿承制、环庆路驻泊都监武英攻破[④]。

浪讹族

银州地区蕃族，又作浪悉讹，西夏有姓氏"浪讹"，西夏文写作"𣏾𦩼"[⑤]。

宋雍熙二年（985）五月，银州杏子平东北山谷内浪讹族被李继隆击破[⑥]。夏乾祐九年即金大定十八年（1178）十二月戊午，殿前太尉浪讹元智使金谢

---

① 汤开建《契丹境内党项部落的分布》（《宁夏社会科学》1990年第2期）考，唐龙镇属辽，称宁边镇，可能有误。

② 《宋史》卷三二六《张岊传》"元昊犯鄜延，诏麟府进兵。岊以都教练使从折继闵击破浪黄、党儿两族，射杀数十人，斩伪军主敖保，以功补下班殿侍三班差使"；《续资治通鉴长编》卷一三三，仁宗庆历元年九月壬申条"元昊犯鄜延麟府进兵，岊以教练使从折继闵击破拉旺、阿儿两族，射杀数十人，斩伪军主鄂博，以功补下班殿侍、三班差使"。按：阿儿，四库底本作"党儿"，旁墨改为"当阿儿"；另，拉旺，四库底本作浪黄；鄂博，四库底本作"敖保"。标点本回改有误。

③ 《续资治通鉴长编》卷一三四，仁宗庆历元年十一月辛酉条。

④ 《宋史》卷三二五《任福传》。

⑤ "𣏾𦩼"，见于俄 Инв.No.210、6340《杂字·番族姓》，《俄藏黑水城汉文文献》第10册，第49页。佟建荣《西夏姓名研究》（社会科学文献出版社2015年版）考"浪讹"，西夏文写作"𣏾𦩼"。

⑥ 《宋史》卷二五七《李继隆传》，原文作"浪悉讹"。汤开建《五代辽宋时期党项部落的分布》（《西北民族研究》1993年第1期）考"浪悉讹"即"浪讹"。

横赐。夏天庆二年即金明昌六年（1195）四月，御史中丞浪讹文广使金报谢。同年十月，浪讹德光入金奏告谢横赐事宜[①]。

浪讹，唐时称浪我。唐显庆元年（656），首领浪我利波内附，被安置于柘、拱二州[②]。后随着党项族内迁，部族逐渐扩散至银州等地。

浪壹族

宋环州周边及与之相对的西夏境内蕃族。

宋天圣五年（1027），浪壹族与磨娟、托校、拔新、兀二、兀三等六族入寇环州，时知环州史方晓谕恩信，并传箭牵羊乞和，六族退却[③]。

浪黄族

西夏蕃部，又作拉旺。

夏天授礼法延祚四年至天授礼法延祚十一年，即宋庆历年间（1041—1048），随元昊进犯鄜延，被都教练使张岱攻攻破[④]。

家口族

宥州蕃族。夏天授礼法延祚元年至天授礼法延祚五年间，即宋宝元元年至庆历二年（1038—1042）间，屡次进犯宋边，被宋延州指使狄青掠杀，财物、族帐、生口损失甚众[⑤]。

---

① 《金史》卷六三《交聘表》。
② 《通鉴》卷二〇〇有"（显庆元年）生羌酋长浪我利波等率众内附，以其地置柘、拱二州"。汤开建《五代辽宋时期党项部落的分布》（《西北民族研究》1993年第1期）考"浪我"也即"浪讹"。
③ 《宋史》卷三二六《史方传》。
④ 《宋史》卷三二六《张岱传》"元昊犯鄜延，诏麟府进兵。岱以都教练使从折继闵破浪黄、党儿两族，射杀数十人，斩伪军主敖保，以功补下班殿侍三班差使"；《续资治通鉴长编》卷一三三，仁宗庆历元年九月壬申条"元昊犯鄜延麟府进兵，岱以教练使从折继闵破拉旺、阿尔两族，射杀数十人斩伪军主鄂博以功补下班殿侍三班差使"。按：拉旺，四库底本作"浪黄"，旁墨改为"拉旺"；另，阿儿，四库底本作"党儿"，旁墨改为"当阿儿"，鄂博，四库底本作"敖保"。标点本回改有误。
⑤ 《宋史》卷二九〇《狄青传》。

黄乜族

银夏地区的蕃族，原鄜延路保安县西三族寨之中府一支。

宋雍熙二年（985）二月，李继迁诱杀麟州汝州团练使曹光实后，又领兵围三族寨，太宗遣仁朗与门使王侁、宫苑使李继隆、阁门副使董愿驰发边兵数千出击李继迁，仁朗兵至绥州驻月余而不救，于是三族寨首领折御乜杀宋监军使者后降李继迁①。李继迁"预署酋豪各领州郡"时，任折御乜为丰州刺史。同年七月应宋廷招谕，折御乜又率中府黄乜三族归宋，诏令"复旧业"②。宋淳化二年（991）黄乜三族降户七百余人被宋廷安置在银夏故地③。

野利族

广泛分布于银夏绥宥诸地。又作夜利、野力、拽利、迤逦、易里、昌里、野狸、叶勒，西夏文写作𗼫𘂝。

野利诸部中以与宋鄜延路接壤地区的南山野利最为著名。雍熙元年（984）十二月，李继迁聚兵黄羊平，招徕蕃众反宋时，当地羌豪野利即以女妻之。元昊时，又娶野利氏女，立为皇后，立野利后子宁令哥为太子④，并将横山善战人马一半分别交付野利皇后族人野利旺荣、野利遇乞两兄弟。夏天授礼法

---

① 《宋史》卷二七四《王侁传》记"河西三族首领折遇乜叛入李继迁"。《宋史》卷二七四《仁朗传》记"会三族砦将折遇乜杀监军使者，与继迁合"。《宋史》卷四六三《刘文裕传》记"会李继迁率折遇乜寇边，初诏田仁朗与王侁等讨之，仁朗坐逗遛，命文裕代仁朗"。《宋史》卷四九一《党项传》记"侁等又言，麟州及三族砦羌人二千余户皆降，酋长折御乜等六十四人献马首罪，愿改图自效，为国讨贼，遂与部下兵入浊轮川，斩贼首五十级、酋豪二十人，李继迁及三族砦监押折御乜皆遁去"。按：河西三族"即"三族寨"，"折遇乜"即"折御乜"。

② 《宋史》卷四九一《党项传》记"又降银麟夏等州、三族砦诸部一百二十五族，合万六千一百八十九户。酋豪折御乜穷蹙来归，守文置之部下"。

③ 汤开建《五代辽宋时期党项部落的分布》（《西北民族研究》1993年第1期）考，黄乜三族为"银夏故地党项"，误，当原为麟州蕃族，后被宋安置于银夏地区。

④ 《宋史》卷四八五《夏国传上》有："元昊凡五娶……三曰宪成皇后野力氏。"按：野力，即野利。

延祚元年，即宋宝元元年（1038）元昊筑坛受册，自称皇帝，派易里马乞于蓬子山点集兵马①。夏天授礼法延祚十年，即宋庆历五年（1047），景宗元昊疑野利兄弟谋反，诛其族。野利皇后随之失势，被罢为庶人，后其子宁令哥也因谋杀元昊而被诛②。

野利遇乞及其族人被诛后，野利族人掌西夏军政大权的局面不复存在，仁宗仁孝时有野利族人主持编纂《宫廷诗集》，大部分族人处于西夏宗教、世俗的中下层，也有个别地方性的部族首领③。夏天庆十一年，即宋嘉泰四年（1204），黑水城地区有野利族人，立文契借贷粮食以渡荒④。

野利族另有野利仁荣，主蕃学，造西夏文十二卷八类，教国人习用，译汉文《孝经》《尔雅》《四言杂字》等。夏天盛五年，即宋绍兴二十三年（1153），为嘉野利仁荣造字之功，仁孝追封其为广惠王。

---

① 《续资治通鉴长编》卷一二二，仁宗宝元元年十月戊戌条："赵元昊筑坛受册，僭号大夏始文英武与法建礼仁孝皇帝，改大庆二年曰天授礼法延祚元年，遣潘也布、易里马乞点兵集蓬子山，自诣西凉府祠神，仍遣使以僭号来告。"《宋史》四八五《夏国传上》记元昊"遂筑坛受册，时年三十。遣潘七布、昌里马乞点兵集蓬子山，自诣西凉府祠神"。彭向前《党项西夏专名汇考》（甘肃文化出版社2017年版）考证"昌里马乞"当为"易里马乞"之误，昌，"易"之形近误。"易里"即"野利"之同音异译。

② 《续资治通鉴长编》卷一四五，仁宗庆历三年十一月乙酉条下记"陕西宣抚副使田况言：自冬初，诸路得谍者，皆声言西界迦遇乞、刚浪崾等诸腹心谋叛贼，事觉被诛，国中大乱"。《宋朝事实类苑》卷七五："赵元昊晚年嬖一尼，掫利氏宠浸衰……拓跋亮之母本掫利之妻，曩霄通焉，有娠矣，掫利谋杀曩霄不克，曩霄杀之，灭其族，妻削发为尼而生谅祚。"按：迦遇乞即野利遇乞，掫利即野利。四库全书影印本《长编》作"叶勒"。

③ 俄 Инв.No.876《宫廷诗集》有𗴲𗆜□□，《俄藏黑水城文献》第10册，第312、314页；西夏首领印中有𗴲𗆜□□，《中国藏西夏文献》第20册，第54页。佟建荣《西夏姓名研究》（社会科学文献出版社2015年版）考，𗴲𗆜与"野利"勘同。

④ 英藏 Or.8212—727K.K.Ⅱ.0253（a）《西夏天庆年间裴松寿典麦契》中有"立文人夜利那征"，英 Or.8212—727K.K.Ⅱ.0253［a］《西夏天庆十一年典麦契》中有"立文人夜利那征布"，《斯坦因第三次中亚考古所获汉文文献》（非佛经部分）第一册，第198、200页。按：夜利即野利。

西夏野利族与党项早期八大强部之一的野利一脉相承①。野利原居松州地区，吐蕃兴起后，迫其压力，向唐陇右地区迁徙。内迁的野利越诗、野利龙儿、野利厥律、儿黄、野海、野窣②等，被称之为党项六州部落或六府党项。吐蕃占领陇右后，庆州野利氏族与吐蕃姻援扰边。唐先徙芳池州野利部至绥、延州。后以工部尚书路嗣恭为朔方留后，梁进用为庆州刺史，隔断野利等党项部与吐蕃往来道路，同时又置静边、芳池、相兴王州都督、长史，永平、旭定、清宁、宁保、忠顺、静塞、万吉等七州都督府，于是野利等族入朝服。大历末年，野利秃罗都与吐蕃叛，招抚不至，被郭子仪击斩，野利景庭、野利刚等随后率部族数千人附鸡子川③。后唐天成四年（929）十二月，灵州一带野利族被后唐灵武将康福击破④。

历五代至宋初，除夏境外，鄜、延、环、原等地区也有大量的野利部族。其中环州地区有十族，原州地区有族数千余帐。宋淳化五年（994），宋廷传箭环州野利十族，制衡党项，有蕃部野利被授归德郎将。咸平年中（998—1003）原州野利族三千余众徙帐于顺成谷大虫堪，与当地的熟魏族接战，宋真宗诏令窦神宝前去调解，窦神宝划定边界，悉数遣还旧地⑤。宋咸平六年（1003）四月，野利族首领庆香率族击走前来寇洪德砦的李继迁部，不久，

---

① 《通典》记有党项八大强部之一 "野律氏"，《新唐书》《旧唐书》《唐会要》《五代会要》《资治通鉴》记有党项八大强部之一 "野辞氏"，《宋史》记有党项八大强部之一 "野乱氏"，《五代史》记 "野利氏"。汤开建《党项源流新证》（《西北民族研究》1995 年第 2 期）指出，新旧《五代史》党项八大部之 "野利氏" 即《通典》之 "野律"，为契丹之族姓。彭向前《党项西夏专名汇考》（甘肃文化出版社 2017 年版）中指出《宋史》中的 "野乱"，新旧《唐书》《资治通鉴》中的 "野辞" 都是错误的，应该以最早的文献《通典》所记 "野律" 为准，"野利" 系 "野律" 的异写。按：《契丹国志·族姓原始》载 "契丹部族，本无姓氏，唯各以所居之地名呼之"。契丹之族姓 "耶律"，据都兴智《契丹族的姓氏和名称》一文考，契丹得耶律姓于阿保机变家为国之际，"耶律" 为部族名 "迭剌" 部之异名。阿保机变家为国，在公元 916 年，而《通典》为唐代杜佑所作，成书于唐德宗贞元十七年即公元 801 年，也就是说早在 "耶律" 姓氏出现之前，史书已有 "野律" 姓氏记载，"野律" 不可能源于 "耶律"。

② 野海、野窣，《册府元龟》卷九五六记作 "野海、梅野窣"。

③ 《新唐书》卷二二一《党项传》。参见《旧唐书》卷一九《党项羌传》《通典》卷一九〇《边防》，《太平寰宇记》卷一八四、《册府元龟》卷九五六。

④ 《旧五代史》卷四〇《明宗纪》。

⑤ 《宋史》卷四六六《窦神宝传》。按：原文 "野利" 作 "野俚"。

庆香等入宋贡马①，授封顺州刺史。七月，原州野利族新首领子阿宜授封怀安将军②。宋景祐二年（1035），原州野利族首领厮多遍丹卒，宋以其子阿酌代为首领③。

野海族

唐时有部族野海，党项六府部落一支④。西夏有姓氏"野货"⑤，西夏文写作𗼨𗟻或者𗼨𗴖。

黑水城地区生活有大量的𗼨𗴖人员，该姓氏一直被延续至元代的亦集乃路⑥。明代仍有遗民中有𗼨𗴖氏⑦。

野遇族

西夏大族，西夏有姓氏野遇，西夏文写作𗼨𗭉⑧。

----

① 《续资治通鉴长编》卷五四，真宗咸平六年四月壬申条。按：原文"野利"作"野狸"。
② 《续资治通鉴长编》卷五五，真宗咸平六年七月辛卯条。按：原文"野利"作"野狸"。
③ 《宋史》卷四九一《党项传》作"野狸"。按：原文"野利"作"野狸"。
④ 《旧唐书》卷一九八《党项羌传》记："十五年二月，六州党项自石州奔过河西。党项有六府部落，曰野利越诗、野利龙儿、野利厥律、儿黄、野海、野宰等。"
⑤ 野货，见于俄 Д x 2822 西夏汉文《杂字·番姓名》，《俄藏黑水城文献》第6册，第138页。彭向前《党项西夏专名汇考》（甘肃文化出版社 2017 年版）指出"野海"与"野货"勘同。
⑥ 俄 Инв.No.5010《天盛二十二年卖地文契》中有𗼨𗴖𗀔𗴖𗾭、𗼨𗴖𗰖𗸖𗴖、𗼨𗴖𗾮𗆉、𗼨𗴖𗱱𗁡、𗼨𗴖𗴖𗭉、𗼨𗴖𗀔𗴖等。俄 Инв.No.6342—1《户籍帐》中有𗼨𗴖𗥢𗀔𗆉、𗼨𗴖𗀔𗿳𗴖、𗼨𗴖𗀔……𗼨𗴖𗁡𗀪。俄 Инв.No. 7893—9《户口手实》中有𗼨𗴖𗯟𗴖𗴖。英藏 0324v（k.k. Ⅱ .0285b）《人口税帐》中有𗼨𗴖𗲢𗀔𗴖、𗼨𗴖𗀔𗵽𗵽。俄 Инв.No. 19—2《牲畜租赁契约》中有𗼨𗴖𗯟𗵽𗵽。俄 Инв.No.2996—3《十八年雇畜契》中有𗼨𗴖𗀔𗀔𗴖、𗼨𗴖𗼶𗀔𗴖。俄 Инв.No.5949—30《应天辰年典牲畜地契》中有𗼨𗴖𗀑𗾭、𗼨𗴖𗴖□𗴖等。以上参见史金波《西夏经济文书研究》，社会科学文献出版社 2017 年版。佟建荣《西夏姓名研究》（社会科学文献出版社 2015 年版）考，𗼨𗴖与"野货"勘同。另，据佟建荣《西夏姓名研究》统计，黑水城文献中亦出现诸多姓氏"也火"。其中《中国藏黑水城汉文文献》中共出现36次，《斯坦因第三次中亚考古所获汉文文献》（非佛经部分）中出现5次，另 Or.8212—734 号文书中有"也火完□□渠"，即以"也火"为名的渠名。此"也火"当为"野货"在蒙元时期的异译。
⑦ 史金波、白滨《明代西夏文经卷和石幢初探》（《西夏史论文集》，宁夏人民出版社 1984 年版）考明代西夏经幢中有𗼨𗟻人从事施经活动。
⑧ 西夏文佛教文献中有𗼨𗭉𗁡𗵽（КТБ П47、59）、𗼨𗭉𗭉𗴖𗾰（КТБП66）。佟建荣《西夏姓名研究》（社会科学文献出版社 2015 年版）考，𗼨𗭉即野遇。

夏天庆元年，即金明昌五年（1194）四月壬寅，押进知中兴府野遇克忠与御史中丞浪讹文广、副使枢密直学士刘俊才等入金报谢。同年九月，野遇克忠族兄夏武节大夫野遇思文与宣德郎张公辅入金贺天寿节[①]。野遇思文后升至左金吾卫上将军。夏天庆八年，即金泰和元年（1201）三月，野遇思文以金吾卫上将军身份奉桓宗命与知兴庆府事田文徽入金谢贺生日[②]。

啰树族

宥州蕃族，盛产良马。

宋端拱元年（988），宋廷诏书入宋的夏州留后赵保忠在夏宥等地买马，宥州御泥布、啰树二族归服李继迁，不肯卖马。赵保忠领兵出击，掩杀二族人二百余，生擒百余人，二族归降[③]。

银三族

葭州地区蕃族。

宋雍熙二年（985），李继隆出开光谷西杏子坪时，银三族首领析八军等三千余众降宋[④]。

移湖族

宋环州及与环州相邻的西夏境内，又作移胡族、伊特古族。原随李继迁征伐，宋咸平六年（1003）前后，传信宋朝请求策应入宋，宋环庆都部署司不报，宋廷以为不能沮戎人归宋之意，招谕各路以精良兵甲策应入朝，移湖

---

① 《金史》卷六二《交聘表下》。
② 《金史》卷六二《交聘表下》。
③ 《宋史》卷四九一《党项传》。
④ 《宋史》卷二五七《李继隆传》"降银三族首领折八军等三千余众"。《山西通志》卷一二〇记"降银三族首领锡伯军等三千余众"（文渊阁四库全书本，第40页）。按："锡伯军"显然是据"析八军"而来，非"折八军"。

族入宋①，并送族属人员至镇戎军纳质院为质。后因虑其部族强盛，多谋善变，泾原钤辖秦翰上言请配隶远处军籍②。

悉利族

又作息利族，分布于银州以北。

宋雍熙二年（985）四月，银州以北悉利诸族被宋夏州行营击破，三千六百余级被斩，八十人被擒，一千四百余口老小被俘，首领代州刺史折罗遇及其弟埋乞被杀，马牛羊损失三万余计③。

府州宁武寨亦有族帐，有上府悉利族与下府悉利族之分，部族功绩显赫，其上府悉利族武功大夫浪皆、乜保等之名被附于《折武恭公克行神道碑》碑文中，以使其名不没于世，以激励将来④。

后有悉利族首领嗟移附宋，因"率其部人，力捍狂寇，材武忠勇"，诏敕嗟移为本族都军主，以嘉其功⑤。

麻乜族

分布在与宋麟府路相对应的西夏境内，又作麻女、麻七，西夏有姓氏"麻乜"⑥。

---

① 《宋史》卷四九一《党项传》。

② 《续资治通鉴长编》卷六七，真宗景德四年十二月丙申条记，泾原钤辖秦翰言"镇戎军纳质院先有奸猾蕃部以族属为质者，准诏并释之。有伊特古者，族望最大，凶狠多谋，纵之非便，今部送赴阙，兼令亲属同行，俾无疑虑，请配隶远处军籍"。按：伊特古，四库底本原作"移胡"，旁墨改为"伊特古"，标点本回改未尽。

③ 《宋史》卷四九一《党项传》记"（雍熙）二年四月，侁等于银州北破悉利诸族，斩首三千六百余级，生擒八十人，俘老小一千四百余口，器甲一百八十六，枭伪署代州刺史折罗遇并弟埋乞，获马牛羊三万计"。《宋史》卷五《太宗纪》（雍熙二年）"夏四月……辛丑，夏州行营破西蕃息利族"。佟建荣《汉文史料中党项与西夏族名异译考》（《西夏学》第六辑，上海古籍出版社，2010年第1期）考，"息利"即"悉利"。

④ 曾晓梅、吴明冉：《羌族石刻文献集成·集释汇考·折武恭公克行神道碑》，巴蜀书社2016年版，第981页。

⑤ （宋）欧阳修著，李逸安点校：《欧阳文忠公全集》卷七九《制敕》卷十七，中华书局2009年版，第114页。

⑥ 麻乜，见于俄 Д x 2822《杂字·番姓名》，《俄藏黑水城文献》第6册，第138页。

西夏境内修建有麻乜吃多讹寨、麻乜遇崖寨[①]。夏大安八年，即宋元丰四年（1081）西夏枢密院都案官麻乜讹赏在米脂寨被宋将种谔擒获。麻乜讹赏"熟知兴、灵等州道路、粮窖处所，及十二监军司所管兵数"，为宋军乡导至西夏德靖镇七里平山上，得西夏谷窖大小百余所，约八万石[②]。

降宋的麻乜族被安置在府州，宋曾任由西夏投宋的衙头背嵬移舁为麻乜族蕃官，族人随府州折氏出兵征讨[③]。后麻乜族皇城使、白州刺史、本族巡检香布，武功大夫、合州刺史维移等名被附于《折武恭公克行神道碑》碑文中，以激励将来[④]。

麻谋族

居于与宋环庆路相邻的西夏境内，又作玛默特族。

宋咸平六年（1003）三月，麻谋等三十一族应宋环庆路部署张凝之招纳而降宋[⑤]。

---

① 《宋会要辑稿》兵二七之四四："其大和拍攒有西界奢俄寨四，从北讹屯遇胜寨一，次南吾移越布寨一，次南麻也吃多讹寨一，次南麻也遇崖寨一，各距大和拍攒五里。"彭向前《党项西夏专名汇考》（甘肃文化出版社 2017 年版）指出"麻也吃多讹寨"当为"麻乜吃多讹寨"之误，据此知"麻也遇崖寨"，也当为"麻乜遇崖寨"之误。

② 《续资治通鉴长编》卷三一六，神宗元丰四年九月庚戌条记"种谔攻围米脂寨……擒其将都按官麻女阨多革等七人"。《续资治通鉴长编》卷三一八，神宗元丰四年十月丙寅条记"种谔言：'捕获西界伪枢密院都案官麻女喫多革，熟知兴、灵等州道路、粮窖处所，及十二监军司所管兵数。已补借职，军前驱使'"。《续资治通鉴长编》卷三一八，神宗元丰四年十月丙子条又记，种谔言："蕃官三班差使麻乜讹赏等，十月丙寅于西界德靖镇七里平山上，得西人谷窖大小百余所，约八万石，拨与转运司及河东转运司。"《续资治通鉴长编》卷三一九，神宗元丰四年十一月甲申条记"种谔言：蕃官借职刘良保、麻乜讹赏二人为军向导，自绥德城出横山至夏州，水草丰足，及差使高福进指发官私窖谷，军粮充备"。按：麻乜阨多革、麻女喫多革、麻乜讹赏皆同一人也。麻女、麻乜，皆麻乜之误也，人名当作"麻乜讹赏"。另，麻女喫多革，四库底本作麻女吃多革，旁无改。

③ 《续资治通鉴长编》卷五〇九，哲宗元符二年四月乙卯条。

④ 曾晓梅、吴明冉：《羌族石刻文献集成·集释汇考·折武恭公克行神道碑》，巴蜀书社 2016 年版，第 981 页。

⑤ 《宋史》卷四九一《党项传》"又至分水岭降麻谋等二十一族"。《续资治通鉴长编》卷五四，真宗咸平六年三月乙卯条"又从淮安镇入分水岭，招降得麻谋等三十一族"。"二十一族"亦或"三十一族"，待考。

梁氏

西夏大族，居西夏汉文《杂字·汉姓名》中第一姓氏的位置，西夏文写作𗧓[1]。

西夏社会中有大量的梁姓党项人，其中以秉常、乾顺时期当政的大小梁太后一门最为显赫，源出夏州大族[2]。谅祚时，其舅没藏讹庞之子娶梁氏女子。该梁氏又私通谅祚，助谅祚灭掉没藏族，谅祚新政后，迎梁氏入宫，立为后。同时梁氏之兄梁乞埋被任为家相。夏拱化五年，即宋治平四年（1067）谅祚死，子秉常 7 岁继位，改元乾道元年，梁氏以太后身份垂帘听政，梁乞埋以国舅身份任国相，梁氏兄妹把持国政，梁乞埋称梁大王[3]，其女又嫁于秉常，族人梁格嵬为监军使；梁乞埋死后，其子梁乞逋袭国相。秉常去世后，乾顺继位，秉常妻梁氏（史称小梁太后）与舅梁乞逋继续把持国政，梁氏族人梁哆唛任统军，梁乞逋侄梁阿革常随梁乞逋出征各类战事。

梁乞逋位高权重，与豪族仁多保忠分掌西夏左右厢，又与小梁太后争权夺利。梁乞逋的跋扈引起梁太后及国内大族的不满。夏天祐民安五年，即宋熙宁元年（1094）梁太后联合仁多保忠与嵬名家族的嵬名阿吴等诛杀梁乞逋及其族人。梁乞逋死后，梁太后独掌军政大权，挟持乾顺，迟迟不归政于已成年的乾顺，同时与辽朝屡次发生矛盾。夏永安二年，即辽寿昌五年（1099）正月，辽道宗遣使至夏给梁太后赐酒，赐酒中暗放毒药，梁氏中毒身亡，梁

---

① 梁，见于俄 Дх2822《杂字·汉姓名》，《俄藏黑水城文献》第 6 册，第 137 页。𗧓，见于俄 Инв..No.2539《义同》，《俄藏黑水城文献》第 10 册，第 75 页。按："梁"即𗧓。

② "梁"，有关西夏太后梁氏一门族属，汤开建《西夏史琐谈》（《宁夏大学学报》1985 年第 3 期）一文以为"梁氏"出自西夏境内的"大小梁族"。李辉《试论梁太后之族属问题——兼论西夏境内的"蕃化"汉人》（《西北第二民族学院学报》2001 年第 3 期）一文，提出"梁氏"为"蕃化"了的汉人。佟建荣《西夏后妃宗族考》在李辉文章基础上指出，唐末至五代时，夏州政权李氏几代与当地梁氏联姻，西夏的梁太后一门当由银夏汉族大姓"梁"蕃化而来。

③ 《宋史》卷一六"与其统军梁大王一战败之，追奔二十里斩大首领没啰卧沙、监军使梁格嵬等十五级，获首领统军偍讫多埋等二十二人"。参见《续资治通鉴长编》卷三一七，神宗元丰四年十月乙丑条。

氏一门专权西夏的历史就此结束。

除梁太后一支外，还有大量的梁姓普通居民。秉常时，敦煌地区有梁行者乜任庆寺都大勾当铭骞正�挨黎臣[1]。仁孝时，黑水城有梁折兀埋等在高利贷商处典当小麦[2]。与上层社会中梁氏与王室通婚一样，民间梁氏也与嵬名氏有着婚姻联系[3]。

越啰族

银夏一带蕃族，又作越移。

曾与夏州盐城镇吴啰、岌伽罗腻叶十四族等结党应援李继迁。宋太平兴国四年（979），宋护夏州兵尹宪等率兵至盐城，越啰与吴啰等四族出降[4]。

---

[1]　G32·001《凉州重修护国寺感通塔碑》中有"庆寺都大勾当铭骞正嚎挨黎臣梁行者乜"，《中国藏西夏文献》第 18 册，第 90 页。

[2]　Or.8212—727K.K.Ⅱ.0253（a）《西夏天庆年间裴松寿典麦契》中有"立文人梁吃……（梁）折兀埋（押）"，《斯坦因第三次中亚考古所获汉文文献》（非佛经部分）第一册，第 198 页。

[3]　俄 Инв.No.5010《天盛二十二年卖地文契》中有𘟁𘎠𗙫𗩾（梁嵬名山），史金波《西夏姓氏和亲属称谓》（《西夏文化》，吉林教育出版社 1986 年版）中指出，𘟁𘎠𗙫𗩾（梁嵬名山）中包含𘟁（梁）与𘎠𗙫（嵬名）两姓氏，是𘟁（梁）与嵬名两部族人员通婚表现。除此外俄 Инв.No.5010《天盛二十二年卖地文契》中有𘟁𘎠𗙫𗩾（梁嵬名山）、𘟁𗤊𗣻，俄 Инв.No.6342—1《户籍帐》中有𘟁□𗤊（梁□屈）、𘟁𗉔𗧓𗙹𗎩（梁氏姐小宝）、𘟁𗉔𗧓𗙹𗙩（梁氏姐小白）、𘟁𗿷𗤋𗏴（梁吉祥福）、𘟁𗤊𗅲𗂧（梁氏福狗）、𘟁𗩽𗨁𗩾（梁□水山）等。参见史金波《西夏经济文书研究》，社会科学文献出版社 2017 年版。

[4]　《宋史》卷四九一《党项传》记"（雍熙）六月，夏州尹宪等引兵至盐城，吴移、越移等四族来降，宪等抚之"。《宋史》卷二五七《李继隆传》"太平兴国四年"下有"（李继隆）引师至监城，吴移、越移四族来降，惟岌伽罗腻十四族怙其众不下，乃与尹宪袭击之，夷其帐千余，俘斩七千余级"。汤开建《五代辽宋时期党项部落的分布》（《西北民族研究》1993 年第 1 期）考，"吴移"即"吴"，"越移"即"越啰"。另，"与尹宪袭击"岌伽罗腻"在《宋史》卷二七六《尹宪传》"改护夏州兵，转供备库使。杀戮三汊、丑奴庄、岌伽罗腻叶十四族，及诱其渠帅"系于"太平兴国四年"下。故可知，吴啰、越啰等族于太平兴国四年降宋，《宋史》卷四九一《党项传》误。

喜玉族

又作喜王族、喜万玉族，西夏姓氏有"细遇"，西夏文写作𗼇𗄭[1]。

有部族首领名𗼇𗄭𗣼𗬩（细遇乐西）[2]。敦煌地区有族人𗼇𗄭𗹙𗣗𗯨等人从事礼佛活动[3]。蒙元时有𗼇𗄭𗙴𗣼（细遇智刘）刊印西夏文佛经[4]。

族名自唐延续而来。后周时与野鸡、折思等族在庆州地区交错居住，且与野鸡不和。广顺三年（953）二月，野鸡族被击破后，喜玉、折四、杀牛族纷纷以牛羊敬犒官军。官军反而劫掠三族牛羊孳畜，三族共诱张建武军至包山险地攻之，逼迫官兵投崖坠地，死伤甚众[5]。

赏啰族

宥州蕃族，又作"尚罗""赏罗"。

夏天授礼法延祚元年至天授礼法延祚五年间，即宋宝元元年至宋庆历二年（1038—1042），屡被宋三班差使、殿侍、延州指使狄青掠杀，财物、族帐、生口损失甚众[6]。夏永安二年，即宋元符二年（1099）有族人赏啰讹乞派使人

---

① 细遇，见于 Дx 2822《杂字·番姓名》，《俄藏黑水城文献》第 6 册，第 138 页；𗼇𗄭，见于俄 Инв.No.210、6340《杂字·番族姓》，《俄藏黑水城文献》第 10 册，第 48 页，俄 Инв.No.2539《义同》，《俄藏黑水城文献》第 10 册，第 75 页。孙伯君《西夏番姓译正》（《民族研究》2009 年第 5 期）考𗼇𗄭勘同于"细遇"。

② 罗福颐主编，李范文译：《西夏官印汇考》，宁夏人民出版社 1982 年版，第 48 页。

③ 𗼇𗄭𗹙𗣗𗯨，见于 G12·004［M57（2）］敦煌莫高窟第 57 窟，《中国藏西夏文献》第 18 册，第 206 页。

④ 𗼇𗄭𗙴𗣼，见于 B11·047［3.15］《现在劫千佛名经》，《中国藏西夏文献》第 15 册，第 187 页。

⑤ 《新五代史》卷七四《党项传》，中华书局 1974 年版，第 913 页。《五代会要》卷二九作"喜王"；《册府元龟》卷一六七作"喜万玉族"。按：折四，原文作"折思"，汤开建《五代辽宋时期党项部落的分布》（《西北民族研究》1993 年第 1 期）考"折思"即"折四"。

⑥ 《宋史》卷二九〇《狄青传》记载："略宥州，屠庞咩、毛奴、尚罗、庆七、家口等族，收其帐二千三百，生口五千七。"《宋史》卷四八六《夏国传下》"获赏啰讹乞家属五百五十余口，孳畜五千"。汤开建《张澍〈西夏姓氏录〉订误》（《兰州大学学报》1982 年第 4 期）考"赏啰"即"尚罗"，出"尚罗族"。佟建荣《西夏姓名研究》（社会科学文献出版社 2015 年版）考"赏罗"当为"赏啰"。

纳木乞僧到宋环州表达归宋之意。七月，知环州种朴至赤羊川接应，接受到
赏啰讹乞及家属共一百五十余口，孳畜五千。宋廷诏令赏啰讹乞赴阙，存恤
家属，并遣人持其家信前往西夏招抚其余部族[1]。

遇家族

散居西夏后桥寨一带。夏天授礼法延祚二年，即宋宝元二年（1039）十
一月，与吴家、外藏、土金、舍利等族帐被环庆路钤辖洛苑使高继隆等合力
攻破。

御泥布族

宥州蕃族，盛产良马。宋端拱元年（988），宋廷诏书入宋献地的夏州留
后赵保忠在宥州等地买马，宥州御泥布、啰树[2]二族归服李继迁，不肯卖马。
赵保忠领兵出击，掩杀二百余人，生擒百余人，二族归降。

猥才族

夏州东北地斤泽附近蕃族，西夏有姓氏"隈才"。

宋淳化二年（991）八月，李继迁奔走至夏州东北的地斤泽，猥才与貌奴
族联合袭击李继迁部，夺其牛畜二万余[3]。景宗元昊时，有族人隈才浪罗任元

---

① 燕永成校《皇宋十朝纲要校正》（中华书局 2013 年版，第 376 页）中记"知环州种朴举兵
至赤羊川，迎接降酋赏罗讹乞"。《宋史》卷四八六《夏国传下》"获赏啰讹乞家属百五十余口，孳畜
五千"。《续资治通鉴长编》卷五一三，哲宗元符二年七月甲子条记，环州种朴领兵"至赤羊川，收接
到赏啰讹乞家属共一百五十余口，孳畜五千"。按："赏罗"即"赏啰"。
② 《宋史》卷四九一《党项传》记"臣准诏市马，已获三百匹，其宥州御泥布、啰树等二族党
附继迁，不肯卖马，臣遂领兵掩杀二百余人，擒百余人，其族即降，各已安抚"。两族名分别为"御
泥布、啰树"。汤开建《五代辽宋时期党项部落的分布》（《西北民族研究》1993 年第 1 期）断为"御
泥、布啰树"。从现存党项人名看"布"为最后一音节，如"香布""遇乜布"等，故从《宋史》。
③ 《宋史》卷四九一《党项传》记"八月，李继迁居王庭镇，赵保忠往袭之，继迁奔铁斤泽，
貌奴、猥才二族夺其牛畜二万余"。按："铁斤泽"即"地斤泽"。

昊自卫队第六队队长①。

嘉舒族

夏属唐龙镇蕃部，与克顺等七族聚集居住。旧居宋府州，因边臣不恤，离宋入夏，过黄河西与辽火山军对岸而居②。后元昊又掠麟府人户安置其地，生齿日繁，分为十四族。夏天授礼法延祚七年，即宋庆历四年（1044）内属蕃部首领香布上言，契丹驻兵宁仁静寇镇，欲待河冻之际入侵唐龙镇，范仲淹以为如果契丹夺取嘉舒七族，则府州河外又生一契丹；如果七族惊疑必逃入火山界，契丹则会因追袭嘉舒而入汉地，则此一带蕃汉人户必尽遭驱虏，所以，应先行招抚嘉舒、克顺等七族。后随着夏辽仇解，嘉舒、克顺无被掠之忧，宋招抚一事也被搁置③。

慕家族

慕，即慕容省称，慕容，西夏文写作𗙼𗥦，西夏姓氏。

夏天祐民安五年，即宋元祐九年（1094），有𗙼𗥦𗔤𗷱（慕容讹哆）出任《凉州重修护国寺感通塔碑》修塔小监行宫三司承旨祭官臣④。

宋夏交界的环州地区有慕家族，以慕恩一支最为强盛。首领慕恩曾授兀魁族蕃官、巡检、右侍禁，替宋抗夏，征讨叛离蕃族，屡立战功，宋廷多

---

① （宋）田况《儒林公议》卷上记元昊"常选部下骁勇自卫，分为十队，队各有长……六隈才浪罗"。汤开建《五代辽宋时期党项部落的分布》（《西北民族研究》1993 年第 1 期）考"隈才"即出"猥才族"。

② 汤开建《契丹境内党项部落的分布》（《宁夏社会科学》1990 年第 2 期）考为"火山军"为辽宁辽州。唐龙镇属契丹，曾一度归夏，唐龙镇部族曾内附北宋府州。

③ 《续资治通鉴长编》卷一五二，仁宗庆历四年十月壬子条。

④ 𗙼𗥦𗔤𗷱，见于 G32·001《凉州重修护国寺感通塔碑》，《中国藏西夏文献》第 18 册，第 92 页。佟建荣《西夏姓名研究》（社会科学文献出版社 2015 年版）考𗙼𗥦即"慕容"。

次迁补 ①。夏天授礼法延祚四年，即宋康定二年（1041）九月，补阁门祗候，后补供备库副使。夏天授礼法延祚五年，即宋庆历二年（1042），种世衡以待姬赠慕恩，得慕恩死力，讨伐有贰蕃族。同年，环州兀二族招抚不至，慕恩出兵讨诛，致百余帐归宋 ②。夏天授礼法延祚八年，即宋庆历五年（1045），补洛苑副使。夏福圣承道四年，即宋嘉祐元年（1056），慕恩等领兵征讨，斩首一千一百人，俘获三十四人、牛羊两千，其余人纷纷献马降宋。另有分支首领牟尼札布，族人不服，宋廷恐其有离叛之心，于夏大安三年即宋熙宁九年（1076）将牟尼札布送环州监质，并令环庆经略司从慕恩族中另选一人权同管勾，管理部族 ③。夏大安八年，即宋元丰四年（1081），分支首领迎通结联诸族为盗抢掠，被宋知环州张守约击败，三十六人被擒，三百余户叛宋入西夏。张守约驻兵边境，数日后，西夏韦州监军多啰将迎通等入夏者执送归宋，迎通等被斩于环州闹市，以儆蕃族 ④。

夏正德四年，即宋建炎四年、金天会八年（1130），环庆路统制慕家族首领慕洧叛宋入金。夏正德五年、宋绍兴元年、金天会九年（1131）慕洧引金兵攻环州，金得城寨十三，步兵一万。后慕洧被安置在熙河路，官至熙河路经略使 ⑤。夏大德五年，即宋绍兴九年、金熙宗天眷二年（1139），因金割

---

① 《续资治通鉴长编》卷一三三，仁宗庆历元年九月丁未条。记"以环州乌贵族蕃官巡检，右侍禁慕恩为阁门祗候，陕西部署司言恩拒贼有劳也"。按：乌贵族，四库底本作"兀魁族"，旁改为"乌贵族"，标点本回改未尽。

② 《宋史》卷三三五《种世衡传》。

③ 《续资治通鉴长编》卷二七七，神宗熙宁九年九月乙卯条。

④ 《续资治通鉴长编》卷三一二，神宗元丰四年四月丙子条。

⑤ 《宋史》卷四八六《夏国传下》记"十月，环庆路统制慕洧叛，降于夏国"。《建炎以来系年要录》卷三九有"又知慕容洧叛，乃遂引兵而西走"。卷一二五又记"伪熙河经略使慕容洧叛。洧在熙河十余年。骁勇得众。屡为边患。及金人归陕西地。洧慨然曰：'吾何面目见朝廷。'弃熙河去。居西夏、青唐两界之间。有众数千。洧又寇秦州。经略使赵彬追及。与战。泾原经略使张中彦率兵援之。洧败走。其众多降"。按："宋环庆路统制慕洧叛"即金"熙河经略使慕容洧"，夏之"山讹首领"，"慕"即"慕容"。另，《宋史》卷四八六《夏国传下》"十月，环庆路统制慕洧叛，降于夏国"一句中"降于夏国"，当为降于金国之误。

陕西、河南于宋人，浯逃奔夏国，夏以其为山讹首领，任枢密使①。夏大庆二年即金皇统元年（1141）六月金再度占领陕西后，慕浯又欲与其弟慕潜离夏归金，被夏发现后，诛其族②。

熟嵬族

银夏故地蕃族，又作硕克威、熟魏，西夏有姓氏觖嵬，西夏文写作骸黻③，景德三年（1006）五月，熟嵬与妙娥、延家等三族，见德明孤弱，移书镇戎军，愿意拔帐自归，宋诸将犹豫不敢应，知军曹玮则以为此乃折德明羽翮之机会④，即将兵出石门，到天都山接迎，内附者熟嵬、妙娥等三千余帐、万七千余口及羊马数皆内迁安置，并赐袍带茶彩⑤。夏天授礼法延祚十一年，即庆历八年（1048），有族人熟嵬浪布等与没藏讹庞议立新国主事宜⑥。

宋泾原境内亦有熟嵬族，叛服于宋夏之间。咸平年中（998—1003），原州野狸族三千余众徙帐于顺成谷大虫堆，常与熟嵬族接战，宋真宗诏令窦神宝前去调解，窦神宝划定边界，悉数遣还旧地。

---

① 《金史》卷一三四《夏国传》"初，慕浯以环州降，及割陕西、河南与宋人，浯奔夏国，夏人以为山讹首领。及撒离喝再定陕西，浯思归，夏人知之，遂族浯"。

② 《宋史》卷四八六《夏国传下》。

③ 觖嵬，见于俄 Д x 2822《杂字·番姓名》，《俄藏黑水城文献》第 6 册，第 138 页；骸黻，见于俄 Инв.No.210、6340《杂字·番族姓》，《俄藏黑水城文献》第 10 册，第 49 页。佟建荣《西夏姓名研究》（社会科学文献出版社 2015 年版）考，觖嵬即骸黻。

④ 《宋史》卷二五八《曹玮传》。

⑤ 《宋史》卷四九二《吐蕃传》记，景德三年五月"渭州言妙娥、延家、熟嵬等族率三千余帐、万七千余口及羊马数万款塞内附"。《宋史》卷二五八《曹玮传》记"既而西延家、妙娥、熟魏数大族请拔帐自归"。按："熟魏"即"熟嵬"。另，《宋史》卷七《真宗纪》记，景德三年五月"渭州妙娥族三千余帐内附"。按：《宋史》卷二五八《曹玮传》前文记载内容为李继迁、李德明之"河西"局势，故《宋史》卷二五八《曹玮传》中"西"，当为"河西"之误，"河西"黄河以西银夏故地。《宋史·真宗纪》中"渭州"当为"渭州言"之误。"延家、妙娥、熟魏"为河西蕃族，即李继迁、德明之西夏蕃族，非渭州蕃族。汤开建《五代辽宋时期党项部落的分布》依延家、妙娥、熟嵬出自《吐蕃传》，且在渭州上言中提及，推测妙娥、延家、熟嵬等族为渭州附近吐蕃部族，误。

⑥ 《续资治通鉴长编》卷一六二，仁宗庆历八年正月辛未条记"其大酋惧移赏都、埋移香、热嵬浪布、野也浪啰与没藏讹庞议所"。按：惧移赏都，四库底本作"惧哆赏都"；热嵬浪布，四库底本作"熟嵬浪布"，标点本回改有误。

夏乾祐二十二年即金明昌二年（1191）八月，武节大夫趀嵬英与宣德郎焦元昌使金贺天寿节。仁宗仁孝时还有骸黻斌藗作《贤智集序》①。

潘族

银州北蕃族。

潘族曾与叶市、保、薛等被李继迁掠至绥州安置，并受署牒。景德三年（1006），三族首领挈族归投宋廷，镇戎军钤辖秦翰出兵接应②。

薛族

银州北蕃族，曾与叶市、潘、保等被李继迁掠至绥州安置，并受署牒。景德三年（1006），族首领挈族归投宋廷，镇戎军钤辖秦翰出兵接应③。

磨媚族

与环州相对之西夏境内蕃族，又作磨娟、磨梅。

宋天圣四年（1026）六月，磨媚族入寇宋界，被宋知石州高继崇等击破，众多部族被俘④。宋天圣五年（1027），磨媚族与浪乇族、托校、拔新、兀二、兀三等六族入寇环州，时知环州史方晓谕恩信，并传箭牵羊乞和，六族退却。不久，复叛，被宋知环州卢鉴平。⑤

---

① 聂鸿音《西夏文〈贤智集序〉考释》所附图版，《固原师专学报》2003 年第 5 期。
② 《续资治通鉴长编》卷六三，真宗景德三年六月甲午条。
③ 《续资治通鉴长编》卷六三，真宗景德三年六月甲午条。
④ 《续资治通鉴长编》卷一〇四，仁宗天圣四年六月癸未条。按：磨媚族，标点本作"玛尔默族"，四底本如是作，旁墨改为"玛尔默族"，标点本回改未尽。
⑤ 《宋史》卷三二六《史方传》："先是磨娟、浪乇、托校、拔新、兀二、兀三六族内寇，方谕以恩信，乃传箭牵羊乞和"。《明一统志》卷三六："史方知环州兼环庆路兵马都监，先是磨媚等六族内寇，方谕以恩信乃传箭牵羊乞"。又《宋史》卷三二六《卢鉴传》有知庆州卢鉴"平磨媚族"。按："磨娟"即"磨媚"，"磨娟"乃"磨媚"之形近误。《白居易文集校注》卷二〇《与希朝诏》有"希朝，省所奏党项归投事，具悉……其磨梅部落等尚能继至"。疑"磨梅"即"磨媚"。

撩父族

又作才迭，与宋泾原路交界处蕃族。

宋咸平六年（1003）九月，才迭族归宋，正值李德明向宋输贡效款，宋廷没有发兵接应①。

曪咩族

宥州蕃族。

夏天授礼法延祚元年至天授礼法延祚五年间，即宋宝元元年至庆历二年（1038—1042）间，屡被宋延州指使狄青掠杀，财物、族帐、生口损失甚众②。

（二）兴灵地区部族

八笆族

宋初怀远镇下罗悉逋巡检使八笆一族③。

大梁族

贺兰山侧大族，又作大凉族。

---

① 《续资治通鉴长编》卷六四，真宗景德三年九月庚戌条记"知镇戎军曹玮言：伊普、才迭等族首领率其属来归，欲发兵应接"。《宋史》卷四九二《吐蕃传》有"移逋、撩父族归附"。按：伊普、才迭，四库底本分别作移逋、穇爹，旁墨笔改为"伊普才迭"；彭向前《党项西夏专名汇考》（甘肃文化出版社 2017 年版）考"撩父"即"才迭"，但"撩父""才迭"读音不同，不属于同音异译，或《宋史》记载有误，或清人误译，待考。今据四库底本可知，迭，乃四库馆臣依"爹"而改，并非误译。《宋史》之"父"当为"爹"之同义字，是《宋史》将"爹"视为意译，故取其同义字"父"。《宋史》误。
② 《宋史》卷二九〇《狄青传》。
③ 《太平寰宇记》卷三六《关西道》一二。

与丰州庄浪、昧克族等族相接。大梁族素与夏州政权不合,迭相互掠[①]。

大斌族

威州蕃族。夏大庆四年,即宋绍兴十三年(1143)三月境内地震,四月地裂泉涌,七月发生饥荒。接连灾荒,致使威州大斌等族群起为盗[②]。

兀魁族

宋环州蕃族,又作乌贵族。

兀魁族蕃官、巡检、右侍禁慕恩抗击西夏中屡立有功,夏天授礼法延祚四年,即宋庆历元年(1040)九月,陕西部署司上言授慕恩阁门祇候。[③]

小父儿族

宋初分布于灵州临河镇、怀远镇一带的部族。

临河镇管辖蕃部有小父儿义征使喔悉逋一族。怀远镇管辖蕃部有小父儿族巡检使笸逋一族、小父儿巡检使喔埋一族、小父儿巡检使移逋一族、小父儿巡检使悉笸一族[④]。

小阿父儿族

宋初灵州定远镇管辖蕃部。有小阿父儿族巡检使遇悉逋等一务[⑤]。

---

① 《续资治通鉴长编》卷五四,真宗咸平六年正月丙午条记"龙移、昧克,一云庄郎、昧克,其地在黄河北,广袤数千里。族帐东接契丹,北隣达靼,南至河西,连大梁、小梁族,素不与迁贼合"。《续资治通鉴长编》卷五三,真宗咸平五年十二月己巳条记,"灵州河外贺兰山侧有大凉、小凉,部族甚盛,旧与贼迁修好,朕虑其合势为患,近累得边奏,知与贼迁有隙,迭相攻掠"。"大梁"即"大凉"。

② 《西夏书事》卷三五。

③ 《续资治通鉴长编》卷一三三,仁宗庆历元年九月丁未条记"以环州乌贵族蕃官巡检、右侍禁慕恩为阁门祇候,陕西部署司言恩拒西贼有劳也"。按:乌贵族,四库底本作"兀魁族",旁墨改为"乌贵族",标点本回改未尽。

④ 《太平寰宇记》卷三六《关西道》十二。

⑤ 《太平寰宇记》卷三六《关西道》十二。

小梁族

贺兰山侧大族，又作小凉族。

与丰州庄浪、昧克族等族相接。小梁族素与夏州政权不合，迭相互掠[1]。

曲家族

宋初灵州定远镇管辖蕃部，有曲家族都指挥使曲守荣、曲再遇等一族[2]。

么啰王子族

与回鹘都督石仁政、邈拏王子、越黜黄水州巡检四族并居贺兰山下。

宋端拱元年（988）九月，么啰王子传信宋朝，向来被灵州冯晖阻绝，不能入贡，现欲内服宋朝。宋赐予锦袍银带[3]。

天王本族

灵州清远镇管辖蕃部，景德元年（1004），天王本族诸首领率属归附宋朝[4]。

石存乜族

灵州蕃族。

后晋时屡随党项酋首拓跋彦超寇略灵州等城池。朔方节度使冯晖至灵

---

① 《续资治通鉴长编》卷五四，真宗咸平六年正月丙午条记"龙移、昧克，一云庄郎、昧克，其地在黄河北，广袤数千里。族帐东接契丹，北邻达靼，南至河西，连大梁、小梁族，素不与迁贼合"。《续资治通鉴长编》卷五三，真宗咸平五年十二月己巳条记，"灵州河外贺兰山侧有大凉、小凉，部族甚盛，旧与贼迁修好，朕虑其合势为患，近累得边奏，知与贼迁有隙，迭相攻掠"。"大梁"即"大凉"。
② 《太平寰宇记》卷三六《关西道》十二。
③ 《文献通考》卷三四七《四裔考》。
④ 《宋史》卷七《真宗纪》记"洪德寨言蕃部罗泥天王本族诸首领各率属归附"。

州后，扣拓跋彦超于灵州城内，石存乜等族受慑不敢为寇。前彰武节度使
王令温代替冯晖镇守朔方后，以中原之法绳诸部，引起诸部不满。后晋开
运三年（946），石存乜与拓跋彦超、厮褒等三族共攻灵州，杀死王令温弟
弟王令周。

成悉逋族

宋初灵州保静镇管辖蕃部，有右厢巡检使成悉逋等一族[①]。

吐蕃村族

灵州昌化镇、保静镇管辖皆有吐蕃村族。

昌化镇管辖蕃部有吐蕃村巡检使委尾一族。保静镇管辖蕃部亦有吐蕃村
巡检使委尾一族[②]。宋太平兴国二年（977），吐蕃村族与嗓咩族、折四族、奈
喝三家族、尾落族、奈家族、嗓泥族等剽略宋廷官纲，宋诏令灵州安守忠、
通远军董遵诲领兵讨平[③]。

阳尉族

宋初保静镇管辖蕃族。

折四族

灵州通远军界蕃部，又作折思族。

宋太平兴国二年（977），折四族与嗓咩族、吐蕃村、奈喝三家族、尾落
族、奈家族、嗓泥族等剽略宋廷官纲，宋诏令灵州安守忠、通远军董遵诲领
兵讨平[④]。

---

① 《太平寰宇记》卷三六《关西道》十二。
② 《太平寰宇记》卷三六《关西道》十二。
③ 《宋史》卷四九一《党项传》。
④ 《宋史》卷四九一《党项传》。

族名自五代延续至宋。后周时，与杀牛、野鸡、喜玉等族交错居住。后周广顺三年（953）野鸡族被击破后，折四族与喜玉、杀牛族纷纷以牛羊敬犒官军。受犒官军反而劫掠三族牛羊孳畜，三族共诱张建武军至包山险地而攻之，逼迫官兵投崖坠地，死伤甚众①。

杨尉尉族

灵州保静镇管辖蕃部有右厢巡检使务下义征杨尉尉等一族②。

尾落族

灵州通远军界蕃部。

宋太平兴国二年（977），尾落与嗓咩族、折四族、吐蕃村族、奈喝三家族、奈家族、嗓泥族等剽略宋廷官纲，宋诏令灵州安守忠、通远军董遵诲领兵讨平③。

青天门一族

宋初灵州清远镇所管蕃部有青天门一族④。

拓跋彦超族

灵州蕃族。

为后晋时灵州地区最大部族，其他部族常以拓跋彦超为马首而向背朝廷，冯晖任朔方节度使，拓跋彦超入灵州城庆贺，冯晖留其于城中，诸党项部族

---

① 《新五代史》卷七四《党项传》。按：汤开建《五代辽宋时期党项部落的分布》（《西北民族研究》1993 年第 1 期）考"折思"即"折四"。
② 《太平寰宇记》卷三六《关西道》十二。
③ 《宋史》卷四九一《党项传》。
④ 《太平寰宇记》卷三六《关西道》十二。

不敢抄掠①。前彰武节度使王令温代替冯晖镇守朔方后，以中原之法绳诸部，引起诸部不满。后晋开运三年（946），石存也与拓跋彦超、厮褒等三族共攻灵州，杀死王令温弟弟王令周②。

罗庆族

宋灵州保静镇管辖蕃部，有右厢务下义征使罗庆等一族③。

罗泥族

环州、灵州皆有部族。

灵州清远镇管辖下有罗泥一族④。宋景德元年（1004），罗泥族首领率族属归附宋朝⑤。

罗泥磨庆族

灵州清远镇管辖蕃部，有罗泥磨庆一族⑥。

罗香族

灵州城下管辖蕃部，有越邦族巡检使罗香一族⑦。

---

① 《新五代史》卷四六《冯晖传》"党项拓跋彦超最为大族，诸族向背常以彦超为去就。晖之至也，彦超来谒，遂留之，为起第于城中，赐予丰厚，务足其意。彦超既留"；《册府元龟》卷三九七《冯晖传》亦记作"拓跋彦超"；《资治通鉴》卷二八二《后晋纪》记"以义成节度使冯晖为朔方节度使。党项酋长拓跋彦超最为强大"。按："拓跋"即"拓拔"。
② 《宋史》卷二五四《药元福》。
③ 《太平寰宇记》卷三六《关西道》十二。
④ 《太平寰宇记》卷三六《关西道》十二。
⑤ 《宋史》卷七《真宗纪》记"洪德寨言蕃部罗泥天王本族诸首领各率属归附"。
⑥ 《太平寰宇记》卷三六《关西道》十二。
⑦ 《太平寰宇记》卷三六《关西道》十二。

罗悉逋族

宋初怀远镇管辖蕃部，有罗悉逋巡检使八笸一族，罗悉逋族副巡检使浪喔一族[①]。

委尾族

灵州昌化镇、保静镇管辖皆有吐蕃村族。昌化镇管辖有吐蕃村巡检使委尾一族。保静镇管辖亦有吐蕃村巡检使委尾一族[②]。

泥悉逋族

宋初清远镇管辖蕃部，有泥悉逋一族[③]。

封家族

灵州清远镇管辖蕃部，有封家一族[④]。

奈家族

灵州地区蕃部。

宋太平兴国二年（977），奈家族与吐蕃村族、嗓咩族、折四族、尾落族、奈喟三家族、嗓泥族等剽略宋廷官纲，宋诏令灵州安守忠、通远军董遵诲领兵讨平[⑤]。

---

① 《太平寰宇记》卷三六《关西道》十二。
② 《太平寰宇记》卷三六《关西道》十二。
③ 《太平寰宇记》卷三六《关西道》十二。
④ 《太平寰宇记》卷三六《关西道》十二。
⑤ 《宋史》卷四九一《党项传》。

奈㖯三家族

灵州地区蕃部。

太平兴国二年（977），奈㖯三家族与吐蕃村族、嗓咩族、折四族、尾落族、奈家族、嗓泥族等剽略宋廷官纲，宋诏令灵州安守忠、通远军董遵诲领兵讨平[1]。

笪逋族

宋初灵州怀远镇管辖蕃部，有小父儿族巡检笪逋一族[2]。

笪浪族

宋初灵州定远镇有笪浪族巡检使西逋等一族[3]。

保尾族

宋初灵州下有媚家族巡检使保尾一族[4]。

鬼悉涡族

宋初灵州保静镇、临河镇皆有鬼悉涡族。保静镇下有鬼悉涡巡检使廋子等一族，临河镇下有鬼悉涡巡检副使廋子一族，鬼悉涡巡检使埋逋一族[5]。

① 《宋史》卷四九一《党项传》。
② 《太平寰宇记》卷三六《关西道》十二。
③ 《太平寰宇记》卷三六《关西道》十二。
④ 《太平寰宇记》卷三六《关西道》十二。
⑤ 《太平寰宇记》卷三六《关西道》十二。

埋庆族

宋初灵州保静镇下，有狼唆村义征使埋庆等一族[1]，另西夏静州也有埋庆族。夏大庆四年，即宋绍兴十三年（1143），三月境内地震，四月地裂泉涌，七月发生饥荒，接连灾荒，致使静州埋庆与威州大斌、定州笆浪、富儿等族，群起为盗。"多者万人，少者五、六千，四行劫掠，直犯州城。州将出兵击之，不克。"[2]

埋逋族

宋初灵州临河镇管辖蕃部，有鬼悉涡巡检使埋逋一族[3]。

狼唆村族

灵州保静镇管辖蕃部，有狼唆村义征使埋庆等一族[4]。

浪喔族

宋初怀远镇管辖蕃部，有罗悉逋族副巡检使浪喔一族[5]。

移香族

灵州城有傍家外生族巡检司使下移香一族[6]。

---

① 《太平寰宇记》卷三六《关西道》十二。
② 《西夏书事》卷三五。
③ 《太平寰宇记》卷三六《关西道》十二。
④ 《太平寰宇记》卷三六《关西道》十二。
⑤ 《太平寰宇记》卷三六《关西道》十二。
⑥ 《太平寰宇记》卷三六《关西道》十二。

移逋族

宋初灵州怀远镇管辖蕃部，有小父儿族巡检笆逋一族、小父儿巡检使移逋一族[①]。

悉笆族

宋初灵州怀远镇管辖蕃部，有小父儿族巡检悉笆一族。[②]

梁家族

灵州地区蕃族。

宋咸平四年（1001），为保证回鹘、西凉六谷吐蕃、咩逋、贱遇、马臧、梁家诸族归宋之路畅通，宋洺苑使李继和上言重筑镇戎军。夏天授礼法延祚五年，即宋庆历二年（1042），梁家族首领屈都点集一千余人骑，欲攻小遇族首领薛娘，范仲淹差指挥使郭庆宗携银碗、彩绢等至石昌镇体量和断。夏天安礼定二年，即宋元祐元年（1086），梁家族被洪、沅州杨昌星击杀，宋廷诏令选官同体访事状。

越邦族

灵州蕃部，又作裕勒榜。

灵州城下管辖有越邦族巡检使罗香一族，清远镇管有越邦一族[③]。咸平二年（999），清远军越邦首领都啰至宋入贡[④]。

---

① 《太平寰宇记》卷三六《关西道》十二。
② 《太平寰宇记》卷三六《关西道》十二。
③ 《太平寰宇记》卷三六《关西道》十二。
④ 《续资治通鉴长编》卷四五，真宗咸平二年七月癸卯条记"清远军裕勒榜族首领多拉来贡"。按：裕勒榜，四库底本原作"越邦"，旁墨改为"裕勒榜"；多拉，四库底本原作"都啰"。标点本回改未尽。另，"清远军"，四库底本原作"清军"，误。

越黜族

贺兰山下蕃族。

与回鹘都督石仁政、么啰王子、邀挐王子、越黜黄水州巡检四族并居贺兰山下，无所统属①。

傍家外生族

灵州城下管有傍家外生族巡检司使移香一族。保安镇下管有傍家外生后巡检使拓跋第一族②。

廋子族

宋初灵州保静镇、临河镇蕃族。保静镇下有鬼悉涡巡检使廋子等一族，临河镇下有鬼悉涡巡检副使廋子一族③。

富儿族

宋初灵州定远镇所管蕃族，有富儿族巡检使越畷等一务，西夏属定州④。夏大庆四年，即宋绍兴十三年（1143），三月境内地震，四月地裂泉涌，七月发生饥荒，定州富儿族、笆浪族与静州埋庆、威州大斌等族，群起为盗。

媚家族

宋初灵州城下管有媚家族巡检使保尾一族⑤。

---

① （元）马端临：《文献通考》卷三四七《四裔考》。
② 《太平寰宇记》卷三六《关西道》十二。
③ 《太平寰宇记》卷三六《关西道》十二。
④ 《太平寰宇记》卷三六《关西道》十二。
⑤ 《太平寰宇记》卷三六《关西道》十二。

嗓泥族

灵州地区蕃部，又作嗓氆移族[1]。

宋太平兴国二年（977），嗓泥族与嗓咩族、折四族、吐蕃村族、奈喝三家族、尾落族、奈家族等剽略宋廷官纲，宋诏令灵州安守忠、通远军董遵诲领兵讨平[2]。

嗓咩族

灵州地区蕃部。

宋太平兴国二年（977），嗓咩族与吐蕃村族、折四族、奈喝三家族、尾落族、奈家族、嗓泥族等剽略宋廷官纲，宋诏令灵州安守忠、通远军董遵诲领兵讨平[3]。

厮褒族

灵州蕃族。后晋时屡随党项酋首拓跋彦超寇略灵州等城池。朔方节度使冯晖至灵州后，扣拓跋彦超于灵州城内，厮褒等族受慑不敢为寇。前彰武节度使王令温代替冯晖镇守朔方后，以中原之法绳诸部，引起诸部不满。后晋开运三年（946），厮褒与石存乜、拓跋彦超等三族共攻灵州，杀死王令温弟弟王令周。

喤埋族

宋初灵州怀远镇管辖蕃部，有小父儿巡检使喤埋一族[4]。

---

① 《太平寰宇记》卷三六《关西道》十二有"嗓氆移族"，居灵州清远镇。汤开建《五代辽宋时期党项部落的分布》（《西北民族研究》1993年第1期）考："嗓氆移族"即"嗓泥族"。
② 《宋史》卷四九一《党项传》。
③ 《宋史》卷四九一《党项传》。
④ 《太平寰宇记》卷三六《关西道》十二。

喔悉逋族

宋初灵州临河镇管辖蕃部，有小父儿义征使喔悉逋一族[①]。

篦逋族

宋初灵州管辖蕃族。

麵家族

宋初定远镇管辖蕃族，有都指挥使麵守荣、麵再遇等一务。

喋埋族

宋初灵州清远镇管辖蕃部，有喋埋一族[②]。

（三）河西地区部族

乞当族

凉州六谷政权辖下蕃族，散居兰州东南纳迷水、马衔山一带。宋景德三年（1006），宋廷下诏，加乞当等族四十九人为检校太子宾客兼监察御史，充本族首领并郎将。宋大中祥符四年（1011）九月，泾原钤辖曹玮上言：夏国主赵德明遣军校苏守信领兵攻击乞当族，六谷族首领斯铎督会同西凉诸族共同抵御，大败苏守信。宋大中祥符八年（1015），西夏攻陷凉州后，其

---

① 《太平寰宇记》卷三六《关西道》十二。
② 《太平寰宇记》卷三六《关西道》十二。

族入夏①。

韦移族

凉州地区蕃族，西夏有姓氏韦移，西夏文写作𗼨𗟲。

仁宗时，石匠韦移移崖（𗼨𗟲𘝯𗥃）参与重修凉州护国寺，并留姓名于感通塔碑铭之上。乾顺时，有西夏首领𗼨𗟲𘔼𗢳（韦移舅成）佩戴官印②。

宋夏交界的环庆路也分布有韦移族。宋咸平四年（1001）七月，为表抗击李继迁之功，宋廷授韦移族首领都香为安化郎将③。

日姜族

凉州蕃族。

宋咸平六年（1003）四月，因凉州六谷部蕃部首领潘罗支之请，宋廷授日姜族首领铎论为怀化将军。西夏占领凉州后，其族随地入夏④。

日逋吉罗丹族

凉州地区蕃族，结盟李继迁攻潘罗支。宋咸平六年（1003），李继迁攻入西凉，西凉六谷部首领潘罗支伪降，伙同者龙族诸族合击李继迁，李继迁中流矢而亡。日逋吉罗丹等与迷般嘱及来归的者龙等族共谋为李继迁报仇事宜。

---

① 《续资治通鉴长编》卷二六二，神宗熙宁八年四月甲申条，熙河路经略司言"马衔山后锡丹族蕃部达克博，说谕赵醇忠及母、妻等来降……诏补达克博三班差使、巴凌巡检"。《宋史》卷二五三记"以乞党族次首领弗香克浪买为归德郎将。"《宋会要辑稿》方域二一之一记"以本州……乞党族岁移并为归德郎将"。汤开建《关于公元八六一年——一○一五年凉州地方政权的历史考察》（《西藏研究》1988年第4期）考，"锡当""乞当""乞党"均为同音异译。"丰州为党项居地，乞当是党项而非吐蕃。""兰州东南乞当族可能是由丰州迁徙过来的部分，归属凉州六谷政权。"恐有误，马衔山之"乞当"非丰州之"乞党"。

② 𗼨𗟲𘔼𗢳见于罗福颐主编李范文译《西夏官印汇考》，宁夏人民出版社1982年版，第12页。

③ 《续资治通鉴长编》卷四九，真宗咸平四年七月己亥条。

④ 《宋会要辑稿》方域二一之一八。

景德元年（1004），西夏李德明佯攻者龙六族，吐蕃潘罗支闻讯率百余骑者赴援，日逋吉罗丹与迷般嘱二族趁潘罗支与者龙族商议之时，入帐戕杀潘罗支①。

回鹘族

原名回纥，隋唐时期，兴起于漠北草原上的民族，曾建立回纥帝国。唐开成五年（840），帝国被灭后，分为三支，其中一支到达河西地区，发展为河西回鹘。元昊占河西后，回鹘数万人归夏。其中的回鹘僧参与西夏佛经翻译，受西夏王室敬重。夏天授礼法延祚十年，即宋庆历七年（1047），元昊在兴庆府东建高台寺及浮图，贮宋赐《大藏经》，广延回鹘居住，演绎经文，译为西夏字，著名者有国师白法信等。毅宗谅祚时，其母没藏氏好佛，在兴庆府偏西筑承天寺塔，延回鹘僧人登座演经，没藏氏与谅祚到场聆听。夏拱化五年，即宋治平四年，辽咸雍三年（1067），夏遣使入辽进回鹘僧、金佛、梵觉经等。谅祚、秉常时的国师白智光即出自回鹘②。

西夏有姓氏回鹘，西夏文中记作"𘂪𘃋"，这些回鹘姓氏的人群与共同居住的各族互相通婚③。与此同时，也有部分回鹘人，以回鹘早期称呼回纥为姓氏④，西夏文写作𗙴𗦛⑤。

杂谋族

又作杂母，西夏有姓氏杂谋，西夏文写作𗥃𗫀。

---

① 《宋史》卷四九二《吐蕃传》。

② 史金波：《西夏佛教史略》，宁夏人民出版社1988年版，第79页。

③ 俄 Инв.No.4079—2《贷粮典畜契》中有𗽮𘂪𘃋𘃉，俄 Инв.No.5010《天盛二十二年卖地文契》中有𗆎𗇐𘂪𘃋𘃉。其中𗽮即梁。𗆎𗇐党项大姓。据史金波《西夏姓氏和亲属称谓》（《西夏文化》，吉林教育出版社1986年版）考，以上人名中𗽮＋𘂪𘃋，𗆎𗇐＋𘂪𘃋现象为两姓氏人群联姻的反映。

④ 回纥，见于俄 Дх2822《杂字·番姓名》，《俄藏黑水城文献》第6册，第138页。

⑤ 𗙴𗦛，俄 Инв.No.210、6340西夏文《杂字·番族姓》，《俄藏黑水城文献》第10册，第48页。孙伯君《西夏番姓译正》（《民族研究》2009年第5期）考，𗙴𗦛勘同"回纥"。

沙州莫高窟地区有助缘僧杂谋惠月[①]。

府州宁边寨蕃族也有杂母族，分上府杂母与下府杂母。部族功绩显赫，下府杂母族皇城使、本族巡检越买、皇城使苏信之名被附于《折武恭公克行神道碑》碑文中，以激励将来[②]。

者龙族

又译"咱隆"，凉州六谷政权辖下吐蕃蕃族，其下十三个部落，大致活动在秦、渭、泾、原之间。具体居地名称有"挼啰咙""移卑陵山"等[③]。

宋咸平六年（1003）十月，者龙移卑陵山首领厮敦琶遣使入宋言，本族骑兵已集结完毕，愿与六谷族共同随宋军讨伐西夏，宋廷下诏嘉奖[④]。同年十一月，六谷首领潘罗支诈降，趁李继迁受降时，联合六谷族大败李继迁，李继迁中流箭而身亡。其后，者龙十三部族中六族暗投迷般嘱，与迷般嘱、日逋吉罗丹等李继迁盟部共谋为李继迁报仇事宜。宋景德元年（1004），西夏李德明佯攻者龙六族，吐蕃潘罗支闻讯率百余骑者赴援，迷般嘱、日逋吉罗丹二族趁潘罗支与者龙族商议之时，入帐戕杀潘罗支。随后，龛谷、兰家、宗哥、觅诺等凉州六谷辖下部族攻杀者龙六族，致者龙六族逃窜山谷中，宋廷下令招集。宋景德二年（1005），宋廷因者龙七族首领捍边寇夏，月给千钱。宋景德三年（1006），又授者龙族合穷波、党宗族业罗等本族首领、检校太子宾客之职。宋大中祥符五年（1012），者龙族都首领舍钦波遣使到宋廷献马，

---

① G12·005［M61（3）］莫高窟第 61 洞甬道北壁供养比丘第十一身旁有夏汉合璧题记，汉文题记为"助缘僧杂谋惠月"，其中"杂谋"为姓氏，与西夏文题记中的"恨荗"对应。《中国藏西夏文献》第 18 册，第 207 页。汤开建《五代辽宋时期党项部落的分布》（《西北民族研究》1993 年第 1 期）一文指出"杂谋""杂母"译音之异，姓氏"杂谋"族名。

② 曾晓梅、吴明冉：《羌族石刻文献集成·集释汇考·折武恭公克行神道碑》，巴蜀书社 2016 年版，第 981 页。

③ 汤开建《公元 861—1015 年凉州地方政权的历史考察二》，《西藏研究》1988 年第 4 期。

④ 《宋史》卷四九一《党项传》。

求赐印，宋廷依请赐印，且诏优赏①。

环州也有者龙族。宋乾兴元年（1022），环州附近者龙族首领随环州洪德寨蕃官庆香至宋供奉官胡宁处，谎报西夏寇边，诸族危迫。胡宁出兵救援，兵至德顺川时遭遇伏击，胡宁战死，者龙族及蕃官庆香等二百余帐逃入西夏界内。德明招纳安抚，后宋又招怀，仍有百户帐留居西夏②。

阜宁族

凉州地区党项。

宋咸平四年（1001），首领喝邻半祝归附宋廷，贡名马，且自称有精骑三万，愿备驱策。宋廷下诏嘉奖，厚偿马值③。

的流族

凉州六谷政权辖下蕃族。宋咸平六年（1003）四月，因凉州六谷政权首领潘罗支之请，宋廷授的流族首领箇罗为怀化郎将④。

觅诺族

凉州六谷政权辖下的蕃族。

宋景德元年（1004）正月，觅诺族与龛谷、宗哥、兰家等部族随西凉府攻杀者龙六族，为潘罗支报仇，致者龙六族逃窜山谷中，宋廷下令招集⑤。宋大中祥符三年（1010）觅诺族发生瘴疫，宋廷赐药首领温通⑥。

---

① 《宋史》卷四九二《吐蕃传》。
② 《续资治通鉴长编》卷九九，真宗乾兴元年八月辛酉条。
③ 《宋史》卷四九一《党项传》。
④ 《宋会要辑稿》方域二一之一八。
⑤ 《续资治通鉴长编》卷五六，真宗景德元年六月丁丑条记"西凉府既闻啰支遇害，乃率龛谷、兰州、宗哥、觅诺族攻者龙六族，六族悉窜山谷"。参见《宋史》卷四九二《吐蕃传》，第14157页。
⑥ 《宋史》卷四九二《吐蕃传》；参见《续资治通鉴长编》卷七三，真宗大中祥符三年五月壬午条。

周家族

凉州六谷政权辖下蕃族。宋咸平六年（1003）四月，因凉州六谷政权首领潘罗支之请，宋廷授周家族首领厮那叱为怀化郎将[①]。

宗家族

凉州六谷政权辖下蕃族，灵州清远镇亦有宗家族，为清远镇所管九蕃部之一[②]。

宋景德三年（1006）五月，宗家族与西凉府辖下懒家、凫谷、党宗、者龙、章迷等十族入宋廷觐见[③]。同年九月，又与党宗、章迷族一起进贡宋廷[④]。

赵家族

凉州六谷政权辖下蕃族，居河州。

宋咸平六年（1003）四月，因凉州六谷政权首领潘罗支之请，宋廷授赵家族首领阿斯铎、嵯厮波为怀化郎将[⑤]。夏天赐礼盛国庆六年，即宋熙宁七年（1074）二月，受河湟吐蕃鬼庄诱胁，赵家族与枸家、常家等三族集兵袭杀宋河州采木军士，且书信宋知河州景思立，言辞不逊。景思立怒，率汉蕃兵六千攻踏白城，思立兵败被杀[⑥]。

---

① 《宋会要辑稿》方域二一之一八。

② 《太平寰宇记》卷三六《关西道》十二记清远镇所管蕃部有"宗家一族"。汤开建《公元861—1015年凉州地方政权的历史考察二》（《西藏研究》1988年第4期）以为宗族居地为清远镇，政权上隶属凉州六谷政权。笔者以为是同一部族分散在不同地区。

③ 《续资治通鉴长编》卷六三，真宗景德三年五月庚申条。

④ 《宋史》卷四九二《吐蕃传》。

⑤ 《宋会要辑稿》方域二一之一八。

⑥ 《续资治通鉴长编》卷二五〇，神宗熙宁七年二月甲申条。

咩逋族

又作"米逋""密补""密本"。宋镇戎军西北萧关一带党项蕃族。

宋咸平二年（999），宋放弃镇戎军后，李继迁在萧关一带屯聚咩逋、万子、西鼠等族三千余人，以胁迫原、渭、灵、环熟户①。宋咸平二年（999）二月，宋廷诏补咩逋部族开道使泥埋为费州刺史。咸平五年（1002），泥埋遣子城逋入贡宋廷，真宗为嘉奖泥埋与李继迁激战功劳，授其锦州团练使，以其族弟屈子为怀化将军充本族指挥使，城逋为归德将军充本族都巡检使②。同年十二月，咩逋族遣使入宋，真宗召问使者李继迁与贺兰山大梁、小梁族事项，并特诏厚赐，以激其立功③。咸平六年（1003），六谷蕃部政权潘罗支遣成逋驰骑至镇戎军，请宋发兵共同讨伐李继迁，边臣疑成逋有诈，护送其至部署司，成逋恐惧，逸马坠崖而死。真宗听闻叹息，族人畏惧成逋之勇，且泥埋、成逋父子皆有战功，如果再入朝，必要亲自召见，以奖其向化④。咸平六年（1003）三月，泥埋领鄜州防御使，充灵州河外五镇都巡检使。府州宁边寨也有咩逋族，其首领咩保吴良被折行击杀⑤。

迷般嘱族

凉州一带的吐蕃部族，李继迁盟部。咸平六年（1003），李继迁攻入西

---

① 《宋史》卷二五七《李继和传》记"便于萧关屯聚万子、米逋、西鼠等三千以胁原渭灵环熟户"。按：米逋即"咩逋"。参见《续资治通鉴长编》卷五〇，宋宗咸平四年十二月乙卯条。

② 《宋史》卷四九一《党项传》。参见《续资治通鉴长编》卷五一，真宗咸平五年四月丁卯条。

③ 《续资治通鉴长编》卷五三，真宗咸平五年十二月己巳条："西凉府及咩逋族各遣使来贡，上曰'灵州河外贺兰山侧，有大凉小凉部族甚盛，旧与贼迁修好，朕虑其合势为患，近累得边奏，知与贼迁有隙，迭相攻掠，今西凉、咩逋使来，可召问其委曲。'"

④ 《宋史》卷四九二《吐蕃传》。

⑤ 《折克行神道碑》中有折克行"杀咩保吴良"，见于曾晓梅、吴明冉《羌族文献石刻集成·集释汇考》巴蜀书社2016年版，第981页。《宋史》卷二五三《折克行传》中有"大酋咩保吴良"。汤开建《五代辽宋时期党项部落的分布》（《西北民族研究》1993年第1期）疑此"咩保"即"咩逋"族。居地不一，相去较远，当为两族。

凉，西凉六谷部首领潘罗支伪降，于李继迁受降时，联合者龙族袭击李继迁，致李继迁中矢而亡。其后，迷般嘱与日逋吉罗丹以及暗投而来的者龙六族等共谋为李继迁报仇事宜。景德元年（1004），西夏李德明佯攻者龙六族，吐蕃潘罗支闻讯率百余骑者赴援，迷般嘱、日逋吉罗丹二族趁潘罗支与者龙族商议之时，入帐戕杀潘罗支①。

都啰族

凉州六谷政权辖下蕃部，居夏州北、黄河南面。又作督六族、都罗族、都啰啰族。西夏有姓氏都啰，西夏文写作𗦺𗡤②。

宋太平兴国六年（981），宋使高昌使臣王延德路过都啰啰族，在此停泊，按其"打当"习惯，赂以财物③。宋淳化五年（994）春，振武军都啰族大首领与西凉府押落副使折逋喻龙波一并入宋贡马④。宋咸平四年（1001），宋廷授首领褚下箅等为怀化将军⑤。西夏占领河西地区后，都啰族归附西夏。

景宗元昊占据河西后，纳都啰氏女为妃。夏天赐礼盛国庆元年，即宋熙宁二年（1069），都啰重进奉惠宗秉常之命入宋谈判以安远、塞门二砦易绥州事宜⑥。夏天赐礼盛国庆二年，即宋熙宁三年（1070），都啰马尾与其将四人，

---

① 《宋史》卷四九二《吐蕃传》。

② 都啰，见于 Дx2822《杂字·番姓名》（俄 6·138）。𗦺𗡤，见于 Инв.No.210、6340《杂字·番族姓》（俄 10·48）。史金波《西夏陵墓出土残碑粹编拾补》（《西北民族研究》1986 年第 1 期）考，𗦺𗡤即 "都啰"。

③ 《宋史》卷四九〇《回鹘传》记 "凡二日至都啰啰族，汉使过者，遗以财货，谓之'打当'"。汤开建《五代辽宋时期党项部落的分布》（《西北民族研究》1993 年第 1 期）考 "都啰啰族" 即 "都啰"。

④ 《宋史》卷四九二《吐蕃传》记 "知西凉府左厢押蕃落副使折逋喻龙波、振武军都罗族大首领并来贡马"。按："都罗" 即 "都啰"。

⑤ 《宋史》卷四九二《吐蕃传》记 "六族首领褚下箅等三人为怀化将军"。《续资治通鉴长编》卷四九，真宗咸平四年十月己未条下有 "又以其督六族首领褚下箅等三人并为怀化将军"。按：督六，四库底本如是作，《宋史》"六族" 为 "督六族" 之误，"督六" 即 "都啰"。

⑥ 《宋大诏令集》卷二三五《赐夏国主不还绥州诏》记 "向都啰重进等齐誓诏，遂令延州交割塞门、安远讫。却还绥州并须合依旧界及得延州奏夏国遣来人只要交割塞"。《宋史》卷四六六《夏国传下》"既而进誓表，乞班誓诏，及请以安远、塞门二砦易绥州。……秉常果不奉诏，遣都罗重进来言曰"。按："都罗重进" 即 "都啰重进"。

聚兵啰兀城之北的马户川，欲谋袭种谔。种谔谍知，以轻兵三千潜出击破之。马尾脱身遁去，重新驻兵立赏平①。崇宗乾顺时，都啰马尾与太后梁氏之兄移逋、梁氏之倖臣萌讹三人共掌军国之事②。仁宗仁孝时又有族人𘟣𘙇𗇋𗼃（都啰刘西）③。

宋夏沿边有都啰族人。夏永安元年，即宋元符元年（1098）三月，都啰族人都啰漫丁、都啰漫娘昌等投附宋廷，并陈告西夏点集大兵事项④，宋廷授二人三班奉职，提供路费，伴押赴阙⑤。同年五月，都啰漫丁、都啰漫娘昌上书乞改姓名，宋廷赐都啰漫丁名怀顺，都啰漫娘昌名怀忠⑥。西夏灭亡后，元代，有都啰人为枢密院知院，参与翻译施刻西夏文⑦。

党宗族

凉州六谷政权辖下蕃族，居渭州一带，又作“当宗”。

宋景德三年（1006）五月，与西凉府辖下懒家、龛谷、宗家、者龙、章迷等十族入宋廷觐见，进贡马匹，宋廷犒以酒食，并赐首领业罗为本族首领、检校太子宾客⑧。同年十二月，泾原仪渭都钤辖秦翰等上，请依龛谷、懒家首领例，月给党宗族首领俸料，真宗言“无功受禄，何所旌别”，秦翰具呈所立功绩，于是下诏给月料⑨。

---

① 《续资治通鉴长编》卷二一九，神宗熙宁四年正月己丑条。

② 《元刊梦溪笔谈》卷二五有“梁氏自主国事……存者三人……次曰都罗马尾……唯马尾粗有战功”。按：“都罗马尾”即“都啰马尾”。

③ 𘟣𘙇𗇋𗼃见于西夏陵墓出土的 N42 · 010［M2W：404+421］号残碑中，《中国藏西夏文献》第 19 册，第 137 页。史金波《西夏陵墓出土残碑粹编拾补》，《西北民族研究》1986 年第 1 期。

④ 《续资治通鉴长编》卷四九五，哲宗元符元年三月庚申条。

⑤ 《续资治通鉴长编》卷四九六，哲宗元符元年三月癸酉条。

⑥ 《续资治通鉴长编》卷四八九，哲宗元符元年五月丙子条。

⑦ 史金波：《西夏文〈庄严劫千佛名经发愿文〉发愿文译证》，《世界宗教研究》1981 年第 1 期。

⑧ 《续资治通鉴长编》卷六三，真宗景德三年五月庚申条。

⑨ 《续资治通鉴长编》卷六四，真宗景德三年十二月丙戌条记“泾原仪渭都钤辖秦翰等，言当宗族蕃部叶额实客通，望依龛谷、懒家族首领便嘱等例，月赐俸料”。当宗，四库底本“党宗”，影印本作“当宗”；叶额实，四库底本作“野讹失”，影印本作“叶额实”；标点本回改未尽。

野马族

凉州六谷政权蕃族。西夏有姓氏野马，西夏文写作𗰔𗗈[1]。

宋咸平六年（1003），野马族与暨龙、三佛齐、大食国入贡宋廷。

野蒲族

河西肃州蕃族，部族众多，首领世代为西夏将官。

夏光定十一年，即蒙古太祖十六年（1221），成吉思汗攻肃州时，首领野蒲甘卜率部族归服成吉思汗，入蒙古军籍，后奉旨率所辖河西人，随从木华黎出征，途中病亡。其子昂吉儿袭其军职，征诸国有功。元至元六年（1269）授金符千户，出征安庆等处，至元九年（1272）换虎符，以信阳军万户领河西兵，攻淮南西道。昂吉儿有五子，以昂阿秃、暗普最为显赫。昂阿秃任庐州蒙古、汉军万户府达鲁花赤。暗普为海北海南道肃政廉访使。

尫谷族

凉州六谷辖下部族，又作"康古"。

宋景德元年（1004）正月，渭州上言懒家族、尫谷首领尊便嘱、毡磨壁余龙等献名马，并称愿率所部助讨不附者，宋廷诏赐马值，授便嘱等为郎将，并赐俸料[2]。六月，德明联合迷般嘱、日逋吉罗丹及者龙六族射杀西凉吐蕃首领潘罗支后，尫谷又与懒家、宗哥、觅诺等族随西凉府攻杀者龙六族，致者龙六族逃窜山谷中[3]。宋景德三年（1006）五月，宗家族与西凉

---

[1] 野马，见于 Дx2822《杂字·番姓名》，《俄藏黑水城文献》第6册，第138页；𗰔𗗈，见于俄Инв.No.210、6340《杂字·番族姓》，《俄藏黑水城文献》第10册，第49页。孙伯君《西夏番姓译正》（《民族研究》2009年第5期）考西夏文𗰔𗗈与汉文"野马"勘同。

[2]《续资治通鉴长编》卷五六，真宗景德元年正月丙申条，底本作"懒家"；参见《宋史》卷四九二《吐蕃传》。

[3]《宋史》四九二《吐蕃传》记"乃率尫谷、兰州、宗哥、觅诺诸族攻者龙六族"；此事件亦见于《续资治通鉴长编》卷五六，真宗景德元年六月丁丑条，"兰州"记法相同。"兰州"即"兰家""懒家"。

府辖下懒家、凫谷、党宗、者龙、章迷等十族入宋廷觐见，宋廷犒以酒食，并赐官职①。

章迷族

凉州六谷政权辖下蕃部，又作章埋、折密桑、折灭赃、章密。

宋景德元年（1004）八月，章迷族与宋泾原部署陈兴在镇戎军西北的武延碱泊川地区共同袭击万子族军主族帐，斩杀万子族二百五十三人，生擒三百余人，获牛马、器仗三万一千计②。景德三年（1006）九月，凫谷与懒家、章迷、宗家、者龙、当宗等十族入宋廷觐见③。

章家族

凉州六谷政权辖下蕃部，后归附唃厮啰政权。

夏天授礼法延祚四年，即宋庆历元年（1041）四月，章家族军主策拉诺尔以唃厮啰进奉使身份入宋觐见④。

厮家族

凉州六谷政权辖下蕃部。

---

① 《续资治通鉴长编》卷六三，真宗景德三年五月庚申条"西凉府凫谷、懒家、宗家、者龙、当宗、章迷等十族来贡"。按：懒家，四库底本作"嬾家"，"嬾"旁墨改"兰"，标点本回改有误。参见《宋史》卷七《真宗纪》；《续资治通鉴长编》卷六四，真宗景德三年十二月丙戌条"泾原仪渭都钤辖秦翰等，言当宗族蕃部叶额实客通，望依凫谷、懒家族首领便嘱等例，月赐俸料"。懒家，四库底本作"嬾家"，"嬾"旁墨改译为"兰"，标点本回改有误。

② 《宋史》卷四六六《秦翰传》（秦翰）"复与陈兴、曹玮袭杀章埋军主于武延咸泊川"。《续资治通鉴长编》卷五七，真宗景德元年八月乙卯条记"泾原部署陈兴言率兵与熟户折密桑等族掩击伪署万子军主族帐于乌尔戬咸巴川擒俘三百余人斩首二百五十三级虏获牛马器仗三万一千计"。按："章埋""折密桑"同名异译，疑为"章迷"。又，折密桑，四库底本作"折灭赃"。参见《宋史》卷二五八《曹玮传》、卷二七九《陈兴传》。

③ 《续资治通鉴长编》卷六三，真宗景德三年五月庚申条记"（西凉府）章迷等十族来贡"。按：章迷，四库底本如是作，"迷"旁墨改"密"。

④ 《续资治通鉴长编》卷一三三，仁宗庆历元年四月庚辰条。

宋咸平六年（1003）四月，因潘罗支之请，宋廷授厮家族首领兀佐为怀化郎将[①]。

懒家族

凉州六谷辖下部族，又作兰州、嬾家。

宋景德元年（1004）正月，渭州上言懒家族、龛谷族首领尊便嘱、毡磨壁余龙等献名马，并称愿率所部助讨不附者，宋廷诏赐马值，授便嘱等为郎将，并赐俸料[②]。六月，德明联合迷般嘱、日逋吉罗丹及者龙六族射杀西凉吐蕃首领潘罗支后，懒家又与龛谷、宗哥、觅诺等族随西凉府攻杀者龙六族，致者龙六族逃窜山谷中[③]。宋景德三年（1006）五月，懒家与宗家、龛谷、党宗、者龙、章迷等十族入宋廷觐见，宋廷犒以酒食，并赐官职[④]。

（四）河湟地区部族

仁多族

又作人多、星多。以青唐仁多泉（今青海门源东南）为中心的西夏大族，与吐蕃青宜结鬼章齐名[⑤]。

族人仁多唛丁凶悍狡黠，任西夏统军，擅权专行，与青唐鬼章相邻互援，

---

① 《宋史》卷四九二《吐蕃传》。
② 《续资治通鉴长编》卷五六，真宗景德元年正月丙申条。参见《宋史》卷四九二《吐蕃传》。
③ 《宋史》卷四九二《吐蕃传》记"乃率龛谷、兰州、宗哥、觅诺诸族攻者龙六族"；此事件亦见于《续资治通鉴长编》卷五六，真宗景德元年六月丁丑条，"西凉府既闻啰支遇害，乃率龛谷、兰州、宗哥、觅诺族攻者龙六族，六族悉窜山谷"。按："兰州"即"兰家""懒家"。
④ 《续资治通鉴长编》卷六三，真宗景德三年五月庚午条"西凉府龛谷、懒家、宗家、者龙、当宗、章迷等十族来贡"。按：懒家，四库底本作"嬾家"，"嬾"旁墨改"兰"，标点本回改有误。参见《宋史》卷七《真宗纪》；《续资治通鉴长编》卷六四，真宗景德三年十二月丙戌条记"泾原仪渭都钤辖秦翰等，言当宗族蕃部叶额实客通，望依龛谷、懒家族首领便嘱等例，月赐俸料"。懒家，四库底本作"嬾家"，"嬾"旁墨改译为"兰"，标点本回改有误。
⑤ （宋）蔡绦《铁围山丛谈》卷二"西羌唃氏久盗有古凉州地，号青唐，传子董毡，死，其子弱而群下争强，遂大患边。一曰人多零丁，一曰青宜结鬼章，而人多零丁最黠，鬼章其亚也"。佟建荣《西夏姓氏考论》（宁夏大学2011年博士学位论文）考，此"人多零丁"即"仁多唛丁"。

常出没于宋西南边界①。为解青唐边患，宋廷"募猛士如能杀""或生捕"仁多唛丁者，"若有官，虽白衣并拜观察使"。夏大安八年，即宋元丰四年（1081），与酋首鬼名等率人马辎重在距宋熙河路都大经制司行营不远处活动。宋将李宪将兵追袭，斩级千余，生擒百余人，掳牛羊孳畜万计②。大安十年，即宋元丰七年（1084）十月，被宋钤辖彭孙于静边附近击杀，青唐之势渐弱③。

仁多丁之子仁多保忠任西夏卓啰监军，驻兵锉子山，总领西南部族，与梁氏分据东西厢兵马。夏天祐民安元年，即宋元祐五年（1090），梁氏与吐蕃阿里骨联盟抗宋，分别派仁多保忠与鬼章攻打宋朝泾原路，烧掠弓箭手数千人而去④。夏天祐民安二年，即宋元祐六年（1091），宋廷令邈川温溪心招抚仁多保忠，许节度使，保守旧土，自为一蕃，后因惧引起夏国相梁乞逋猜忌，招抚之事暂搁浅。同年十月，又趁仁多保忠屡至边界之机诏范育、刘舜卿招抚，未果⑤。夏天祐民安五年，即宋元祐九年（1094）仁多保忠与鬼名阿吴等联合，助梁太后诛杀梁乞逋及其族人。至此，仁多族权势更重。夏永安二年，即宋元符二年（1099），仁多保忠与白岢牟等率四监军兵马，合吐蕃十余万

---

①《续资治通鉴长编》卷三四一，神宗元丰六年十二月癸酉条"西贼首领最为凶黠者惟人多唛丁""多于本国西南边出入"。佟建荣《西夏姓氏考论》（宁夏大学 2011 年博士学位论文）考："人多唛丁"，即"仁多唛丁"。

②《宋史》卷四八六《夏国传下》记"（元丰四年十月）（李）宪营于天都山下，焚夏之南牟内殿并其馆库，追袭其统军仁多唛丁，败之，擒百人，遂班师"。《宋会要辑稿》兵一四之一九记"（元丰四年十一月）熙河路都大经制司言：军行至天都山下营，西贼僭称南牟，内有七殿，其府库、馆舍皆已焚之。又至罗逋川，追袭酋首鬼名、统军人多唛丁，人马斩获千余，生擒百余人，掳牛羊孳畜万计"。《续资治通鉴长编》卷三一九，神宗元丰四年十一月己丑条，熙河路都大经制司言"军行至天都山下营，西贼僭称南牟，内有七殿，其府库、馆舍皆已焚之。又至啰逋州捕获间谍，审问得酋首威明、统军星多哩鼎人马辎重，与本司行营不远，寻勒将兵追袭，斩级千余，生擒百余人，掳牛羊孳畜万计"。佟建荣《西夏姓氏考论》（宁夏大学 2011 年博士学位论文）考"仁多""人多""星多"同一姓氏。

③《续资治通鉴长编》卷三四九，神宗元丰七年十月乙未条。

④《续资治通鉴长编》卷四四七，哲宗元祐五年八月庚申条。

⑤《续资治通鉴长编》卷四六七，哲宗元祐六年十月甲戌条枢密院上言："夏国首领人多保忠，乃昔日唛丁之子，久据西南部落，素与邈川首领温溪心邻境相善，已令温溪心委曲开谕招致，许除节度使，令保守旧土，自为一蕃。后以梁乞逋擅权用事，猜忌保忠，自此中辍，不复议及。近据诸路奏报，多称梁乞逋身死，保忠屡来边上，虑夏国首领各怀携贰，可以乘此招致……诏范育、刘舜卿乘此机会，密切措置。其后卒不能致。"此"人多保忠"即"仁多保忠"。

人助攻邈川，迫使宋兵退出邈川①。同年八月，仁多保忠弟仁多洗忠被宋熙河硬探人杀②。夏贞观四年，即崇宁三年（1104）蔡京掌权时，又令熙河王厚招徕，王厚回复仁多保忠虽然有归宋之意，但属下并没有附和。于是，蔡京令其弟至夏国，返回时被巡逻捕获，仁多保忠因此被疑归宋，兵权被收回。统领军政权力被收后，王厚认为没必要再继续招徕，蔡京仍命王厚以重金招致，未果③。另有族人仁多屈成，西界御史中丞，官在宰相、枢密之下，位虽高，但不得统领人马④，于夏永安元年，即宋元符元年（1098）携家四十余口归汉。

另，灵州地区有仁多㖫丁一族。夏大安八年，即宋元丰四年（1081）十一月，仁多㖫丁守灵州城时，被刘昌祚攻灵州城时射中⑤。

古哩羌族

渭州蕃族。

与熙河吐蕃唃厮啰相互声援，恃众逼塞，屡招不至，给宋造成很大压力，后被曹玮击溃。其族被击溃后，渭川、河州诸羌皆惶恐请降于宋，唃厮啰也因失去外援而迁至青唐城，不久也被宋招归⑥。

---

① 《续资治通鉴长编》卷五一六，哲宗元符二年九月壬辰条。
② 《续资治通鉴长编》卷五一四，哲宗元符二年八月己丑条。
③ 《宋史》卷四八六《夏国传下》。
④ 《续资治通鉴长编》卷五〇三，哲宗元符元年十月丙戌条记"仁多楚清归汉，携家四十余口"。按：仁多楚清，底本作"人多屈成"，天头上注"人多屈成改星多楚清"，标点本回改有误。
⑤ 《续资治通鉴长编》卷三一九，神宗元丰四年十一月乙酉条。
⑥ （宋）宋庠：《元宪集》卷三三《宋故推诚翊戴功臣彰武军节度延州管内观察处置等使金紫光禄大夫检校太傅使持节都督延州诸军事延州刺史兼御史大夫上柱国武威郡开国公食邑六千五百户食实封一千六百户赠侍中曹公墓志铭》，清文渊阁四库全书补配文津阁四库全书本，第6页；《元宪集》卷三六《宋故推诚翊戴功臣彰武军节度延州管内观察处置等使金紫光禄大夫检校太傅使持节都督延州诸军事延州刺史兼御史大夫上柱国武威郡开国公食邑六千五百户食实封一千六百户赠侍中曹公墓志铭》，清文渊阁四库全书补配文津阁四库全书本，第4、5页。

庄浪族

河湟地区蕃族，又作"庄郎"，西夏有姓氏"庄浪"[①]。

河湟地区庄浪族包括吹折门、密臧门、陇逋门、庞拜门等四族，西夏语称其地为"卓啰"，设"边中转运"，后一度为金占领[②]。天会年间（1123—1137），金将四族及居地划归夏国，四族虽归属夏国，但叛服不常，夏筑祈安城以镇守。夏天盛十八年，即金大定六年（1166），夏击破吹折、密臧二门，陇逋、庞拜二门归属乔家族结什角，结什角之母居于庄浪族中。夏天盛二十一年即金大定九年（1169），结什角前往探望母亲，夏人伺机出兵围结什角，斫断其臂，掳走其母，结什角不久去世，遗言金朝重任乔家族首领。金朝派使令夏人停筑祈安城，以结什角侄赵师古为乔家族新首领，庄浪下陇逋、庞拜二族受赵师古管辖[③]。

夏天盛二十一年，即金大定九年（1169）正月戊午朔，夏武功大夫庄浪义显至金贺正旦。

宋初，契丹东、达靼南、河西北也具有大量庄浪族。其族常以马附藏才族入宋进贡。宋咸平五年（1002），宋以首领龙移为安远大将军，昧克为怀化将军[④]。

---

① 庄浪，见于俄Дx 2822《杂字·番姓名》，《俄藏黑水城文献》第6册，第138页。
② 杨富学：《黑水城出土夏金榷场贸易文书研究》，《中国史研究》2009年第2期。
③ 《金史》卷九一《结什角传》。
④ 《续资治通鉴长编》卷五四，真宗咸平六年正月丙午条记"遣使齐诏赐菲州龙移、昧克族。先是，上谓知枢密院王继英等曰：'累睹边奏，言迁贼屡为龙移、昧克所败。'……（丰州推官张）仁珪等言：'龙移、昧克，一云庄郎、昧克，其地在黄河北，广袤数千里。族帐东接契丹，北邻达靼，南至河西'"。《宋史》卷四九一《党项传》又记"又以黑山北庄郎族龙移为安远大将军，昧克为怀化将军"。按："庄郎族"当为"庄浪族"。龙移、昧克当为其两首领。

杓家族

河州蕃族，与邈川温讷支郢成相邻而居，又做勺家族、杓家摩雅克族①。

夏大安元年，即宋熙宁七年（1074）二月，受河湟吐蕃鬼庄诱胁，杓家族与赵、常二族集兵袭杀宋河州采木军士，且书信宋知河州景思立，言辞不逊。景思立怒，率汉蕃兵六千攻踏白城，思立兵败被杀②。同年四月，王韶建议再次出兵杓家族，六月杓家族降宋③。

汪家族

河湟蕃族。

先接授西夏署牒，夏大安八年，即宋元丰四年（1081）十月，持西夏官印及数道宣告随西使城蕃族首领禹藏郢成入宋称服，首领各授右班殿直及三班差使，并令随军④。

金星族

河湟地区蕃族，又作锦星。

原为西夏西使城管辖蕃部，夏大安八年，即宋元丰四年（1081），金星族与鬼驴耳、剡毛、啰述等四部族大首领应宋兰州节次招抚而入宋，受犒享及例物后，依令回归本族⑤。

---

① 《续资治通鉴长编》卷二四七，神宗熙宁六年十月丁亥条记，邈川温讷支郢成"南距黄河勺家族，东界拶家族，北邻夏国"。参见《宋会要辑稿》蕃夷六之八。按："勺家族"即"杓家族"。

② 《续资治通鉴长编》卷二五〇，神宗熙宁七年二月甲申条。

③ 《续资治通鉴长编》卷二五二，神宗熙宁七年四月己卯条记，王韶言"并兵讨荡杓家摩雅克族"至六月，杓家摩雅克族降"。按："杓家摩雅克族"即"杓家族"。

④ 《续资治通鉴长编》卷三一九，神宗元丰四年十一月丁亥条。

⑤ 《续资治通鉴长编》卷三二〇，神宗元丰四年十一月辛丑条。

注丁搽令归族

西夏西使城蕃族。

夏大安八年，即宋元丰四年（1081），大首领厮多罗潘率三百余户、一千三百余口应宋兰州节次招抚而入宋。入宋人员中强壮者三百余口，老小妇女一千余口。全部人员受犒享及例物后，依令回归本族居住①。

鬼驴耳族

西夏西使城蕃族，又作古勒额勒。

夏大安八年，即宋元丰四年（1081），鬼驴耳与剡毛、金星、啰述等四部族大首领应宋兰州节次招抚而入宋，受犒享及例物后，依令回归本族②。

聂农族

夏贞观三年，即宋崇宁二年（1103），王厚经营湟州，派遣通判兰州事王端、将官李忠、王亨等勾当招纳蕃族，有聂农族首领羌贼用事者乩当多罗巴之副结令干等大种名豪出降③。

样丹族

秦州地区蕃部，属凉州六谷政权管辖。

宋景德二年（1005），样丹族上表求市弓箭。宋有旧制即弓箭兵器不向蕃部输入。真宗为表扬样丹宣力捍边之功，特诏渭州赐予④。

---

① 《续资治通鉴长编》卷三一九，神宗元丰四年十一月己亥条。
② 《续资治通鉴长编》卷三二〇，神宗元丰四年十一月辛丑条。
③ 《续资治通鉴长编拾补》卷二一，崇宁二年四月己巳条。
④ 《宋史》卷四九二《吐蕃传》。参见《续资治通鉴长编》卷五九，真宗景德二年三月壬申条。

剡毛族

西夏西使城管辖蕃部，又作音摩。夏大安七年，即宋元丰四年（1081），剡毛与鬼驴耳、金星、啰述等四部族大首领应宋兰州节次招抚而入宋，受犒享及例物后，依令回归本族①。

合苏族

秦州永宁寨蕃部。

宋景德元年（1004）八月，李继迁蕃部入寇永宁寨，合苏族与药令族共同抗击，斩其首级百余②。

容鲁族

居地与河湟结什角北边部族庞拜族相接③。

常家族

河州蕃部。

夏大安元年，即宋熙宁七年（1074），受河湟吐蕃鬼庄诱胁，常家族与赵、杓二族集兵袭杀宋河州采木军士，且书信宋知河州景思立，言辞不逊。景思立怒，率汉蕃兵六千攻踏白城，思立兵败被杀④。

啰述族

西夏西使城管辖蕃部，又作罗舒克。

夏大安八年，即宋元丰四年（1081），啰述族与金星、鬼驴耳、剡毛等四

---

① 《续资治通鉴长编》卷三二〇，神宗元丰四年十一月辛丑条。
② 《续资治通鉴长编》卷五七，真宗景德元年八月乙亥条。
③ 《金史》卷九一《结什角传》。
④ 《续资治通鉴长编》卷二五〇，神宗熙宁七年二月甲申条。

部族大首领应宋兰州节次招抚而入宋，受犒享及例物后，依令回归本族[1]。

葩俄族

廓州蕃族。

原接受西夏署牒，夏贞观四年，即宋崇宁三年（1104）王厚入兵廓州时，葩俄族大首领阿撒四率大小首领献酒军前[2]。夏天盛十六年，即金大定四年（1164）四月，葩俄族都官汪三郎率族附金被赐姓完颜，力御西夏，成为金朝名将[3]。夏光定七年，即金兴定元年（1217）八月，葩俄族都管尼厖古配合金元帅左都监承裔部将纳兰记僧，袭瓜黎余族诸蕃帐，屡次击破，斩馘士卒，擒首领，俘获人畜众多[4]。

禄厮结族

熙州蕃部。

宋大中祥符五年（1012）正月，与浪家、乞平家、尹家等族抢夺出使甘州的宋使——秦州指挥使杨知进与译人郭敏伴送翟符守荣般次等[5]。夏大安六年，即宋元丰三年（1080）"僧禄尊为禄厮结族都虞候"[6]，夏贞观三年，即宋崇宁二年（1103），王厚经营湟州，派遣通判兰州事王端、将官李忠、王亨等勾当招纳蕃族，有禄厮结族首领巴金城主遵巴出降[7]。

---

[1] 《续资治通鉴长编》卷三二○，神宗元丰四年十一月辛丑条。
[2] 《续资治通鉴长编拾补》卷二三，崇宁三年三月辛西条。
[3] 《金史》卷一四《宣宗纪》。参见《金史》卷一○一《仆散端》。
[4] 《金史》卷一五《宣宗纪》。参见《金史》卷一○一《仆散端》。
[5] 《宋会要辑稿》蕃夷四之七。参见《金史》卷四九○《回鹘传》；参见《续资治通鉴长编》卷八五，真宗大中祥符八年十一月丙子条。
[6] 《续资治通鉴长编》卷三○二，神宗元丰三年正月癸巳条。
[7] 《续资治通鉴长编拾补》卷二一，崇宁二年四月己巳条。

（五）夏宋边境部族

乜臼族

宋朝环庆路党项蕃部，又作七臼族、密觉族、解乜臼族、也旧族。

宋天禧四年（1020）其军主近腻纳质归化，宋廷以近腻领顺州刺史，首领惹都等十五人补蕃官有差[①]。夏奲都五年，即宋嘉祐六年（1061），有乜臼族人射杀渭州沿边市马人员，夺所乘银鞍。被射杀者诉之于平远寨官吏，二十多人被捕，乜臼族众遂围困平远寨，追杀官吏。为平息族怨，平远寨五门蕃部巡检苏恩，答应释放所捕人员。围寨族众听后返还本族。但经略使韩绛命令苏恩追击，并派部署马怀德领兵"随恩大索"，乜臼族举族叛去。不久，复至宋归降，为防其后难治，韩绛上奏夷其族[②]。

三门族

庆州蕃族。

三门等族恃险难制，宋景德元年（1004）庆州知州阎日新上言，开古川道，东至乐业镇，西出府城，以遏三门等族[③]。

[①]《续资治通鉴长编》卷九五，真宗天禧四年四月甲子条记"环州界熟户七臼族军主近腻纳质归化。以近腻领顺州刺史，首领惹都等十五人补蕃官有差"。参见《宋史》卷四九一《党项传》，《宋会要》兵二七之二四五。按：七臼，四库底本如是作，旁墨改为"密觉"。另，近腻、惹都，四库底本如是作，旁墨分别改为"锦尼""日木多"；佟建荣《汉文史料中党项与西夏族名异译考》考，"七臼"为"乜臼"之误。

[②]《续资治通鉴长编》卷一九四，仁宗嘉祐六年七月戊戌条记"环庆经略司言，蕃部乜臼族寇平远寨"。按："乜臼"，四库底本作"也臼"，有误；《续资治通鉴长编》卷一九五，仁宗嘉祐六年十一月戊午条记"恩本为五门蕃部巡检，领各道镇。定边、平远二寨，部族为最盛。初，渭州遣指使沿边市羊，为密觉族邀射，夺其所乘银鞍。既而指使告于平远寨官，系其族二十余人，蕃众遂围寨。恩言其族愿放所系人。本寨既听还，而经略使韩绛令恩追。恩止推其首为过者六人至庆州，绛不许，遣部署马怀德领兵随恩大索，其族皆叛去。未几，复出降。绛因奏恐其后难制，遂夷密觉族。恩既坐窜，而五门蕃部巡检自兹废矣"。按：密觉，四库底本作"乜旧"，旁墨改为"密觉"，标点本回改未尽。另《宋史》卷四六七《张惟吉传》记有"讨环州解乜臼族复有功，历带御器械、内侍押班、副都知"。按：解乜臼即乜臼。

[③]《宋史》卷三〇九《阎日新传》。

大门族

环庆蕃族，又作特你族。

宋天禧三年（1019）九月，大门族归附宋廷[①]。

大王家族

德顺军水洛城生户。

夏天授礼法延祚六年，即宋庆历三年（1043）十月，大王家族首领元宁等入宋献水洛城[②]。

大石族

秦州蕃部。

宋开宝八年（975），秦州大石族与小石族寇土门、略居民，知州张炳击走[③]。

大卢族

环庆蕃族。

宋咸平三年（1000）十月，大卢族、小卢族被宋延州钤辖张崇贵击破，大量孳畜、器甲、生口被掳走[④]。

---

① 《宋史》卷八《真宗纪》。参见《宋史》卷二五八《曹玮传》、《元宪集》卷三三《宋故推诚翊戴功臣彰武军节度延州管内观察处置等使金紫光禄大夫检校太傅使持节都督延州诸军事延州刺史兼御史大夫上柱国武威郡开国公食邑六千五百户食实封一千六百户赠侍中曹公行状》。按："大门族"，《元宪集》卷三三作"特你族"。

② 《续资治通鉴长编》卷一四四，仁宗庆历三年十月甲子条。

③ 《续资治通鉴长编》卷十六，太祖开宝八年十二月甲子条。

④ 《宋史》卷六《真宗纪》。参见《续资治通鉴长编》卷四七，真宗咸平三年十月丙寅条。

大虫族

泾原路蕃族。

持险自居，常有翻覆之情[1]。景德初年，与康奴等族互为唇齿互相支援，屡次抄掠李继隆援送至灵武的军储[2]。

唐末五代即有大虫族，唐天成四年（929）十二月，被后唐灵武将康福击破[3]。

大羊族

环庆蕃族，夏显道元年，即宋明道元年（1032）十二月，大羊族与小羊族族帐被环州知州种世衡领环州蕃汉兵烧毁。

兀罗族

宋麟州蕃族。夏天祐垂圣三年，即宋皇祐四年（1052），兀罗族首领罗祐去世，宋廷赐"麟州兀罗族下班殿侍三班差使罗祐亲男崖可本族副都军主"，并敕书表彰[4]。苏魏公作制文"麟州兀罗族子武充本族副都军主"[5]。

兀脏族

宋泾原路蕃部。

一度判归李继迁，宋景德元年（1004）九月，宋镇戎军上言，先判去兀

---

① 《宋史》卷二五八《陈执中传》"如泾原康奴、灭臧、大虫族，久居内地，常有叛心，不肆剪除，恐终为患"。参见《续资治通鉴长编》卷一二六，仁宗康定元年三月庚申条。

② 《续资治通鉴长编》卷五六，真宗景德元年正月己巳条记"李继隆援送灵武军储，康奴族辄出抄掠，居迫萧关，与大虫巉诸族为唇齿，恃险及众，桀黠难制"。按："大虫巉"即"大虫"。

③ 《旧五代史》卷四〇《明宗纪》。

④ 《全宋文》卷四四六。

⑤ 頳祗，俄 Инв.No.210、6340《杂字·番族姓》，《俄藏黑水城文献》第10册，第49页；《同音》序文中頳祗。榆林窟第29窟中有頳祗颣绳番。汤开建《五代辽宋时期党项部落的分布》（《西北民族研究》1993年第1期）考頳祗即"兀罗"。

赃族应诏率部归来。①

万刘族

鄜延路蕃族。

元昊立国前夕，暗中以金银冠装饰的骑甲赠予万刘、东菼、金明等族，万刘等族遂以数万胜兵归顺元昊②。

小力族

宋延州永平寨党项蕃族③，又作硕尔族。

宋咸平五年（1002）四月，永平寨界小力族镇使李文真被宋授为怀化将军，以示优宠④，后授本族巡检。宋大中祥符九年（1016），羌兵入寇小力族，巡检李文真率兵奋力反击，斩杀羌首籍遇太保，宋廷赐李文真锦袍银带⑤。天圣四年（1026），石州高继升家奴高遇诬告高继升曾暗派马训及李文前往小力族，与小力族首领密谋叛宋。御史台拘审高继升，未发现叛状，下诏杖击高遇⑥。

---

① 《续资治通鉴长编》卷五七，真宗景德元年八月丁亥条。参见《宋史》卷四九一《党项传》，卷四九二《吐蕃传》。

② 《宋史》卷三二三《赵振传》。参见《续资治通鉴长编》卷一二六，仁宗康定元年二月癸丑条。

③ 《太平寰宇记》卷三八记绥州界内有"大力山""小力山""小力川"。汤开建《五代辽宋时期党项部落的分布》(《西北民族研究》1993年第1期)考，"小力族"以居地而得名。

④ 《续资治通鉴长编》卷五一，真宗咸平五年四月癸巳条。《续资治通鉴长编》卷五五，真宗咸平五年三月癸巳条有"永平寨界小力镇史李文直"，"李文直"当为"李文真"形近而误。

⑤ 《宋史》卷四九一《党项传》记（大中祥符九年）"羌兵寇小力族，巡检李文贞率兵奋击，追斩籍遇太保首级，赐文贞锦袍银带"。《续资治通鉴长编》卷八六，真宗大中祥符九年正月壬子条记"延州界硕尔族巡检、殿直李文真与蕃兵转战，斩籍遇太保首级，命迁一资，仍赐锦袍、银带"。按，硕尔族，四库底本原作"小力族"，旁墨笔改"硕尔族"，标点本《长编》中"硕尔族"当为回改未尽之误，"李文真"即"李文贞"。

⑥ 《续资治通鉴长编》卷一〇四，仁宗天圣四年五月丁卯条记作"李文往菼村硕尔族，与其部酋谋叛"。按：硕尔，四库底本作"小力"，旁墨边改"硕尔"。

小石族

秦州蕃部，宋开宝八年（975），秦州大石小石族寇土门、略居民，知州张炳击走[①]。

小卢族

宋咸平三年（1000）十月，大卢族、小卢族被宋延州钤辖张崇贵击破，大量孳畜、器甲、生口被掳走[②]。

小羊族

夏显道元年，即宋明道元年（1032）十二月，大、小羊族族帐被环州知州种世衡领环州蕃汉兵烧毁。

小胡族

鄜延德靖寨为中心的义正川、樊川和洛河川一带蕃族，地连延州、庆州[③]，又作小湖族，部道族。

宋廷每次出征夏州，小胡族卧浪军主必为前锋，战功显著，宋大中祥符元年（1008）被宋诏补侍禁，赐名忠顺[④]。

宋天禧四年（1020）五月，小胡族都虞候喏嵬、巡检胡怀节等因击敌有

---

① 《续资治通鉴长编》卷十六，太祖开宝八年十二月甲子条。

② 《宋史》卷六《真宗纪》。参见《续资治通鉴长编》卷四七，真宗咸平三年十月丙寅条。

③ 《续资治通鉴长编》卷二五〇，神宗熙宁七年二月壬午条下记"德顺军管下小胡等族"。

④ 《宋史》卷四九一《党项传》记作"小湖卧浪族军主最处近塞，往时出师皆命为前锋，甚著诚节"。《续资治通鉴长编》卷七〇，真宗大中祥符元年十二月丁酉条记"补延州部道族朗阿为侍禁，赐名忠顺。是族在州之西北，连庆州蕃境，钤辖司言王师每出藉其乡导，故奖之"。按：部道，四库底本作"小胡"，旁墨笔改"部道"；朗阿，四库底本原作"浪讹"，旁墨笔改为"朗阿"。故小湖、部道即小胡，卧浪即浪讹。

功，被升职加薪①。宋廷在延州修堡寨时，小胡族首领胡继谔上表建议修筑鹞子城，因需人工七千万四千多而难以实施。后在胡家川庄北面书按山上修筑堡寨时，小胡族三万多人被征用，宋官府提供口粮，并派三百厢军助工。夏天授礼法延祚三年，即宋康定元年（1040）四月，鄜延钤辖卢守勤用私役士兵换小胡族马，与敌人作战。夏天授礼法延祚四年，即宋庆历元年（1041），知延州庞籍奏告胡继谔诛剥蕃部，部族怨声载道，胡继谔因故被移入内地，任亳州都监，部族由胡继谔之子胡守清接领。后胡继谔因水土不服，思念部族，身染重病，上表乞求移至京西某地。夏天授礼法延祚七年，即宋庆历四年（1044）为招抚蕃部，欧阳修上表放还胡继谔②。夏拱化五年，即宋治平四年（1067），环庆蔡挺请于小湖族（胡经臣）及李德平二族修保寨。夏大安元年，即宋熙宁七年（1074）小胡等族缺少战马，鄜延路经略司上言乞借本司封桩钱一万缗到渭州、德顺军等地买马③。

　　小胡族族众信奉佛教，于宋元祐八年至绍圣二年之间（1093—1095）修建"石宫佛堂一所，大佛五尊、小佛一千尊，十六罗汉"④。

小遇族

宋环州蕃族，又作"辖裕勒族"。

宋太平兴国三年（977）三月，小遇族入寇庆州，被知州慕容德丰击走⑤。

---

　　① 《宋史》卷四九一《党项传》"小湖族都虞候喏嵬、巡检胡怀节等击贼有功，并进秩"。按："小湖"即"小胡"。参见《续资治通鉴长编》卷九五，真宗天禧四年四月甲戌条。

　　② 《续资治通鉴长编》卷一三二，庆历元年七月乙丑条。参见《欧阳修全集》卷一○三《论乞放还蕃官胡继谔札子》。

　　③ 《续资治通鉴长编》卷二五○，神宗熙宁七年二月壬午条。

　　④ 姬乃军：《延安地区的石窟寺》，《文物》1982 年 10 月；孙继民：《俄藏黑水城文献宋代小胡族文书试释》，《中华文史论丛》2007 年第 2 期；邓文韬：《宋夏沿边熟户若干问题研究——以陕西志丹县何家坬石窟党项人题记为中心》，《西夏学》2017 年第 2 期（第十五辑）。

　　⑤ 《宋史》卷四九二《吐蕃传》"三月，小遇族寇庆州，知州慕容德丰击走之"。《续资治通鉴长编》卷一九，太宗太平兴国三年三月癸卯条记"庆州言知州慕容德丰击破辖裕勒族戎人，俘获千计"。裕勒族，四库底本作"小遇族"，旁墨改为"辖裕勒族"，标点本回改未尽。

宋至和三年（1056）七月，小遇族又有族帐叛宋，宋知环州张揆命环州慕家族首领慕恩征讨，斩首一千一百人，俘获三十四人、牛羊两千，其余人纷纷献马投降，宋令各部住坐原处[①]。

乞平家族

河湟地区的吐蕃部族。

宋大中祥符五年（1012）正月，乞平家族与浪家、禄厮结家、尹家等族抢夺宋朝出使甘州的使臣——秦州奉职杨知进与译人郭敏、伴送翟符守荣般次等[②]。

乞党族

丰州地区蕃部，又作佉党。

宋至道二年（996）春，辽将韩五押领兵入族剽略，遂与乞党族发生冲突，乞党族斩获甚多，并生擒辽大将姐连。同年六月，首领迎罗偌及长嗟、黄屯到府州内附，上报与辽战事，并请允移居黄河以南原勒马尾族住地。宋廷下令招抚，并赐首领锦袍、银带、器币等物[③]。宋太平兴国八年（983），乞党族大首领岁移率部攻破契丹，诏补为归德郎将[④]。

卫埋族

宋泾原路天麻川附近蕃部，又作卫狸族、魏埋族、威玛族。

---

① 《宋史》卷一二《仁宗纪》。《续资治通鉴长编》卷一八三，仁宗嘉祐元年七月丁亥条记"环庆路经略司言：'环州辖小遇等族叛，知州张揆以蕃官慕恩等九万七千余人往讨之'"。"小遇"，四库底本如是作，旁墨改为"辖裕勒"，标点本中的"辖"为回改之误。

② 《宋会要辑稿》蕃夷四之七。

③ 《宋会要辑稿》蕃夷一之二三，"乞党"作"佉党"，同名异译，现统一为乞党。

④ 《续资治通鉴长编》卷二四，太宗太平兴国八年四月壬寅条记"耶保移邈二族首领弗香克浪买、乞党族大首领岁移并为归德郎将，赏其破契丹之功也"。《宋史》卷二五三《王承美传》记"乞党族次首领弗香克浪买为归德郎将"。此处取《续资治通鉴长编》说法。

宋咸平五年（1002）二月，卫埋族在泾原路天麻川被宋知军李继和击败，陇山以外诸族皆受威慑而纷纷内附，并于要害处置族帐砦栅，替宋守边①。宋大中祥符七年(1014)，夏境内万子族抄略宋境，卫埋等族出兵袭击②。

子河汉族

原辽境内蕃族。

宋淳化四年（993）三月，子河汉大首领马一与直荡族大首领啜尾等一起入贡宋廷，宋赐马一其下首领十二人锦袍、银带、器币③。

女乜族

宋府州蕃族。

宋雍熙二年（985）六月，女乜族首领来母崖之子社正等归附宋廷，被迁至茗乜族居住④。其族皇城使、本族巡检遇崖之名被附于《折武恭公克行神道碑》碑文中，以激励将来⑤。

---

① 《宋史》卷二五七《李继和传》"咸平五年，继和领兵杀卫埋族于天麻川。自是陇山外诸族皆恐惧内附，原于要害处置族帐砦栅，以为戍守"。

② 《宋史》卷四九一《党项传》记"玮又言北界万子族谋钞略，发兵逆之，大败于天麻川，又为魏埋等族掩击"。《续资治通鉴长编》卷五一，咸平五年二月己卯条记"知镇戎军李继和上言：'昨自天麻川杀卫狸族后，近界蕃部颇甚震慑'"。《续资治通鉴长编》卷八三，真宗大中祥符七年七月丁亥条记"泾原路都钤辖曹玮言：'渭州广锐蕃落两指挥将士杀贼于天麻川，斩首数十级，割耳鼻百余，获其铠甲鞍马。又魏埋等族掩击戎寇，杀其酋帅，斩首千余级，获马八百匹，铠甲称是'"。按："魏埋""卫狸""魏理"同上一注释中"卫埋"皆同名异写。四库底本卷五一亦作"卫狸"，旁墨无改，影印本作"叶勒"；卷八三作"魏理"，旁墨改为"威玛"，影印本作"威玛"。标点"魏埋"当据《宋史》改。

③ 《宋史》卷五《太宗纪》记"永安节度使折御卿邀击（契丹），败之于子河汊"。"子河汊"，即《宋史》卷二五三《折御卿传》中的"子河汊"。"子河汉"与族名"子河汊"有关。

④ 《宋史》卷四九一《党项传》"又府州女乜族首领来母崖男社正等内附，因迁居茗乜族中"。参见《宋会要辑稿》方域二一之一、二、八。

⑤ 曾晓梅、吴明冉：《羌族石刻文献集成·集释汇考·折武恭公克行神道碑》，巴蜀书社2016年版，第981页。

女女族

府州东南三百五十里地区蕃族[①]。其下分女女忙族、女女杀族、女女梦勒、女女籆儿族四族。

宋雍熙二年（985）十一月，四族首领入宋归服，宋廷赐敕书招抚。宋至道二年（996），宋廷在李继隆出讨李继迁之际，分别赐女女忙族大首领越置、女女杀族大首领越都、女女梦勒族大首领越移及女女籆儿族大首领党移等"敕书"以示招怀。

马家族

秦州吐蕃蕃部，隶属凉州六谷吐蕃政权。居于秦州宁远砦南二十里。

人马众多，又倚依宋廷，四周蕃族非常畏惧。有大小马家部族。宋淳化元年（990），秦州大、小马家族献地附宋[②]。宋咸平六年（1003）四月，因潘罗支之请，宋廷授马家族首领渴东为怀化郎将[③]。

马臧族

泾原蕃部。

宋咸平四年（1001），洛苑使李继和于上言重筑镇戎军，以保证回鹘、西凉六谷吐蕃、咩逋、贱遇、马臧、梁家诸族归宋之路畅通[④]。

---

① 《太平寰宇记》卷三八记，（宋）"府州西北至……女女越都等蕃族三百五十里""府州西北……三百五十里"，据汤开建《契丹境内党项部落的分布》（《宁夏社会科学》1990年第2期）考该族所居之地为辽河清军，金肃州之地。

② 《宋史》卷四九二《吐蕃传》。

③ 《宋会要辑稿》方域二一之一八。

④ 《宋史》卷二五七《李继和传》。

王乜族

府州安丰寨蕃族，有上府王乜族与下府王乜族之分，隶属府州折氏。

因部族功绩显赫，其族名及下府王乜族皇城使、合州防御使、本族巡检贺升皆，女乜族皇城使、昭州刺史、本族巡检遇崔，上府王乜族皇城使王巴贾等名皆被附于《折武恭公克行神道碑》碑文中，以使其名不没于世，以激励将来①。

王家族

德顺军蕃部，又作王族。

宋景德元年（1004）正月，王家族与狸家、延家三部族归宋，真宗下诏授三族首领官职②。

井坑族

宋至和二年（1055），井坑族叛乱被崔峄派兵讨平，崔峄也因而被授龙图阁待制、知庆州③。

韦家族

鄜延路蕃族。

韦家族弓箭手十将奇乌，一度被夏掠走。宋元丰六年，即夏大安十年（1083）二月，鄜延路经略司上言，奇乌招诱夏界有羊马户二十四户，共一百五十六人归来，宋廷下诏迁奇乌一资。④

五门族

宋环州蕃族。

环州以定边、平远最盛。宋嘉祐六年，即夏都韝五年（1061），乜吅族射杀渭州市马人员，五门族巡检苏恩出兵拘捕乜吅族二十多人，引起乜吅族围攻平远寨，无奈苏恩答应放还拘捕之人。但环州经略使韩绛下令追捕，苏恩仅将为首六人拘至庆州，韩绛不许，苏恩又命部署马怀德领兵大肆抓捕乜吅族人员，乜吅举族叛逃。不久，乜吅族又降宋，韩绛担心日后难制，出兵夷平乜吅族。苏恩因处理不当，被送往湖南编管，五门族蕃部巡检一职自此也被废掉[①]。

瓦窑族

本契丹蕃族，后归附宋丰州，又作瓦瑶、兀瑶。

宋太平兴国七年（982）十二月，瓦窑等十一族七万余帐内附[②]。宋太平兴国八年（983）四月，以其首领为检校太保、归德大将军[③]。

宋咸平六年（1003）六月，瓦窑族与如罗、没剂、昧克等族渡河击败继迁，宋真宗下诏褒奖抚问[④]。

---

① 《续资治通鉴长编》卷一九五，仁宗嘉祐六年十一月戊午条。参见《续资治通鉴长编》卷一九四，仁宗嘉祐六年七月戊戌条。按：乜吅，四库底本卷一九五作"也旧"，旁墨改为"密觉"，标点本作"密觉"，回改未尽；卷一九四如是作，旁墨笔改为"密觉"。

② 《续资治通鉴长编》卷二三，太宗太平兴国七年十二月庚寅条"丰州刺史王承美言契丹日利、月益、没细、兀瑶等十一族七万余帐内附"。按：兀瑶，四库底本作"瓦窑"，旁墨改为"威约克"，标点本回改有误。

③ 《续资治通鉴长编》二四，太宗太平兴国八年四月壬寅条记"丰州刺史王承美为团练使，没细都大首领越移为怀化大将军，瓦瑶为归德大将军"。瓦瑶，四库底本如是作，旁墨改为"威约克"。瓦瑶，《宋会要辑稿》方域二一之一、九，蕃夷一之九作"兀瑶"。

④ 《续资治通鉴长编》卷五五，真宗咸平六年六月丁卯条。参见《宋史》卷七《真宗纪》、卷四九一《党项传》。

瓦魁宜族

环州蕃族，又作威尼族。

宋乾兴元年（1022）为防治环州白马族与西夏界内白马族联合，将环州白马族交由肃远寨瓦魁宜族巡检、叙州刺史明舻管辖[①]。

牛讹奴族

邻近环州蕃族，居牛家山。

牛耶泥族

环州石昌镇蕃族。

宋淳化四年（993），牛耶泥数年入寇环州，周仁美与陈德玄、宋思恭率兵出击，斩首三千级，获牛羊三百余，掘牛耶泥粮窖充用军饷。宋至道元年（995），牛耶泥又叛宋，周仁美厚设殽酒，召集酋首二十八人缚送至环州监狱，自此诸族不敢再叛[②]。

牛家族

环州蕃族。

宋淳化年间（990—994），牛家族屡次侵扰环州，其二十八部被窦神宝与陈德玄攻破。后牛家族又结众叛宋，又被窦神宝击破，余党被击杀于极泉镇，首领九人被捕。[③]牛家族有首领奴讹，桀骜不驯，从不拜见过郡守，宋庆

---

① 《续资治通鉴长编》卷九九，真宗乾兴元年八月辛酉条记"其庆香及诸族首领欲特行处置，所部人即令肃远寨界上威尼族巡检、叙州刺史敏珠尔主之"。按：威尼，底本作"瓦魁宜"，旁墨改为"威尼"，标点本回改未尽；另，庆香，底本如是作，旁墨改为"庆桑"；敏珠尔，底本作"明舻"，旁墨改为"敏珠尔"。

② 《宋史》卷二七九《周仁美》。

③ 《宋史》卷四六六《窦神宝传》。

历二年，即夏天授礼法延祚五年（1042），听闻种世衡知环州，奴讹出郊外迎接。种世衡遂与奴讹相约，第二天到其族帐。当晚，天降大雪，深三尺。种世衡冒雪踏进帐篷。奴讹因此相信种世衡对其没有疑虑，率部落听命于种世衡[1]。宋庆历三年，即夏天授礼法延祚六年(1043)，宋廷制敕奴讹子万讹可本族军主，以彰其世代捍边功名[2]。

牛族

邻近环州蕃族。

牛族与环州羊、苏家等族负险恃远，与李继迁互为声援，宋廷多次遣使招谕。后屡与李继迁作战，宋咸平六年（1006）二月，环庆都部署张凝上言，请为立功首领赐茶彩，宋真宗下诏令厚赐首领以示奖励[3]。

毛州族

府州靖化堡屯蕃族。

替宋守边，后因守边有功，毛州族子弟屈移被宋授银酒监武充本族副都军主[4]。

毛羽族

宋府州宁边寨蕃族。

替宋守边，毛羽族武功大夫、忠州防御使、本族巡检杂母买之名被附于《折武恭公克行神道碑》碑文中，以激励将来[5]。

---

① 《宋史》卷三三五《种世衡传》。

② （宋）欧阳修著，李逸安点校：《欧阳文忠公全集》七九《制敕》，中华书局 2009 年版，第 1133 页。

③ 《宋史》卷四九一《党项传》。参见《续资治通鉴长编》卷五四，真宗咸平六年二月戊子条。

④ （宋）苏颂著，王同策等点校：《苏魏公文集》卷三四《外制》，中华书局 2004 年版，第 51 页。

⑤ 曾晓梅、吴明冉：《羌族石刻文献集成·集释汇考·折武恭公克行神道碑》，巴蜀书社 2016 年版，第 981 页。

卞移族

鄜延路肃戎军下蕃族。

卞移等八族共有蕃兵七百四十八人，马一百二十三匹[①]。

尹家族

河湟地区的吐蕃部族。宋大中祥符五年（1012）正月，尹家族与浪家、禄厮结家、乞平家等族抢夺出使甘州的宋使——秦州奉职杨知进与译人郭敏、伴送翟符守荣般次等[②]。

巴沟族

泾原路蕃族。

宋天圣四年（1026）正月，巴沟族首领逋讹等六门帐子七百余处被宋泾原路走马承受公事、入内供奉官王从德与知镇戎军王仲宝、本路都监李道、史能焚烧，同时，七十九级被斩首，牛羊马驴器甲数以千计被掠[③]。

灭藏族

泾原、环庆等地蕃族，又作灭臧、密藏、密桑。

与明珠、康奴并为泾、环、原间三大强族，约有族帐数万。三族常与夏

---

① 《宋史》卷一九一《兵五》。
② 《宋会要辑稿》蕃夷四之七。
③ 《续资治通鉴长编》卷一〇四，仁宗天圣四年正月己亥条。

互为声援，恃险难制①。初宋廷屡招不至，且将宋廷所赐物色转送西夏，作为归投西夏的质验②。逢有夏兵入宋，常出人马相助。范仲淹在三族之北的宋夏相接处修筑靖安、绥宁二寨，佛空平、耳朵城二堡寨。三族于是不敢再作过，始渐为宋御藩篱③。宋庆历四年，即夏天授礼法延祚七年（1044）宋筑细腰城，灭藏等族来自夏的援助之路被绝，不得已听宋点集④。宋治平元年，即夏拱化二年（1064）十二月，宋令环原地区加意安抚三族并观测蕃情，有事先行处理，勿使受西夏诱胁而叛宋归夏。宋治平四年，即夏拱化五年（1067）九月，李若愚招到一千三百余人，后又派知原州高遵裕与种旨进一步招纳。

东苤族

鄜延蕃族。

景宗元昊立国前夕，暗中以金银冠装饰的骑甲赠予东苤、金明、万刘等族，东苤等族遂以数万胜兵归顺元昊⑤。

归娘族

又称珪年族，延州党项，散居宋保安军顺宁德北五里，距平夏六十里地

---

① 《续资治通鉴长编》卷一三五，仁宗庆历二年正月壬戌条记"又环州定边寨、镇戎军乾兴寨相望八十余里，二寨之间有葫芦泉，今属贼界，为义渠、朝那二郡之交，其南有明珠、灭藏之族，若进兵据葫芦泉为军壁，北断贼路，则二族自安，宜无异志"。《续资治通鉴长编》卷一三二，仁宗庆历元年六月己亥条记"原州界明珠、灭藏等族，其迹多向背，朝廷虽令招抚，其应命者皆非首领，其所赐物色旋送贼界，以作归投质验，每贼至，常出人马为助"。《续资治通鉴长编》卷一二六，仁宗康定元年三月庚申条记"泾原康奴、灭藏、大虫数族，久居内地，常有翻覆之情，傥不剪除，恐终为患"。按："灭藏"即"灭藏"；《续资治通鉴长编》卷一五三，仁宗庆历四年十二月乙卯条记"环、原之间，属羌有明珠、密藏、康奴三族最大，素号强梗"。《涑水记闻》卷九三"环、原之间，属羌敏珠、密藏、康诺三族最大，素号横猾"。《文恭集》卷三六《宋故宣徽北院使……上柱国……赠太尉文肃郑公戬墓志铭》"公复谓环庆、泾原二路相去道里回远，缓急首尾势不相救。又敏珠、弥藏、康努三族隔阂其间，首鼠援贼"。按："密藏""密藏""弥藏"即"灭藏"。
② 《续资治通鉴长编》卷一三二，仁宗庆历元年六月己亥条。
③ 《续资治通鉴长编》卷一三八，仁宗庆历二年十月戊辰条。
④ 《续资治通鉴长编》卷一三九，仁宗庆历三年正月丙子条。
⑤ 《宋史》卷三二三《赵振传》。参见《续资治通鉴长编》卷一二六，仁宗康定元年二月癸丑条。

的延州地区，保安军北木杨谷有地名归娘岭①。宋朝熟户，接受宋朝官职，替宋守边，抗击西夏。

夏天授礼法延祚元年，即宋宝元元年（1038）九月，西夏嵬名山遇俤屈讹相公、从父弟吃也相公等将麾下一十五骑，被甲执兵抵归娘族指挥使嚷罗家说欲归命宋朝②。同年十二月，元昊遣贺永年将请宋册南面之君的上表、宋削夺元昊官爵、定难节度使之职、禁宋夏互市的敕文以及招募擒杀元昊之人的榜文全部装在神明匣内，留于归娘族边境后离去③。夏天授礼法延祚五年，即庆历二年（1042）五月，庞籍使归娘族军主阿讹入西界伺事④。同年六月，宋廷诏补阿讹为副都军主，以奖其御夏之功⑤。

田氏家流族

鄜延蕃部。

哲宋元符元年，即夏永安元年（1098），田氏家流族被宋统制官刘安袭击，千六百四十九级被斩首⑥。

白马族

环州蕃族，又作"巴特玛"，盛产良马。

宋咸平元年（998），宋廷于白马族设招马处⑦。宋咸平四年（1001），宋廷授白马族首领埋香为安化郎将⑧。宋咸平六年（1003）四月，李继迁攻宋洪德

---

① 《续资治通鉴长编》卷一三八，神宗元丰四年十月庚辰条。
② （宋）司马光：《涑水记闻》卷一二，中华书局1997年版，第220—221页。
③ 《宋史》卷四八五有"遣贺永年赍嫚书纳旌节及所授敕告置神明匣留归娘族而去"。《续资治通鉴长编》卷一二五，仁宗宝元二年十二年壬子条记"是月元昊复遣贺九言赍嫚书纳旌节及以所授敕告并所得敕牓置神明匣留归娘族"。按：贺永年即贺九年。
④ 《续资治通鉴长编》卷一三六，仁宗庆历二年五月癸亥条。
⑤ 《续资治通鉴长编》卷一三七，仁宗庆历二年六月壬辰条。
⑥ 《续资治通鉴长编》卷五〇三，哲宗元符元年十月己卯条。
⑦ 《续资治通鉴长编》卷四三，真宗咸平元年十一月戊辰条。参见《宋史》卷一九八《兵志》。
⑧ 《宋史》卷四九一《党项传》。参见《续资治通鉴长编》卷四九，真宗咸平四年七月己亥条。

寨，白马族首领庆香与乩鲦庆等族合势抗击，洪德寨驻兵策援，大败李继迁。为嘉庆香等功绩，宋廷授庆香顺州刺史，乩鲦庆罗州刺史[①]。同时，将部分部族迁徙至宁州界[②]。宋乾兴元年（1022），白马族三百余户相继叛宋归夏，时任顺州刺史本族都首领庆香与其下蕃部十八人谎称部族叛宋为西贼寇边所致。后经招还，仍有百余户在夏界。宋廷担心宋夏两界部族暗中联合，再引边患，将庆香及诸族首领特行处理，白马族人马交由肃宁寨界上威尼族巡检、叙州刺史敏珠尔管辖[③]。

外浪族

府州党项族。

宋太平兴国六年（981），外浪族首领来都入宋贡马[④]。宋大中祥符七年（1014）六月，首领杜庆光等率部归宋，宋廷授职名后，返回唐龙镇[⑤]。

母家族

阶州蕃部，宋熙宁二年（1069），母家族叛宋，被知阶州刘昌祚击破[⑥]。

成王族

镇戎军蕃族，一度离宋归夏。

景德元年（1004），与茹罗、兀赃及鲦移军主回归宋朝，并献马赎罪。宋廷下诏赦免，偿还马价[⑦]。

---

① 《宋史》卷四九一《党项传》。
② 《续资治通鉴长编》卷五四，真宗咸平六年五月丙申条记"环州白马族与李继迁拒斗，族帐屡徙，乏食。丙午，诏以禾粟赐之。又徙洪德寨内属蕃部于宁州界"。
③ 《续资治通鉴长编》卷九九，真宗乾兴元年八月辛酉条。
④ 《宋史》卷四九一《党项传》。
⑤ 《续资治通鉴长编》卷八二，真宗大中祥符七年六月壬戌条。
⑥ 《宋史》卷三四九《刘昌祚传》。
⑦ 《续资治通鉴长编》卷五七，真宗景德元年八月丁亥条。参见《宋史》卷四九一《党项传》，卷四九二《吐蕃传》。

炭拖族

环州募窟泉蕃部。

连年入寇宋界，宋淳化四年（993），周仁美与思恭讨伐炭拖族，斩八十余首级[①]。

合苏族

秦州永宁寨蕃部。

宋景德元年（1004）八月，李继迁蕃部入寇永宁寨，合苏族与药令族共同抗击，斩其首级百余[②]。

名市族

环州党项蕃部，又作密什克。

盛产名马。宋咸平元年（998），宋廷于名市族设招马处[③]。

羊族

邻近环州蕃族。

羊、牛、苏家等族负险恃远，与李继迁互为声援，宋廷多次遣使招谕。后屡与李继迁作战，宋咸平六年（1006）二月，环庆都部署张凝上言，请为立功首领赐茶彩，宋真宗下诏令厚赐首领以示奖励[④]。

羊嗰族

宋镇戎军乾兴砦北蕃族。

① 《宋史》卷二七九《周仁美传》。
② 《续资治通鉴长编》卷五七，真宗景德元年八月乙亥条。
③ 《续资治通鉴长编》卷四三，真宗咸平元年十一月戊辰条。参见《宋史》卷一九八《兵志》。
④ 《宋史》卷四九一《党项传》。参见《续资治通鉴长编》卷五四，真宗咸平六年二月戊子条。

居地正处于西夏及西部诸族入宋要冲，为控扼要地，夏天授礼法延祚四年至十一年，即宋庆历年间（1041—1048），宋廷在其西南原州修筑靖安寨①。

安家族

秦州蕃部。

宋太平兴国二年（977），安家族入寇长山寨，被巡检使韦韬击走②。

如罗族

丰州蕃部，又作加罗。

宋咸平六年（1003）六月，如罗族与瓦窑、没剂、昧克等族渡河击败继迁，宋真宗下诏褒奖抚问③。

折平族

仪、环、原州之间蕃部。

宋淳化五年（994），大首领督延巴牟六谷诸族马千余匹入贡宋廷，返程途中遭遇仪州八族首领逋波侵夺，后挝登闻鼓，太宗降敕书告谕。宋至道二年（996）四月，折平族首领握散上言，部落屡受李继迁侵扰，愿会兵灵州共同讨击，太宗赐币以答之④。宋景德三年（1006），首领撒逋渴率数千帐叛宋，寇原州柳泉镇、环州鹁鸽泉砦，宋梧州刺史杜澄、内殿崇班赵世隆战殁。为

---

① 《武经总要·前集》卷一八之二十页上。
② 《续资治通鉴长编》卷一八，太宗太平兴国二年三月庚寅条。
③ 《宋史》卷七《真宗纪》有"丰州瓦窑没剂、如罗、昧克等族以兵济河击继迁"。《续资治通鉴长编》卷五五，真宗咸平六年六月丁卯条记"丰州瓦窑、没剂、加罗、昧克等族济河，击败李继迁，辛未，赐诏奖之"。参见《宋史》卷四九一《党项传》。
④ 《宋史》卷四九二《吐蕃传》。

羁縻部族，宋廷仍以折平族首领撒逋渴为顺州刺史，充本族都军主[①]。

苏尾族

鄜延路党项蕃族，又作索干族。

其下又有九族，世代替宋御边，首领以"李"为姓。宋景德元年（1004）二月，宋廷招谕首领李文信能率部归顺者，则授予团练使，赐银万两、绢万匹、钱五万缗、茶五千斤[②]。宋庆历二年，即夏天授礼法延祚五年（1042），宋鄜延路部署司上言，苏尾族御夏有功。都虞候拓德遇、李文信因而被授副军主[③]。宋庆历五年，即夏天授礼法延祚八年（1045）闰五月，鄜延路经略司上表为殿侍苏尾九族巡检、右班殿直李延遇子德明请补，宋廷依请授补。李德明后历任遥郡团练使、皇城使、赠太师秦国公。妻野氏，赠楚国夫人。德明子李中言皇城使、赠太师魏国公，李中言妻折氏，赠韩国夫人。孙李永奇，任同州观察使，充鄜延路马步军副都总管、知鄜延军州事，兼管内安抚使，赠太师陈国公，永奇妻蒙氏，赠越国夫人。曾孙李世辅，"太上皇帝"改赐李显忠，南宋抗金名将[④]。

苏家族

环庆蕃族。

苏家族与牛、羊等族负险恃远，初与李继迁互为声援，屡扰宋境，宋廷多次遣使招谕不至。后与李继迁反目，替宋抗夏。宋咸平四年（1001），宋廷授苏家族首领屈尾为安化郎将[⑤]。宋咸平六年（1003）二月，因环庆都部署张

---

① 《续资治通鉴长编》卷六三，真宗景德三年五月戊辰条，第1404页。按：撒逋渴充本族都军主原文没时间，暂推测。

② 《续资治通鉴长编》卷五六，真宗景德元年正月壬子条条。

③ 《续资治通鉴长编》卷一三七，仁宗庆历二年六月壬辰条。

④ 《宋史》卷三六九《李显忠传》。

⑤ 《续资治通鉴长编》卷四九，真宗咸平四年七月己亥条。

凝所请，宋真宗下诏为立功首领赐茶彩，以示奖励。同年三月，宋廷授苏家族首领苏尚娘为临州刺史，以奖其屡击李继迁及报西界军情之功。八月，苏尚娘死，宋廷诏其子孽娘袭任临州刺史[1]。苏家族巡检、三班奉职实吉在细腰城抗击西夏过程中屡立战功，后又捕获西夏团练使鄂特结，宋庆历五年，即夏天授礼法延祚八年（1045）四月，为嘉奖其功，宋授实吉左班殿直[2]。

杜庆族

麟府路蕃族，又作社庆族。

地近唐龙镇，常借唐龙镇蕃族之势力侵扰邻族。宋大中祥符二年（1009）六月，宋麟府路上言，请以熟户兵攻击杜庆族，宋廷下令当以道招抚[3]。

杨家族

宋环庆路蕃部。

宋淳化四年（993），宋陕西转运使郑文宝献言，禁青白盐贸易以制西夏，引起沿边蕃部骚乱，沿边蕃族四十四首领会盟于杨家族，引兵马三千余人入寇环州石昌镇，被宋知环州程德玄等击走[4]。

来离族

会州蕃族。

宋建隆二年（961），来离等八族酋长越嵬护送灵武五部蕃族入宋贡橐驼

---

[1] 《宋史》卷四九一《党项传》，参见《宋会要辑稿》兵二七之三一。
[2] 《续资治通鉴长编》卷一五五，仁宗庆历五年四月壬辰条。
[3] 《宋史》卷四九一《党项传》记"麟府钤辖言杜庆族依援唐龙镇，数侵别帐，请发熟户兵击之"。《宋史》卷七《真宗纪》记"麟府言社庆族依唐龙镇为援，数扰别部，请出兵袭之"。《续资治通鉴长编》卷七一，真宗大中祥符二年六月戊戌条记"麟府钤辖言：'都克沁族依唐龙镇为援，多扰别部，欲令府州出骑兵袭之'"。彭向前《党项西夏专名汇考》（甘肃文化出版社2017年版）考，清人之"都克沁族"当依"杜庆族"改译，"社庆"当写作"杜庆族"。汤开建《契丹境内党项部落的分布》（《宁夏社会科学》1990年第2期）考为"杜庆族"当属辽宁边州。
[4] 《宋史》卷四九一《党项传》。参见《统类》卷二《太祖太宗经制西夏》。

良马，宋敕书奖谕。宋淳化二年（991）十一月，李继迁寇会州熟仓族，来离诸族随宋刺史咩噞击退李继迁①。

岑移族

环庆路蕃族。

宋咸平六年（1003）三月，岑移等自新开路至八州原下寨的三十三族被宋环庆路部署张凝之招降②。

没剂族

丰州蕃部。

宋咸平六年（1003）六月，没剂族与瓦窑、如罗、昧克等族渡河击败继迁，宋真宗下诏褒奖抚问③。

张王族

府州安丰寨蕃族。

因其部族替宋守边，功绩显赫，张王族右武大夫之名被附于《折武恭公克行神道碑》碑文中，以激励将来④。

阿尔族

麟州蕃部。宋哲宗元祐六年，即夏天祐民安二年（1091），高永能任阿尔

---

①《宋史》卷四九二《吐蕃传》。

②《宋史》卷四九一《党项传》。参见《续资治通鉴长编》卷五四，真宗咸平六年三月乙卯条。

③《宋史》卷七《真宗纪》，第122页。参见《宋史》卷四九一《党项传》、《续资治通鉴长编》卷五五，真宗咸平六年六月丁卯条。

④ 曾晓梅、吴明冉：《羌族石刻文献集成·集释汇考·折武恭公克行神道碑》，巴蜀书社2016年版，第980页。

族都巡检使①。

幸叶移族

庆州蕃族，又作星叶族。

首领安顺为宋蕃官，宋庆历五年，即夏天授礼法延祚八年（1045）二月，其子屈父多为三班奉职、本族巡检②。

拨藏族

平凉蕃族。

屡次违背宋廷王命，宋景德元年（1004）二月，被宋泾原路兵马都钤辖兼知渭州曹玮领兵灭族，陇山诸族见状纷纷献地归宋③。

直荡族

原居府州北四百八十里，辽东胜州。

宋开宝元年（968），直荡族首领啜佶引北汉兵进攻宋府州，被守军挫败，宋廷随后诏令勒浪族十六府大首领屈遇与名波十二府首领罗崖领兵诛杀啜佶，啜佶惧怕，遂率族归顺宋廷，啜佶被授检校司徒、怀化将军。宋淳化四年（993）三月，直荡族大首领鬼啜尾与子河汊大首领马一等一起入贡宋廷，

---

① 《续资治通鉴长编》卷四五七，哲宗元祐六年四月辛亥条记"河东路蕃官如京副使高永年特迁一官为庄宅副使，充麟州阿尔族都巡检，仍赐庄宅讫，更赐钱五十贯"。按：阿尔族，四库底本作俄儿族，旁墨改为阿尔；汤开建《五代辽宋时期党项部落的分布》(《西北民族研究》1993 年第 1 期）考，"阿尔"为四库馆臣之改译，宋本写法当为"讹二"，与西夏文䝼𪓵对应。

② 《续资治通鉴长编》卷一五四，仁宗庆历五年二月乙巳条记"补庆州星叶族蕃官安顺子吹博迪为三班奉职、本族巡检"。按：星叶，四库底本作"幸移"，吹博迪，四库底本作"屈父多"。标点本回改未尽。

③ 《宋史》卷八《真宗纪》记"庚申，泾原钤辖曹玮言发兵讨原州界拨藏族违命者，捕获其众"。《宋史》卷二五八《曹玮传》记"分兵灭拨藏于平凉，于是陇山诸族皆来献地"。《全宋文》卷四三二记"五原外界有巴勒藏族，屡违王命，公因按塞夜袭之，歼其众，厥后属国羌无敢叛者记"，卷四三三记"又袭叛姓巴勒藏于平凉，剪其巢窟"。按："拨藏族"即"巴勒藏"，"原州"抑或"平凉"待考。

诏鬼啜尾叔罗买为本族都监，鬼啜尾下首领十人皆赐锦袍、银带、器币。宋咸平元年（998），宋廷下诏府州，令鬼啜尾在金家堡置渡口，允诸族互市①。

茄罗族

镇戎军蕃族，一度离宋归夏。

宋景德元年（1004），茄罗族与成王、兀贼及教移军主回归宋朝，并献马赎罪。宋廷下诏赦免，并偿还马价②。

旺家族

环州蕃族，又作旺扎勒族。

宋景德二年（1005），旺家族击败入寇环州之西夏兵，擒获其一名军主，献予宋朝③。由于地处宋夏沿边，常有部族被掠至夏州，宋大中祥符六年（1013）九月，被掠去的首领都子等重返宋朝归顺，宋廷遣使抚慰④。后有首领罗阿被补康州刺史，宋天圣五年（1027）七月，以罗讹子苏都为新州刺史，本族巡检⑤。

明珠族

与灭藏、康奴并为泾、环、原间三大强族，又做敏珠、敏珠尔。

---

① 《宋史》卷四九一《党项传》。参见《续资治通鉴长编》卷四，太祖开宝四年十二月乙丑条、《宋会要辑稿》食货三七之二。
② 《续资治通鉴长编》卷五七，真宗景德元年八月丁亥条。参见《宋史》卷四九一《党项传》，卷四九二《吐蕃传》。
③ 《宋史》卷四九一《党项传》。
④ 《宋史》卷四九一《党项传》。参见《续资治通鉴长编》卷五九，真宗景德二年二月庚子条。《续资治通鉴长编》卷八一，真宗大中祥符六年九月庚子条。
⑤ 《续资治通鉴长编》卷一〇五，仁宗天圣五年七月乙巳条。

约有族帐数万，恃险自居，宋廷屡招不至，与西夏多有贸易往来[①]。庆历年间，逢有西夏兵入宋，常为先锋向导，共同攻掠宋朝。为割断三族与西夏联系，范仲淹在三族之北与西夏相接处先后修筑靖安、绥宁、佛空平、耳朵城等堡寨。此后，明珠三族不敢再作过，渐为宋御藩篱[②]。宋治平四年，即夏拱化五年（1067）九月，李若愚招到明珠等族1300余人，后又派知原州高遵裕与种旨进一步招纳。

罗勒族

延州大里河以南蕃族，又作啰勒族。

宋大中祥符六年（1013），延州大里河以北蕃族尅山南渡大里河，侵扰宋朝熟户，罗勒族首领都啰率族人将其击退[③]。事后，鄜延部署曹利用，请授都啰为本族指挥使，宋廷依请之[④]。

金汤族

环州永和寨南蕃族。

---

① 《续资治通鉴长编》卷一三五，仁宗庆历二年正月壬戌条"又环州定边寨、镇戎军乾兴寨相望八十余里，二寨之间有葫芦泉，今属贼界，为义渠、朝那二郡之交，其南有明珠、灭藏之族，若进兵据葫芦泉为军壁，北断贼路，则二族自安，宜无异志"。《续资治通鉴长编》卷一三二，仁宗庆历元年六月己亥条"原州界明珠、灭藏等族，其迹多向背，朝廷虽令招抚，其应命者皆非首领，其所赐物色旋送贼所，以作归投质验，每贼至，常出人马为助"。《续资治通鉴长编》卷一二六，仁宗康定元年三月庚申条"泾原康奴、灭藏、大虫数族，久居内地，常有翻覆之情，傥不剪除，恐终为患"。按："灭藏"即"灭藏"；《续资治通鉴长编》卷一五三，仁宗庆历四年十二月乙卯条"环、原之间，属羌有明珠、密藏、康奴三族最大，素号强梗"。《涑水记闻》卷九"环、原之间，属羌敏珠、密藏、康诺三族最大，素号横猾"。《文恭集》卷三六《宋故宣徽北院使……上柱国……赠太尉文肃郑公戬墓志铭》"公复谓环庆、泾原二路相去道里回远，缓急首尾势不相救。又敏珠、弥藏、康努三族隔阂其间，首鼠援贼"。按："密藏""密藏""弥藏"即"灭藏"。
② 《续资治通鉴长编》卷一三八，仁宗庆历二年十月戊辰条。
③ 《宋史》卷四九一《党项传》。亦见于《续资治通鉴长编》卷八一，真宗大中祥符六年七月乙未条。按：罗勒，四库底本原作"啰勒"，影印本作"罗奎"，标点本回改有误。另，军主"都啰"，四库底本如是作，旁墨改为"多拉"。
④ 《宋史》卷四九一《党项传》。参见《续资治通鉴长编》卷五九，真宗景德二年二月庚子条。《续资治通鉴长编》卷八一，真宗大中祥符六年九月丙申条。

金汤族首领李钦彪悍难制，待赵振至环州，诱之以利，各部族互相攻击，十余堡寨被破。宋天圣二年（1024）李钦等主动至赵振处归服。赵振置酒宴请，宴席间赵振与李钦等百步射击，李钦等百不中一，赵振每发必中，李钦等遂誓言不再犯宋[①]。

金明族

居延州金明，鄜延蕃部。

首领李士彬为金明都巡检使，所部十八寨，有兵近十万人。景宗元昊立国前夕，暗中以金银冠装饰的骑甲赠予东茭、金明、万刘等族，东茭等族遂以数万胜兵归顺元昊[②]。李士彬曾祖计都、祖孝顺、父继周世掌金明族帐[③]。

孤咩族

宋麟府路蕃族，又作郭莽族。

宋景德四年（1007），府州芦子塞孤咩族人马遭唐龙镇蕃族掠夺，府州上报宋廷，宋廷召转运司处理[④]。后有府州河滨斥侯堡孤咩族皇城使、象州刺史、本族巡检名予，皇城使、本族巡检寨山，内殿承制、本族巡检啜儿，内殿崇班、本族巡检乜娘之名被附于《折武恭公克行神道碑》碑文中，以激励将来[⑤]。

细乜族

麟府路蕃族。

---

① 《宋史》卷三二三《赵振传》。

② 《宋史》卷三二三《赵振传》。参见《续资治通鉴长编》卷一二六，仁宗康定元年二月癸丑条。

③ 《宋史》卷二五三《李继周传》。

④ 《续资治通鉴长编》卷六七，真宗景德四年十一月甲戌条记"府州又言唐龙镇略夺芦子塞郭莽族人马，诏转运司理还之"。按：郭莽族，四库底本原作"孤咩族"，旁墨改为"郭莽族"。

⑤ 曾晓梅、吴明冉：《羌族文献石刻集成·集释汇考·折武恭公克行神道碑》，巴蜀书社2016年版，第981页。

宋至道二年（996），宋廷在李继隆出讨李继迁之际，赐细乜族大首领庆元敕书招怀①。

拽藏族

宋鄜延路卢关附近蕃族。

因居地边远，长年不归顺宋廷，宋太平兴国三年（978），宋廷欲修卢关寨等，派蕃官李继周率部袭击拽藏族，焚烧族帐，斩首俘虏众多族人②。

茗乜族

宋府州蕃族，又作茗也族。

宋雍熙二年（985）六月，宋廷将内附蕃族女乜族首领来母崖之子社正等安置于茗乜族中③。

荄村族

鄜延路永平寨蕃族，又作芨村、裕勒沁、乐茄，鄜延有地名荄村。

有绥州熟户首领李继福与金明李继周一同入宋称臣，被授永平砦荄村军主④。

宋咸平二年（999）十月，李继福被补为归德将军⑤。咸平五年（1002）二月，李继福又领顺州刺史⑥。宋景德元年（1004），西夏围困麟州，荄村首领李继福会同金明李继周会兵出击⑦。宋大中祥符元年（1008）正月，宋廷又诏补

---

① 《宋史》卷四九一《党项传》。
② 《宋史》卷二五三《李继周传》。
③ 《宋史》卷四九一《党项传》"又府州女乜族首领来母崖男社正等内附，因迁居茗乜族中"。此事件还见于《宋会要辑稿》方域二一之一、二、八，其中"茗乜"作"茗也"。
④ 《宋史》卷二五三《李继周传》记"李继福者，亦与继周同时归顺，授永平砦荄村军主"。按："芨村"即"荄村"。
⑤ 《续资治通鉴长编》卷四五，真宗咸平二年十月戊辰条记"绥州界裕勒沁族首领李继福为归德将军，充本族军主"。按:裕勒沁族，四库底本原作"乐茄"，标点本回改未尽，疑"乐茄"即"荄村"。
⑥ 《续资治通鉴长编》卷五一，真宗咸平五年四月癸巳条。
⑦ 《宋史》卷二五三《李继周传》。

李继福为内殿崇班，以嘉其管理蕃部之功①。后又以战功补供奉官、绥银等州新归明诸族巡检②。宋天圣三年（1025），茭村军主李杜儿上表呈诉，茭村巡检李嵬名崖行事违法③。宋宝元二年，即夏天授礼法延祚二年（1039），宋廷诏补内殿承制米知顺为礼宾副使、兼权茭村等族巡检④。宋庆历二年，即夏天授礼法延祚五年（1042）三月，茭村族三班殿侍折马山领兵攻破西夏新修筑的堡寨，且斩杀众多，宋廷诏补折马山为三班奉职⑤。同年，知青涧城种世衡上言，募蕃兵五千，隶折马山⑥。后苏颂上制敕茭村族军主李怀德可本族军主⑦。

胡家门族

庆州蕃族。

一向桀黠难制，屡次进犯宋朝，宋咸平五年（1002），被宋环庆路部署张凝击破⑧。

药令族

秦州永宁寨蕃部。

宋景德元年（1004）八月，李继迁蕃部入寇永宁寨，药令族与合苏族共同抗击，斩其首级百余⑨。

---

① 《续资治通鉴长编》卷六八，真宗大中祥符元年正月己卯条。
② 《宋史》卷二五三《李继福传》。
③ 《续资治通鉴长编》卷一○三，仁宗天圣三年九月辛巳条记"降知石州、洛苑使高继升为洛苑副使。先是，延州茭村族军主李都哷等诉茭村巡检李威明叶所为不法，继升非所统，辄受而行之"。按：李都哷，四库底本作"李杜儿"，"杜儿"旁墨改为"都哷"；李威明叶，四库底本作"李嵬名崖"，"嵬名崖"旁改"威明叶"。标点本回改未尽。
④ 《续资治通鉴长编》卷一二五，仁宗宝元二年十一月庚子条。
⑤ 《续资治通鉴长编》卷一三五，仁宗庆历二年三月壬戌条。
⑥ 《续资治通鉴长编》卷一三五，仁宗庆历二年三月丁卯条。《宋史》卷三二三《赵振传》中有元昊立国之前"暗中以金银冠装饰的骑甲赠予东茭、金明、万刘等族。东茭等族遂以数万胜兵归顺元昊"。汤开建《五代辽宋时期党项部落的分布》考，东茭即茭村族，茭村族在延州东路，故称东茭。
⑦ （宋）苏颂著，王同策等点校：《苏魏公文集》卷二九《外制》。
⑧ 《宋史》卷二七九《张凝传》。参见《续资治通鉴长编》卷五一，真宗咸平五年正月丁酉条。
⑨ 《续资治通鉴长编》卷五七，真宗景德元年八月乙亥条。

咩迷下杏家族

泾原路蕃部。又作咩迷卡杏家族。

宋天圣元年（1023），咩迷下杏家族都指挥使杏友信与都监屈己卧罗等三百九十八人纳质子内附，泾原路副都部署王谦上言朝廷，宋廷诏补杏友信为军主，屈己卧罗为副军主[①]。

峇峩族

庆州柔远镇蕃族。

宋咸平四年（1001），峇峩等七十余族四千户降，邠宁环庆灵州路副部署兼安抚使张凝[②]。

贱遇族

又作伽裕勒，泾原蕃部。

为保证回鹘、西凉六谷吐蕃、咩逋、贱遇、马臧、梁家诸族归宋之路畅通，宋咸平四年（1001），洛苑使李继和上言重筑镇戎军[③]。

保家族

环州党项蕃部。

境内盛产良马。宋咸平元年（998），宋廷于保家等族设招马处[④]。

---

① 《续资治通鉴长编》卷一〇一，仁宗天圣元年十二月辛巳条记"泾原路副都部署王谦言咩迷卡杏家族都指挥使杏友信、都监吹济鄂罗克等三百九十八人纳质子内附。诏补杏友信为军主，吹济鄂罗克为副军主"。咩迷卡杏家族，底本作"咩迷下杏家族"，"咩迷"旁墨改为"密克默特"，标点本回改有误。另，吹济鄂罗克，底本作"屈己卧罗"，旁墨改为"吹济鄂罗克"，标点本回改不尽。

② 《宋史》卷二七九《张凝传》。

③ 《宋史》卷二五七《李继和传》。

④ 《续资治通鉴长编》卷四三，真宗咸平元年十一月戊辰条。参见《宋史》卷一九八《兵志》。

鬼留族

秦州蕃部，又作珪律。

累年违命，宋天禧元年（1017）十一月，曹玮率部讨平[1]。

鬼魁族

鄜延路陇安砦蕃族。

陇安砦鬼魁等九族，有蕃兵五百九十九、马一百二十九[2]。

洛才族

麟府州蕃族，又作路才族。

宋至道二年（996），宋廷在李继隆出讨李继迁之际，赐洛才族大首领罗保敕书招怀[3]。

神木马儿族

环庆白豹城蕃族。

神木马儿族与金汤族首领李钦部、高罗跛臧剽悍难制，待赵振至环州，诱之以利，各部族互相攻击，十余堡寨被破。宋天圣二年（1024），神木马儿族首领随李钦等至赵振处归服。赵振置酒宴请，宴席间赵振与李钦等百步射击，李钦等百不中一，赵振每发必中，三族等遂誓言不再犯宋[4]。

---

① 《续资治通鉴长编》卷九〇，真宗天禧元年十一月辛丑条记"曹玮言秦州鬼留家族累岁违命，玮率所部及寨户、蕃兵讨平之，有诏褒奖"。按，鬼留，四库存底本如是作，旁墨改为"珪律"。参见《宋史》卷八《真宗纪》，卷四九二《吐蕃传》。

② 《宋史》卷一九一《兵五》。

③ 《宋会要辑稿》方域二一之一、三、八记"七月，李继隆出讨继迁，赐……洛才族大首领罗保……凡十族敕书招怀之"。《宋史》卷四九一《党项传》"七月，李继隆出讨继迁，赐……路才族大首领罗保……凡十族敕书招怀之"。按："路才族"即"洛才族"。

④ 《宋史》卷三二三《赵振传》。

结当族

麟州神木寨蕃族。

宋廷新筑葭芦川时，结当族巡检楚默在葭芦故城与新寨之间抗西夏以护筑城，亲自斩首六人。太原府路钤辖、专管勾麟府路军马张世矩为其上表请功，宋廷诏楚默"迁五资，余一级并加赐"，且支赐绢四十匹[①]。

党留族

散居宋环庆路德顺军水洛城以北及泾原路一带。

景宗元昊寇边时，水洛城一带"党留麻毡部落气类附虏为虐"[②]。宋宝元二年，即夏天授礼法延祚二年（1039），党留族叛乱，被宋泾原都监王文击破，二百余首被斩。宋庆历元年，即夏天授礼法延祚四年（1041），泾原路党留族又与麻毡族百余族帐暴乱，被宋将赵珣在木宁附近击破，数千人被俘[③]。宋庆历三年，即夏天授礼法延祚六年（1043），宋将刘沪派右侍禁瓦亭寨监押权静边寨主击破党留等族，斩一骁将，获牛马、橐驼万计[④]。

狸家族

德顺军蕃族。

宋景德元年（1004）正月，狸家与王家、延家三部族归宋，真宗下诏授

_____

① 《续资治通鉴长编》卷三二九，神宗元丰五年九月壬辰条。
② 《全宋文》卷五八一《尹洙》记"贼昊前寇山外，独党留、麻毡部落气类附虏为虐，不闻水洛种族"。
③ 《宋史》卷三二三《赵振传》记"麻毡党留百余帐处近塞为暴，珣白府，引兵二万，自静边历搂吴抵木宁袭贼，俘获数千计"。《续资治通鉴长编》卷一三二，仁宗庆历元年五月戊午条"麻毡、党留百余帐处近塞为暴，珣白府，引兵二万，自静边贵乌抵默宁袭贼，俘获数千计"。
④ （宋）彭百川《太平治迹统类》卷一〇："沪先以右侍禁瓦亭塞监押权静边寨主击破党留等族斩一骁将获牛马橐驼万计。"清文渊阁四库本，第24页。《续资治通鉴长编》卷一·四四，仁宗庆历三年十月甲子条"刘沪先以右侍禁、瓦亭寨监押、权静边寨主击破党留等族，斩一骁将，获马牛橐驼万计"。

三族首领官职[①]。

高罗跋藏族

环庆蕃族。

与金汤族首领李钦部、神木马儿三族剽悍难制，待赵振至环州，诱之以利，各部族互相攻击，十余堡寨被破。宋天圣二年（1024），高罗跋藏随李钦等至赵振处归服。赵振置酒宴请，宴席间赵振与李钦等百步射击，李钦等百不中一，赵振每发必中，三族等遂誓言不再犯宋[②]。

郭家族

环州蕃族，居宋环州拔砦东十五里一带。

浪王族

府州宁川寨蕃族[③]。

浪家族

河湟地区的吐蕃部族。

宋大中祥符五年（1012）正月，与禄厮结家、乞平家、尹家等族抢夺宋朝出使甘州的使臣——秦州奉职杨知进与译人郭敏、伴送翟符守荣般次等[④]。

---

① 《续资治通鉴长编》卷五六，真宗景德元年正月辛卯条。
② 《宋史》卷三二三《赵振传》。
③ 汤开建：《五代辽宋时期党项部落的分布》（《西北民族研究》1993 年第 1 期）指出，《宋折国公碑阴字迹》中"宁川寨浪王族"，其中浪王即浪黄。此处暂作两族。
④ 《宋会要辑稿》蕃夷四之七。

悖家族

延州蕃族。

宋庆历二年，即夏天授礼法延祚五年（1042）六月，鄜延部署司上言，悖家族抗击西夏有功，为表彰功绩，宋廷授悖家族都虞候迥讹为副军主[1]。

勒厥麻族

宋麟州蕃族。

宋咸平初，叛离宋廷，与李继迁结党。宋咸平五年（1002），李继迁攻破麟州浊轮寨，勒厥麻等三族担心被杀戮，率族帐千五百余越河归服宋朝。宋真宗将其分散安置于边境。由于地近边界，与李继迁部往来频繁，为防止回叛李继迁，宋又将其族人迁徙至宪州楼县，并遣使臣赐金帛抚慰。宋咸平六年（1003），勒厥麻等三族上言，愿出精兵三千人、马三百以备征讨。宋廷诏令岚州抚谕[2]。

黄女族

府州蕃族。

宋咸平二年（999）八月，黄女族叛宋，首领蒙异保与原府州叛去熟户啜讹等引导李继迁部进攻宋麟州万户谷，兵至松花寨，遭遇知府州折惟昌与同巡检使海超、供奉官折惟信抗击[3]。

黄族

鄜延路金明县蕃族。

---

① 《续资治通鉴长编》卷一三七，仁宗庆历二年六月壬辰条。按：迥讹，四库底本作"廻讹"，标点本回改有误。

② 《宋史》卷四九一《党项传》。参见《宋会要辑稿》职官四一之八一。

③ 《宋史》卷二五三《折御卿传》。参见《续资治通鉴长编》卷四五，真宗咸平二年九月丁未条。

先有族帐被元昊掠至西夏界，宋庆历六年，即夏天授礼法延祚九年（1046），首领黄移都等四十九人自夏归宋，要求回本族居住，并与族人各自集结，誓言共同抗夏，战死汉境。因夏宋庆历年间曾有约定，双方返还已掠得的对方人口，元昊屡次派人要求宋廷按约定遣还黄移都等人。鄜延路经略司以为黄移都等人归投在约定之前，不必遵此约定，应依其所请予以安置，宋廷应允①。

野儿和尚族

秦州地区大族，宋景德三年（1006），入宋归附，九月知秦州杨州上表为之请加旌，宋廷诏补三寨都首领②。

野鸡族

庆州北十五里一带蕃族。

野鸡族其下族属众多，以"门"相称。其地多产羊马，与周边诸族贸易不断。又因居地险要，恃险难制。环庆灵州清远军部署田绍斌召其酋帅三人，断臂、馘、劓后放还，部族畏惧而不复寇掠③。

野鸡族自唐末五代以来就一直居于庆州一带。后周（951—960）时，庆州刺史敦彦钦擅自加收榷钱以获财物，致野鸡民怨沸腾。后周广顺三年（953）正月，郭彦钦奏告朝廷，野鸡族掠夺纲商，请发兵诛杀。太祖诏谕，野鸡族能改过者，拜官赐金，不然则发兵讨伐。野鸡族第七门族首领李万全及树骨等族应诏入周，受敕书，领袍带，发誓词盟约，同年闰正月，野鸡族共二十一族内附。其余则苦于郭彦钦恶政，不愿听命。二月，乃命宋州张建武会同环州皇甫领兵讨伐。张建武急于立功，未了解情况，直趋野鸡族，追杀

---

① 《续资治通鉴长编》卷一五七，仁宗庆历五年十二月甲戌条。
② 《续资治通鉴长编》卷六四，真宗景德三年九月丁卯条。参见《宋史》卷四九一《党项传》。
③ 《宋史》卷二八〇《田绍斌传》。

数百人。野鸡族被击破后，喜玉、折四、杀牛族纷纷以牛羊敬犒官军。官军反而劫掠三族牛羊孳畜，三族共诱张建武军至包山险地攻之，逼迫官兵投崖坠涧、死伤甚众[1]。

野家族

延州蕃部[2]。

累年替宋捍边，宋大中祥符七年（1014），召补野家族蕃部指挥使乱唛为三班借职，充七襄平、押青化至金明一带巡检[3]。有族人女子野氏，嫁苏尾九族首领李德明，宋赠楚国夫人[4]。

野溪族

庆州蕃族。

野溪等族恃险难制，宋景德元年（1004），宋庆州知州阎日新上言，开古川道，东至乐业镇，西出府城，以遏野溪等族[5]。

啜娘族

府州北四百八十里蕃族[6]。

---

① 《新五代史》卷七四《党项传》。参见《旧五代史》卷一一二《太祖纪》，卷一一三《太祖纪》，按：折四，原文作"折思"。汤开建《五代辽宋时期党项部落的分布》（《西北民族研究》1993年第1期）考"折思"即"折四"。

② 《续资治通鉴长编》卷一三四，仁宗庆历二年四月戊子条记"贼复掠土埚寨美逆击于野家店追北至托拔谷败其众"。汤开建《五代辽宋时期党项部落的分布》以为此"野家店"与"野鸡族"有关。

③ 《续资治通鉴长编》卷八二，真宗大中祥符七年三月壬子条。按，乱唛，四库底本如是作，旁墨改为"伽凌"，标点本作"伽凌"，回改未尽。押青化，四库底本如是作，旁墨改为"雅克青哈"，标点本作"雅克青哈"，回改未尽。

④ （宋）欧阳修：《文忠集》卷九八，文渊阁四库全书影印本。

⑤ 《宋史》卷三〇九《阎日新传》。

⑥ 《太平寰宇记》卷三八《关西道》十四。

麻毡族

泾原蕃部。宋庆历元年,即夏天授礼法延祚四年(1041),麻毡族与当留族百余族帐暴乱,被宋将赵珣在木宁附近击破,数千人被俘[1]。

康奴族

泾、原、环间大族,又作康努、康努卜、唐奴。

族帐与灭藏、明珠近。三族恃险聚众,约有族帐数万。初宋廷屡招不至,且将宋廷所赐物色转送西夏,作为归投西夏的质验[2]。逢有夏兵入宋,常出人马相助。宋夏灵州争夺战时,康奴屡次劫掠宋廷援送灵州之军粮[3]。宋景德元年(1004),邠宁、泾原路钤辖兼安抚都监,率部招抚诸戎落酋帅,谕以恩信,康奴族拒不受命,秦翰与陈兴、许均等深入袭击,斩首数千,焚庐帐,获牛马甚众。宋天圣四年(1026),原州界康奴族被宋镇戎军王仲宝、泾原路都监李道、史能等攻破。宋庆历二年,即夏天授礼法延祚五年(1042),宋北作坊使兼本路钤辖蒋偕攻破康奴族,斩四首余人,擒酋豪,焚帐落,获马牛羊千计。俘者皆被剐割磔裂。范仲淹在三族之北,与西夏相接处先后修筑靖安、绥宁、佛空平、耳朵城等堡寨,康奴三族不敢再作过[4]。宋庆历四年,即夏天授礼法延祚七年(1044),宋筑细腰城,以断康奴族等与夏之交通,不得

---

① 《宋史》卷三二三《赵珣传》。参见《续资治通鉴长编》卷一三二,仁宗庆历元年五月戊午条。

② 《续资治通鉴长编》卷一三二,仁宗庆历元年六月己亥条。

③ 《续资治通鉴长编》卷五六,真宗景德元年正月己巳条记"李继隆援送灵武军储,康奴族辄出抄掠,居迫萧关,与大虫巉诸族为唇齿,恃险以众,桀黠难制"。按:"大虫巉"即"大虫"。

④ 《续资治通鉴长编》卷一三八,仁宗庆历二年十月戊辰条。

已听宋点集，康奴族渐为宋御夏之篱落[①]。宋英宗治平元年，即夏拱化二年（1064）十二月，宋下诏，令原、环地区加意安抚三族并观测蕃情，有事先行处理，勿使受西夏诱胁而叛宋归夏。宋治平四年，即夏拱化五年（1067）九月，李若愚招到一千三百余人，后又派知原州高遵裕与种旨进一步招纳。

揭家族

鄜延路党项蕃族。

宋朝熟户，首领以"李"为姓，接受宋朝官职，替宋守边，抗击西夏。宋庆历二年，即夏天授礼法延祚五年（1042），宋鄜延路部署司上言，揭家族御夏有功，宋廷因此下诏补揭家族副军主李朝政为军主[②]。

厥屯族

鄜延路党项蕃族。

接受宋朝官职，替宋守边，抗击西夏。宋庆历二年，即夏天授礼法延祚五年（1042）六月，宋鄜延路部署司上言，厥屯族御夏有功，宋廷因此下诏补厥屯族军主香埋为副都军主，副军主吃埋为军主[③]。

---

① 《宋史全文》卷八下有："环原之间属羌有明珠、灭臧、康奴三族，最大其北有二川交通西界宣抚使范仲淹议筑古细腰城断其路。"《续资治通鉴长编》卷一五三："环原之间属羌有明珠、密臧、康奴三族最大素号强梗抚之则骄不可制伐之则险不可入，其北有二川交通西界宣抚使范仲淹议筑古细腰城断其路。"《文恭集》卷三六有"公复谓环庆泾原二路相去道里回远缓急首尾势不相救又敏珠弥臧康努三族隔阂其间首鼠援贼……若城细腰夺贼要害"。《涑水记闻》卷九："环、原之间属羌敏珠、密臧、康诺三种最大，素号横猾，抚之骄不可制，攻之则险不可入，常为原州患。其北有三川通于西夏，三川之间有古细腰城。"《名臣碑传琬琰集》上卷二五"惟环西南占原州之疆有明珠、密臧、康诺尔三种居属羌之大，素号强梗，在原为掣寰及于环。抚之狠不我信，伐之险不可入，北有二川交通于夏戎，朝廷患焉其二川之间有古细腰城，复之可断其交路"。《忠献韩魏王家传》卷七"臣复见泾原路原州有明朱，减藏，唐奴三族广有人力以居处特险从来点集不起"。按："康奴""弥臧""康诺""康诺尔""唐奴"皆同名异译。
② 《续资治通鉴长编》卷一三七，仁宗庆历二年六月壬辰条。
③ 《续资治通鉴长编》卷一三七，仁宗庆历二年六月壬辰条。

掌乌族

宋古泾原路古渭州蕃族。

宋开古渭州路时，叛宋入夏，被宋秦凤路兵马都监郭恩击破，八十五人被斩杀[①]。

渴拢族

渭州蕃族，又作格隆族。

庆历年初，宋夏战争不断，渭州内属蕃部不断逃溃，独渴拢族首领都虞候延征坚持服宋不叛，宋庆历三年（1043）二月，宋廷下诏以延征为三班借职，本族巡检[②]。

媚咩族

宋鄜延路卢关附近蕃族。

因居地边远，长年不归顺宋廷，宋太平兴国三年（978），宋廷欲修卢关寨，派蕃官李继周率部袭击媚咩族，焚烧族帐，斩首俘虏众多族人[③]。

睡泥族

其下有啀逋、你乜逋等分族。

宋至道元年（995），部族七百余帐遭遇李继迁劫略。啀逋一族奔往萧关，同年七月，你乜逋派其子到灵州乞宋赐救助，宋廷下诏赐粮以资[④]。

---

① 《宋史》卷三二六《郭恩传》。
② 《续资治通鉴长编》卷一三九，仁宗庆历三年二月甲子条记"以渭州属户格隆族都虞候延正为三班借职、本族巡检。渭州再经大战，内属蕃部逃溃不可遏，延正屡诱不从，特擢之"。按：格隆族，四库底本作"渴拢族"；"延正"，四库底本作"延征"，标点本回改未尽。
③ 《宋史》卷二五三《李继周传》。
④ 《宋史》卷四九一《党项传》。

路乜族

麟府路蕃族。

宋至道二年（996），宋廷在李继隆出讨李继迁之际，赐路乜族大首领越移敕书招怀[1]。

舒树罗家族

环庆路蕃部，又作珠苏威家。

宋咸平六年（1003），舒树罗家一百族，合四千八十户降环庆部署张凝，张凝分别给予袍带物彩，安慰其返还居地[2]。

鼻家族

宋环州蕃族。

所居之地盛产良马，宋咸平元年（998），宋廷于鼻家族设招马处[3]。宋咸平四年（1001）七月，补鼻家族首领都庆为安化郎将[4]。

樊家族

泾原路蕃族。

其下族属众多，以"门"相称。宋天禧二年（1018），九门都首领客厮铎率族属至宋泾原路归服，宋廷诏授客厮铎为军主[5]。宋皇祐三年，即夏天祐垂圣二年（1051）十二月，首领密厮歌率族至宋泾原路归服[6]。

① 《宋史》卷四九一《党项传》。
② 《宋史》卷四九一《党项传》。
③ 《续资治通鉴长编》卷四三，真宗咸平元年十一月戊辰条。参见《宋史》卷一九八《兵志》。
④ 《宋史》卷四九一《党项传》。
⑤ 《宋史》卷四九一《党项传》。
⑥ 《宋史》卷一二《仁宗纪》。

樊诸族

秦凤路蕃族。

宋皇祐三年，即夏天祐垂圣二年（1051）十一月，樊诸族首领阿裕尔等二十六人至宋秦凤路归服，秦凤路经略司上言请补阿裕尔本族指挥使 [①]。

熟仓族

环州蕃族。

宋淳化二年（991）十一月，李继迁攻击熟仓族，刺史咩啰率来离诸族击退 [②]。宋至道元年（995）七月，熟仓族首领乩遇掠夺到李继迁牛马三十余头，李继迁派人招抚，乩遇回答"一心向汉，誓死不移"。宋廷诏乩遇为会州刺史，并赐帛五十匹，茶五十斤 [③]。宋至道三年（997），乩遇率熟仓族会同田敏在橐驼口双堆与李继迁激战，杀李继迁二千余人，掠牛羊、橐驼、铠甲等财物等数以万计 [④]。宋咸平元年（998）三月乩遇入朝觐见，真宗亲自接见慰劳，并赐以器物钱币，以表彰其忠宋气节。宋咸平四年（1001）七月，又以乩遇为保顺郎将 [⑤]。

熟藏族

环州内属蕃族。

一度为李继迁胁迫而离宋服夏。宋淳化五年（994），李继迁入攻环州，熟藏族首领乜遇率部族反攻，乜遇弟战死，击败李继迁后，熟藏族重归宋朝。宋廷以乜遇为检校司空、领会州刺史。宋至道元年（995）六月，宋廷赐乜遇

---

① 《续资治通鉴长编》卷一七一，仁宗皇祐三年十一月壬申条。

② 《宋史》卷四九二《吐蕃传》。

③ 《宋史》卷四九一《党项传》。

④ 《宋史》卷二五七《李继隆传》。

⑤ 《续资治通鉴长编》卷四九，真宗咸平四年七月己亥条。

敕书抚慰①。

磨卢家族

宋鄜延路卢关附近蕃族。

因居地边远，长年不归顺宋廷，宋太平兴国三年（978），宋廷欲修卢关寨，派蕃官李继周率部袭击磨卢家，焚烧族帐，斩首俘虏众多族人②。

磨糜族

泾原环庆一带党项蕃族，又作玛尔默族。

叛服与宋夏之间，宋天圣元年（1023）宋知邠州刘平出兵平叛，击杀数千人。

邈二族

丰州蕃部。

宋太平兴国八年（983），耶布移、邈二族首领弗香克浪买率部击破契丹，诏补为归德郎将③。宋淳化五年（993）四月，大首领崖罗遣子入宋朝贡④。

（六）夏辽边境部族

兀瑶族

本契丹蕃族，后归附宋丰州。

---

① 《宋史》卷四九一《党项传》。
② 《宋史》卷二五三《李继周传》。
③ 《宋史》卷二五三《王承美传》记"乞党族次首领弗香克浪买为归德郎将"。《续资治通鉴长编》卷二四，太宗太平兴国八年四月壬寅条"耶保移、邈二族首领弗香克浪买、乞党族大首领岁移并为归德郎将，赏其破契丹之功也"。此处取《长编》说法。
④ 《宋史》卷四九一《党项传》。

宋太平兴国七年（982）十二月，契丹蕃族兀瑶等十一族七万余帐内附[①]。宋太平兴国八年（983）四月，以兀瑶族首领为检校太保、归德大将军[②]。

山西五部

山西党项别部，又称"塌西"[③]。

辽重熙十三年，即夏天授礼法延祚七年（1044）四月，"辽山西部族节度使屈烈以五部叛入西夏"[④]。

日利族

原契丹境天德军地区，后附宋丰州，又作舍利族、逸利族。

宋开宝二年（978），日利与月利等族归附。[⑤]宋太平兴国七年（982）十二月，又有日利、月利、没细、兀瑶等十一族七万余帐归宋[⑥]。宋雍熙元年（984），宋境内多处蕃族归附李继迁，为安定边界，宋廷一方面下诏判四方馆事田仁朗及阁门使王侁等领兵讨击叛离蕃族；另一方面赐麟、府、银、夏、丰州及日利、月利族敕书进行安抚[⑦]。

---

① 《续资治通鉴长编》卷二三，太宗太平兴国七年十二月庚寅条。

② 《宋会要辑稿》方域二一之九。

③ 《梦溪笔谈》卷二四："山西别是一族，尤为劲悍，唯啖生肉，血不为食，胡人谓之山西族，北与黑水胡，南与鞑靼接境。"汤开建《契丹境内党项部落的分布》（《宁夏社会科学》1990年第2期）以为被称之为"'党项别部'的'塌西族'"当即"山西族"。"塌西"很可能为倒塌岭之西的意思，倒塌岭亦可能为阴山之一段。圣宗时置节度使，故兴宗时逃夏之山西族首领亦称"山西部族节度使"。《辽史·百官志》中有塌西节度使，而无"山西节度使"，可知，"塌西"或即是"山西'"。

④ 《辽史》卷六九《表》。

⑤ 《续资治通鉴长编》卷一〇，太祖开宝元年十月戊戌条"契丹舍利、于鲁等十六族归附，以其大首领罗美四人为怀德将军，八人为怀化郎将；次首领诺尔沁旺布十五人为归德司戈"。按：舍利，四库底本作"日利"，"日"旁墨笔改"锡"，标点本回改有误。另，于鲁，底本作"月利"，标点本回改未尽；罗美，底本作"罗媒"，标点本回改未尽；诺尔沁旺布，底本作"奴乜承王八"，标点本回改未尽。

⑥ 《续资治通鉴长编》卷二三，太宗太平兴国七年十二月庚寅条记"丰州刺史王承美言契丹日利、月益、没细、兀瑶等十一族七万余帐内附"。按：月益，四库底本作"月利"，旁墨笔改"裕鲁"，标志点回改未尽；"兀瑶"，四库底本作"瓦窑"，旁墨笔改"威约克"，标点本回改有误。

⑦ 《宋史》卷四九一《党项传》。

五代时宋辽交界处就有日利部族分布。部族首领接受契丹官职，受契丹管辖。晋天福二年（937）部族首领派人至后晋送来契丹所授官告、职牒、旗号，并称受契丹凌虐，愿点集甲马，会合杀戮[1]。

毛尸族

辽境内蕃族，又作"穆什"。

宋大中祥符九年（1016），毛尸族军主浪埋等率族属、牛马杂畜千八百至宋归附，宋廷降诏安抚[2]。

仆里鳖米族

契丹境内党项族。

辽保宁年间（969—978），仆里鳖米族被辽将耶律勃古哲击败。

月利族

原契丹境蕃族，又作月益、越利。

宋开宝二年（978），丰州刺史王仲晏上言契丹日利、月利等族归附。宋廷授大酋首罗美等四人为怀德将军，罗侈等八人为怀化将军，其他八十五人

---

[1] 《旧五代史》卷九八《安重荣传》有天福二年"又准沿河党项及山前、山后、逸利、越利诸族部落等首领，并差人各将契丹所授官告、职牒、旗号来送纳，例皆号泣告劳，称被契丹凌虐，愤惋不已，情愿点集甲马，会合杀戮"。汤开建《契丹境内党项部落的分布》（《宁夏社会科学》1990年第2期）考，此"逸利"即"日利"。

[2] 《续资治通鉴长编》卷九七，真宗大中祥符九年十二月乙卯条记"环庆路承受公事王从德等言，北界毛尸族军主浪埋、骨咩族蕃官乩唱、巢迷族蕃官冯移埋率其属千一百九十人，牛马杂畜千八百三十，器械百一十四事来归，降诏抚之"。按："毛尸"，四库底本如是作，旁墨笔改为"穆什"。另，浪埋、骨咩，四库底本此句读为"浪埋骨、咩"，并将"浪埋骨"改为"朗密郭"；"乩唱""巢迷""移埋"，四库底本如是作，旁分别墨笔改为"伽强""楚密克""伊特满"。参见《宋史》卷八《真宗纪》，卷四九一《党项传》。

为归德司戈①。宋太平兴国七年（982）十二月，又有月利族同日利、没细、兀瑶等十一族七万余帐归宋②。宋雍熙元年（984），宋境内多处蕃族归附李继迁，为安定边界，宋廷一方面下诏判四方馆事田仁朗及阁门使王侁等领兵讨击叛离蕃族；另一方面赐麟、府、银、夏、丰州及日利、月利族敕书进行安抚③。

五代时，宋辽交界处就有月利部族分布。部族首领接受契丹官职，受契丹管辖。晋天福二年（937）部族首领派人至后晋送来契丹所授官告、职牒、旗号，并称受契丹凌虐，愿点集甲马，会合杀戮④。

乌迷族

辽境内蕃族。

辽开泰二年（1013），乌迷有西迁之意，辽廷责问西迁之意，回答为逐水草。为防迁投西夏，造成边患，辽诏书李德明，说明攻伐之意，邀李德明同时出击，两面夹击，形成犄角之势⑤。

名波族

原辽（东胜）境内蕃族。

其下有十二府。宋开宝元年（968），名波十二府与勒浪十六府都首领屈

① 《续资治通鉴长编》卷一〇，太祖开宝元年十月戊戌条："契丹舍利、于鲁等十六族归附，以其大首领罗美四人为怀德将军，八人为怀化郎将；次首领诺尔沁旺布十五人为归德司戈。"按：于鲁，四库底本作"月利"，旁墨笔改为"裕噜"；另，舍利，四库底本作"日利"；罗美，底本作"罗媒"；诺尔沁旺布，底本作"奴七承王八"。

② 《续资治通鉴长编》卷二三，太宗太平兴国七年十二月庚寅条"丰州刺史王承美言契丹日利、月益、没细、兀瑶等十一族七万余帐内附"。参见《宋会要》方域二一之一、八、九。按：月益，四库底本作"月利"，旁墨笔改"裕鲁"；"兀瑶"，四库底本作"瓦窖"，旁墨笔改"威约克"。

③ 《宋史》卷四九一《党项传》。

④ 《旧五代史》卷九八《安重荣传》有天福二年"又准沿河党项及山前、山后、逸利、越利诸族部落等首领，并差人各将契丹所授官告、职牒、旗号来送纳，例皆号泣告劳，称被契丹凌虐，愤惋不已，情愿点集甲马，会合杀戮"。汤开建《契丹境内党项部落的分布》（《宁夏社会科学》1990年第2期）考，此"逸利"即"日利"。

⑤ 《辽史》卷一五《圣宗纪》。

遇一起归顺宋廷。同年，直荡族首领啜怙引北汉兵进攻宋府州，宋廷诏令名波十二府首领罗崖与勒浪十六府都首领屈遇领兵诛杀啜怙，后罗崖补检校司徒、怀化将军。另有十二府大首领浪买忠顺可嘉，宋雍熙二年（985）七月，宋廷赐敕书安抚[①]。

呆儿族

辽天德军境内夹山诸部之一，又作保家族。

辽重熙十三年，即夏天授礼法延祚七年（1044）六月，呆儿族八百户逃归西夏，辽兴宗责令景宗元昊遣返。元昊但留不遣，于是辽朝大发兵马，以讨呆儿族为名与元昊战，却被元昊大败。[②]

言泥族

辽天德军蕃族。

其下有拔黄部，部族众多，契丹授其首领太尉一职，屡次进犯宋界，阻碍宋市马之路。宋咸平二年（999）十一月，宋知府州折惟昌与洛苑使宋思恭、西京左藏库副使刘文质渡黄河攻破拔黄太尉寨，焚器甲车辆庐帐数万计，斩杀族众千余人，捕获三百余口。宋景德元年（1004），拔黄太尉率三百余帐入宋称服。宋廷招谕府州厚赐茶彩，拨给公田，使其依险而居，按人口缴纳田

---

① 《宋史》卷四九一《党项传》。

② 《宋史》卷四八五《夏国传上》记"辽夹山部落呆儿族八百户归元昊，兴宗责还，元昊不遣"。《续资治通鉴长编》卷一五〇，仁宗庆历四年六月壬子条有"契丹大发兵马，讨伐呆儿族并夹山部落，及称亦与元昊兵马相杀"。同月戊午记"伏见朝廷以契丹发兵会元昊讨呆儿族……河北、河东探报契丹与呆儿族相持事宜"。《东都事略》卷一二七记有"契丹夹山部落保家族八百户投之。契丹宗真使人追索，曩霄留不遣，宗真遂亲将至境上，各据一山，严兵相待。曩霄奉卮酒为寿，大合乐，仍折箭为誓。及罢，契丹劫曩霄。曩霄觉，以兵拒之，大败契丹。宗真领数骑东走，纵其去"。参见《宋史》三一三《富弼传》、《诸臣奏议》卷十三《上仁宗论契丹不寇河东》。按：呆儿，四库底本壬子条下作"呆家"，戊午条下作"呆儿"，写法同《宋史》。《东都事略》中保家，误；汤开建《契丹境内党项部落的分布》（《宁夏社会科学》1990年第2期）考，"保家族"即"呆儿族"，居夹山西，辽天德军境。

赋，同时告诫唐龙镇蕃族不得侵扰拔黄族[1]。同年二月，拔黄太尉遣其子独崖入廷朝贡，宋廷授其官职[2]。

没儿族

宋府州西北三百五十里辽境内蕃族[3]。

宋至道二年（996）七月，宋廷在李继隆出讨李继迁之际，赐敕书招怀没儿族大首领莫末移[4]。

宋犀族

辽西南招讨司境内党项蕃族。

因受边臣侵渔而有怨言，从而输贡不及时。辽开泰九年（1020）十月，西南招讨司上奏建言派人员督促输贡，查防叛离心。辽廷以为只需派清廉谨慎官员，示民恩信或禁止侵渔，自然会顺服[5]。

阿理撒米族

契丹境内党项族。

辽保宁年间（969—978）被辽将耶律勃古哲击败[6]。

罗骨族

辽界内蕃部，又作隆和族。

---

① 《宋史》卷四九一《党项传》。参见《宋史》卷七《真宗纪》，卷二五三《折御卿传》，《续资治通鉴长编》卷五六，真宗景德元年正月己丑条。
② 《宋会要辑稿》蕃夷七之十五。
③ 《太平寰宇记》卷三八记宋"府州西北至……没儿雀悉命等蕃族三百五十里"。"府州西北……三百五十里"，据汤开建《契丹境内党项部落的分布》（《宁夏社会科学》1990 年第 2 期）考为辽河清军，金肃州之地，"雀悉命"可能是没儿族首领名。
④ 《宋史》卷四九一《党项传》。
⑤ 《辽史》卷一六《圣宗纪》。
⑥ 《辽史》卷八二《耶律勃古哲传》。

宋天禧五年（1021），罗骨族入宋泾原路劫掠宋熟户，被宋环庆部署田敏在三店川击败，十余首级被斩，众多族人被俘[1]。

曷党族

辽境内蕃族。

辽开泰二年（1013），曷党族有西迁之意，辽廷责问西迁之意，回答为逐水草。为防迁投西夏，造成边患。辽诏书李德明，说明攻伐之意，邀李德明同时出击，两面夹击，形成犄角之势[2]。

勒浪族

原契丹境内蕃族，又作啰朗。居地东至黄河百五十里，南至府州三百里，族多良马。

勒浪部族众多，其下有"门"，门下分"府"。重要者有勒浪嵬女儿门、勒浪树李儿门等支属，自淳化后，族帐渐迁至府州界。宋开宝元年（968），勒浪首领屈遇率名波十二部归顺宋廷。同年，直荡族首领啜佶引北汉兵进攻宋府州，宋廷诏令勒浪十六府都首领屈遇与名波十二府首领罗崖领兵诛杀啜佶，以屈遇为检校太保、归德将军，罗崖为检校司徒、怀化将军。宋太平兴国四年（979），勒浪屈遇遣所部蕃官折术等至宋朝贡。宋至道元年（995）正月，契丹大将军韩德威自振武进攻宋朝边境，招诱勒浪嵬女儿门十六府大首领马尾，被宋永安节度使折御于子河汊击败，勒浪诸族趁乱反攻韩德威，契丹大败，勒浪诸族遂入塞附宋[3]。同年四月，勒浪树李儿门首领没崖被宋

---

[1] 《宋史》卷三二六《田敏传》记"又败罗骨于三店川"。《续资治通鉴长编》卷九七，天禧五年四月丁未条"先是，北界蕃族隆和等来劫熟户，环庆部署田敏等率兵与战，斩首数十级，乘胜逐之，俘获甚众，都部署曹玮以闻。按："隆和"，四库底本作"罗骨"，旁墨改为"隆和"，标点本回改未尽。参见《宋史》四九一《党项传》。

[2] 《辽史》卷一五《圣宗纪》。

[3] 《续资治通鉴长编》卷三七，太宗至道元年正月戊申条。

诏补为安化郎将，副首领遇兀为保顺郎将，勒浪嵬女儿门十六府大首领马尾被宋廷诏补为归德大将军、领恩州刺史。宋至道二年（996）六月，遇兀入廷朝贡。宋太宗赐其锦袍银带。遇兀解释，部族多产良马，初次朝贡，未能准备好。太宗回答，仅是嘉奖其忠顺之节，不图其良马①。同年六月，契丹境内蕃族乞党族首领迎罗佶及长嗟、黄屯到府州内附，并请允移居勒浪马尾等居地②。

　　银瓮族

辽云内州境内山南诸部之一。

辽重熙十三年，即夏天授礼法延祚七年（1044），银瓮族离辽入夏，为争夺银瓮族，夏辽大战于黄河外，宋雁门、麟府等地紧急警戒③。

---

① 《宋史》卷四九一《党项传》。参见《宋会要辑稿》方域二一之一、三、八；蕃夷七之一三。
② 《宋会要辑稿》蕃夷一之二三，"乞党"作"仡党"，同名异译，现统一为乞党。
③ 吴天墀《西夏史稿》及冯继钦《西夏与蒙古高原诸部的关系》（《辽金契丹女真史研究》1985年第1期）以为此"银瓮族"即"呆儿族"。汤开建《契丹境内党项部落的分布》（《宁夏社会科学》1990年第2期）考此"银瓮族与呆儿族都是庆历四年四月叛附西夏的党项部落"，居《大金国志》卷七中的"银瓮口"一带，属辽云内州境。

附录一

（一）西夏部族名称异译表

序号	西夏文	西夏汉文	宋史	辽史	金史	元史	长编（标）	长编（底）	长编（影）	宋会要	备注
1	𗼃𗼋	嵬名	嵬名 嵬多	嵬名	嵬峉	嵬名 于弥 乌密 吴密	嵬名 威明	嵬名	威明	嵬名	《甘肃新通志》中有"嵬咩"
2	𗼃𗩾	兀二 悟儿					兀二				
3	𗼃𗾔	兀三									
4		兀泥 兀泥 巾 泥巾					兀泥	兀泥	瓦泥 威泥	兀泥族	
5	𗅋𗥃	山讹									
6	𗼃𗆄	卫慕 未慕 米募					米母 母米 未慕			米募 来慕	《小畜集》作"米慕"

续表

序号	西夏文	西夏汉文	宋史	辽史	金史	元史	长编（标）	长编（底）	长编（影）	宋会要	备注
7			毛奴貌奴		麻奴						
8							结明爱	正名怡	结明		
9	𗧘𗥫	令介	令介令分	令介			凌吉陵结凌结	令介	凌吉陵结凌结		
10			吃啰	吃啰						吃罗乞啰	
11			炭伽罗腻炭伽罗腻炭罗腻								
12	𗾔𗗟	芭里			芭里把里						《新唐书》作"把利"
13	𗣼𗥫	吴㗖	吴移兀㗖								
14	𗄴𗆜	没邵									
15	𗄴𗱲		没细				没细	没细	密日		《建炎以来系年要录》有"穆齐"
16	𗄴𗅁		没藏兀藏末藏				没藏密藏				
17							旺莽额	罔萌讹	旺莽额		

序号	西夏文	西夏汉文	宋史	辽史	金史	元史	长编（标）	长编（底）	长编（影）	宋会要	备注
18			委乞				委乞	委乞	鄂伽		《元宪集》作"乌尔勒"
19	祥崴	庞静	庞青			庞静					
20	荔颂	夜浪	拽浪				拽浪伊朗			异浪	《文彦博集校注》作"易浪"
21	纹俎	妹轻									《新唐书》作"米禽"
22	荔甍		拽白								
23			槐厥				拽厥槐厥				
24			明叶示				明叶示	胡叶示	瑚叶实		
25			骨咩骨咩				骨咩族骨咩族	骨咩	恭迈	骨咩族骨咩族	《元宪集》作"郭勒敏"
26			保细				补细布纳克	保纳	布纳克	部细	
27	纵须	浪讹	浪悉讹								《通鉴》作"浪我"
28			浪黄	拉旺			拉旺	浪黄	拉旺		
29	荔俀	夜利	野力野利野狸昌里				野利野利迤逦易里	野利迤逦野狸	叶勒	迤逦	《宋朝事实类苑》作"拽利"

续表

序号	西夏文	西夏汉文	宋史	辽史	金史	元史	长编（标）	长编（底）	长编（影）	宋会要	备注
30	𗐼𗐼	野货									黑水城文献中作"也火"
31	𗐼				野遇						
32			息利 悉利								
33		麻乜					麻也 麻七 麻女	麻也 麻七 麻女	玛尼		
34	𗐼𗐼	细遇									《五代会要》作"喜王"；《册府元龟》作"喜万玉族"
35			尚罗 赏啰				赏啰	赏啰	尚罗	赏罗	
36		猥才									《儒林公议》作"隈才"
37	𗐼𗐼	慕容	慕容 慕家		慕家		慕家				
38	𗐼𗐼	孰嵬	熟嵬 熟魏				熟嵬 热嵬	熟嵬	硕克威		
39			磨娟 磨媚				磨媚	磨媚	玛尔默		
40			嗓泥								
41							锡丹 乞当			乞当	

序号	西夏文	西夏汉文	宋史	辽史	金史	元史	长编（标）	长编（底）	长编（影）	宋会要	备注
42	𘂏𘑨	韦移	韦移				韦移	韦移	韦移		
43	𗠱𗤒	回鹘									
44	𗧾𗤒	回纥									
45	𗧤𗙼	杂谋									《折武恭公克行神道碑》作"杂母"
46			咩逋米逋				咩逋米逋	咩逋米逋	密补	咩逋族	
47	𗥩𗟩	都啰	都啰都啰啰督六				都啰都罗督六	都罗督六	多啰	都啰	
48			党宗当宗				党宗当宗	党宗当宗	当宗		
49	𗆚𗌮	野马									
50			仁多人多				仁多星多人多	人多	星多	人多	
51		庄浪	庄郎	庄浪			庄郎				
52			小遇				辖裕勒	小遇	辖裕勒		
53			瓦窑				兀瑶	瓦窑	威约克	兀瑶	

（二）西夏沿边部族名称异译表

序号	宋史	长编（标）	长编（底）	长编（影）	宋会要	备注
1	七白 解七白	乜白 七白 密觉	乜白 也旧	密觉	七白	
2	小力	小力 硕尔	小力	硕尔		
3	小湖	小胡 小湖 部道	小蕃	小蕃 小胡	小胡	
4	乞党	乞党			乞党 仡党	
5	卫埋 魏埋	卫狸 魏埋	卫狸 魏理	叶勒 威玛		
6	灭臧	灭藏 灭臧	灭藏	密藏	灭藏 灭臧	《文恭集》作"弥臧"；《涑水记闻》作"密臧"
7	叶市 叶施	叶市	叶市	叶施 伊实	叶市	
8	延家 延族	延家			延家 延族	
9	如罗	加罗				
10	拨藏					《全宋文》作"巴勒臧"
11	明珠	明珠	明珠	敏珠尔	明珠	《涑水记闻》《文恭集》作"敏珠"
12	茗也				茗也	
13	党留	党留	党留	当罗		

序号	宋史	长编（标）	长编（底）	长编（影）	宋会要	备注
14	康奴	康奴	康奴	康奴卜	康奴	《涑水记闻》"康诺"，《名臣碑传琬琰集》作"康诺儿"，《忠献韩魏王家传》作"唐奴"
15	磨糜	磨糜 玛尔默	磨糜	玛尔默		
16	日利	日利 舍利	日利	锡利	日利	
17	月利	月益 于鲁	月利	裕鲁	月利 月益 于鲁	
18	呆儿	呆儿	呆家	岱尔		《东都事略》作"保家"
19	罗骨	隆和	罗骨	隆和		
20	党儿	阿儿	党儿	当阿儿		
21	毛尸	毛尸	毛尸	穆什		
22	咩魏	咩魏	咩魏	密威		
23	扑咩	扑咩	扑咩、朴咩	普密		
24	讹猪	讹猪	讹猪	额珠		
25		威尼	瓦魁宜	威尼		
26		郭莽	孤咩	郭莽		
27	章迷 章埋	章迷 章埋 折密桑	章密	章密		

续表

序号	宋史	长编（标）	长编（底）	长编（影）	宋会要	备注
28	懒家 兰州	懒家 兰州	嫩家 懒家 兰州	兰家	懒家	
29	㩙父	才迭	穄爹	才迭		
30		策木多	吃哆	策木多		
31		乌贵	兀魁	乌贵		

附录二　西夏姓氏辑录

编　例

姓氏是部族的标识，会伴随着部族的发展变迁而不断地产生形成消融，与部族密切相关，又不完全同步，姓氏是认识理解部族的有益补充。依西夏编制的姓氏书籍看，西夏姓氏包括番姓与汉姓两大类。番姓即为党项姓，汉姓包括中原地区固有的汉姓，也包括魏晋南北朝以后北方非汉人群使用的汉式姓氏。汉姓是西夏境内党项、汉、吐蕃、回鹘普遍使用的族氏。现将各类史料的所见族氏整理归纳如下。具体整理归纳格式如下。

一、结构安排：番姓与汉姓分别辑录。番姓方面，汉文番姓与西夏文番姓分别辑录，分别给出对应部族名并举一、二人名例。汉姓方面，以汉文汉姓氏为纲，后以"西夏文写作"引出相应西夏文写法，并分别举一、二人名例。

二、族氏词目安排：族氏在文献中有多种写法者，选其中之一列为词目，其他以"又作"给出。汉文族氏词目除皇姓嵬名外，一律按笔画顺序排列。西夏文族氏词目除㵪㵱外，一律以《夏汉字典》中"笔画部首检字索引"顺序依次辑录。

三、引文安排：番姓下的人名例，择重要者举一、二例。出处于引文后置以［　］中；

四、按语安排：有需要说明者，以按语引出，另行排列。

（一）西夏番姓录

1. 西夏汉文番姓录

嵬名氏

嵬名 [Д x 2822《杂字·番姓名》(俄 6·138)[①]

嵬名圣由嵬 [俄 TK49P《西夏天庆年间裴松寿典麦契》(俄 2·38)]

嵬名智海 [G12·005[M61（7）] 莫高窟石窟第 61 窟（中 18·209）]

又作威明

威明伊特允凌 [《长编》卷五一七，元符二年十月己酉条下注文]

又作乌密

乌密察罕 [《元史》卷一二〇《察罕传》]

又作嵬茗

嵬茗彦 [《金史》卷六一《交聘表中》]

嵬茗仁显 [《金史》卷六二《交聘表下》]

又作嵬多

儒嵬多聿则 [《宋史》卷四八六《夏国传下》]

又作嵬咩

嵬咩思能 [《甘肃新通志》卷三〇《祠祀志·寺观·甘州府张掖县》]

---

①　文中此类文献的出处一律采用，书名简称 + 册数（卷数）+ 页码的形式，册数（卷数）与页码以 "·" 隔开；不分卷或册为书名简称 + 页码形式。其中 "俄" 指《俄藏黑水城文献》，"中" 指《中国藏西夏文献》；"黑" 指《中国藏黑水城汉文文献》；"英" 指《英藏黑水城文献》；"斯" 指《斯坦因第三次中亚考古所获汉文文献》(非佛经部分)；"日" 指《日本藏西夏文献》；"官" 指《西夏官印汇考》；"КТЫП" 指 Е. И. Кычанов：Каталог тангутских буддийских памятников Киото：Университет Киото, 1999 年；"俄敦" 指《俄藏敦煌文献》等。

又作威名

威名沙克弟 [《长编》卷二三五，乙未条下注文]

又作于弥 [《元史》卷一二九《李恒传》]

又作吾密 [《元史》卷一四四《卜颜铁木儿传》]

按："嵬名"，西夏帝君之姓，西夏文写作籦黀。出党项拓拔部，唐末，有首领拓拔思恭，镇夏州，统银、夏、绥、宥、静五州之地，因讨黄巢有功，复赐李姓。自此历五代夏州政权皆以李为姓。宋端拱初其族人李继捧内附，宋"赐姓赵氏，更名保忠"①。元昊立国后自号"嵬名吾祖"。

也蒲氏

也蒲甘卜 [《元史》卷一二三《也蒲甘卜传》]

又作野蒲

野蒲甘卜 [《元史》卷一三二《昂吉儿传》)]

习勒氏

习勒遵义 [《金史》卷六二《交聘表下》]

兀乜氏

立文人兀乜浪栗、立文人兀乜 [英藏 Or.8212/727K.K. Ⅱ.0253(a)《西夏天庆年间裴松寿典麦契》（斯 1·197）]

按:《敦煌资料》第 1 辑《西夏天庆十一年典麦契残卷十五件》识为"兀女"误。

---

① （元）脱脱:《宋史》卷四八五《夏国传上》，第 13984 页。

卫慕氏

继迁母卫慕氏 [《宋史》卷四八五《夏国传上》]

惠慈敦爱皇后卫慕氏。[《宋史》卷四八五《夏国传上》]

又作米母

元昊母米母氏 [《长编》卷一一一，仁宗明道元年十一月壬辰条]

元昊妻米母氏 [《长编》卷一六二，仁宗庆历八年正月辛未条]

按：西夏文写作𗩾𗩰。

仁多氏

仁多唛丁 [《宋史》卷四八六《夏国传下》]

仁多保忠 [《长编》卷五一六，元符二年九月壬辰条]

又作人多

"夏国遣人多保忠、仁多唛丁 [《长编》卷四六七，哲宗元祐六年十月甲戌条]

又作星多

星多哩鼎 [《长编》卷三一九，元丰四年十一月己丑条]

按：源出河湟吐蕃仁多族

天籍辣氏

天籍辣忠毅。[《金史》卷六二《交聘表下》]

毛乜氏

毛乜 [Дx2822《杂字·番姓名》（俄6·138）]

毛庞氏

毛庞 [Д x 2822《杂字·番姓名》（俄 6·138）]

韦移氏

韦移移崖。[G32·001《凉州重修护国寺感通塔碑》（中 18·91）]
按：西夏文写作𗀔𗀖。

哆令氏

哆令 [Д x 2822《杂字·番姓名》（俄 6·138）]

令介氏

令介成 [G32·001《凉州重修护国寺感通塔碑》（中 18·90）]
令介讹遇 [《宋史》卷三三五《种世衡传》]
又作令分
令分讹遇 [《宋史》卷四八六《夏国传下》]
又作凌吉
凌吉讹遇 [《长编》卷四九〇，绍圣四年八月丙戌条]
又作陵结
陵结鄂裕 [《长编》卷四九四，元符元年正月乙丑条下注文]
"陵结鄂裕" 即 "凌吉讹遇"，影印本《长编》卷四九〇、卷五〇六、卷五〇八的相应条目下的 "凌吉" 均作 "陵结"。
又作凌结
按：西夏文作𗀔𗀖；令分，令介形近讹误；凌吉、陵结、凌结为令介之《长编》四库馆臣改译。

令咩氏

令咩 [Д x 2822《杂字·番姓名》(俄 6·138)]

冬至氏

冬至讹 [《长编》卷三三九，神宗元丰六年九月丁卯条]

冬至埋 [甘肃华池保宁院山寺塔塔铭 [①]]

按：西夏文写作𗼆𗁬。

宁浪氏

宁浪□□□□□ [《金石萃编》卷一四七《折克行神道碑》1 上]

按：西夏文写作𗢨𗅆。

左移氏

左移泥巾腻 [英藏 Or.12380—3291 (K.K.11.0238.1.iv)《白毛凉子等物账》
（英 4·88)]

光宁氏

光宁 [Д x 2822《杂字·番姓名》(俄 6·138)]

按：西夏汉文《杂字·地分部》有地名"光宁滩"；西夏文写作𗏆𗁬。

吃乜氏

吃乜 [Д x 2822《杂字·番姓名》(俄 6·138)]

---

① 中国人民政治协商会议、甘肃省华池县委员会：《华池金石志》，甘肃人民出版社 2014 年版，
第 48 页。

吃浬氏

吃浬 [Д x 2822《杂字·番姓名》（俄 6·138）]

按：西夏文写作　。

回纥氏

回纥 [Д x 2822《杂字·番姓名》（俄 6·138）]

按：西夏文写作　，源出族名回纥。

如定氏

如定 [Д x 2822《杂字·番姓名》（俄 6·138）]

如定多多马 [《宋史》卷四八五《夏国传上》]

如定聿捨 [《宋史》卷四八五《夏国传上》]

按：西夏文写作　。

并尚氏

并尚 [Д x 2822《杂字·番姓名》（俄 6·138）]

并尚勒麻 [英藏 Or.12380—3291（K.K.11.0238.1.iv）《白毛凉子等物账》（英 4·88）]

按：西夏文写作　。

庄浪氏

庄浪 [Д x 2822《杂字·番姓名》（俄 6·138）]

庄浪义显 [《金史》卷六一《交聘表中》]

按：出河湟吐蕃庄浪族。

杂母氏

本族巡检杂母买 [《榆林府志》卷四七《折武恭克行神道碑阴》]

又作杂谋。

杂谋惠月 [（G12·005[M61（3）莫高窟第 61 洞甬道北壁供养比丘第十一身（中 18·207）]

按：西夏文写作𗇃𗰔。

杂里氏

杂里 [Д x 2822《杂字·番姓名》（俄 6·138）]

按：西夏文写作𗇃𗰔。

杂咩氏

杂咩 [Д x 2822《杂字·番姓名》（俄 6·138）]

杂辣氏

杂辣公济 [《金史》卷六〇《交聘表上》]

杂熟氏

杂熟屈则鸠。[《儒林公议》^①卷上]

乱咩氏

乱咩 [Д x 2822《杂字·番姓名》（俄 6·138）]

---

① （宋）田况：《儒林公议》，《钦定四库全书》本，上海古籍出版社 1987 年版，1036—280 页，此出处下同，不再出注。

哆讹氏

哆讹 [《宋史》卷四八六《夏国传下》]

哆讹乙令文 [英藏 Or.8212/727K.K. Ⅱ .0253(a)《西夏天庆年间裴松寿典
麦契》(斯 1 · 203)]

按 : 西夏文写作繠莚。

讹哆氏

讹哆 [Д x 2822《杂字 · 番姓名》(俄 6 · 138)]

讹哆德昌 [《金史》卷六一《交聘表中》)

按 : 西夏文写作莚詃。

讹罗氏

讹罗世 [《金史》卷六一《交聘表中》]

讹罗绍甫 [《金史》卷六一《交聘表中》]

又作讹啰。

讹啰聿 [《宋史》卷四八六《夏国传下》]

讹啰聿寨 [《宋会要》蕃夷 7 之 38]

按 : 西夏文写作頖莚或可能为莚莚

讹留氏

讹留元智 [《金史》卷六一《交聘表中》]

按 : 西夏文写作莚蔺。

讹静氏

知见人讹静□□ [英藏 Or.8212/727K.K. Ⅱ .0253(a)《西夏天庆年间裴松

寿典麦契》（斯 1 · 197）]

　　按：西夏文写作𗇃𗇕。

　　讹藏氏

　　讹藏嵬名 [英藏 Or.12380—3179（K.K）《白毛凉子等物账》（英 4 · 34）]
　　按：西夏文写作𗉉𗦟。

　　讹藏屈怀氏

　　讹藏屈怀氏生 [《宋史》卷四八五《夏国传上》]

　　吴啰氏

　　吴啰 [Д x 2822《杂字 · 番姓名》（俄 6 · 138）]
　　吴啰遂良 [《金史》卷六二《交聘表下》]
　　又作兀啰氏
　　兀啰□□□ [英藏 Or.8212/727K.K. Ⅱ .0253(a)《西夏天庆年间裴松寿典麦契》（斯 1 · 200）]
　　兀啰吃怛。[英藏 Or.12380—3291（K.K.11.0238.1.iv）《白毛凉子等物账》（斯 1 · 200）]
　　（夏）监军驸马兀啰。[《宋史》卷三六四《韩世忠传》]
　　又作乌啰氏
　　乌啰革啰 [《宋会要》兵 8 之 33]
　　按：西夏文写作𗉻𗣼。

　　床啰氏

　　床啰 [Д x 2822《杂字 · 番姓名》（俄 6 · 138）]

禄折氏

禄折氏 [英藏 Or.8212/727K.K.Ⅱ.0253(a)《西夏天庆年间裴松寿典麦契》（斯 1 · 204）]

折嘚氏

折嘚俊义 [《金史》卷六二《交聘表下》]

来兀氏

来兀哩嵬 [英藏 Or.8212/727K.K.Ⅱ.0253(a)《西夏天庆年间裴松寿典麦契》（斯 1 · 198）]

来里氏

来里 [Дx 2822《杂字 · 番姓名》（俄 6 · 138）]
按：西夏文写作𗧁𗏵。

沙州氏

沙州皆 [英藏 Or.12380—3291（K.K.11.0238.1.iv）《白毛凉子等物账》（英 4 · 88）]

按：西夏文写作𗦲𗏹。

没嘚氏

没嘚氏 [《宋史》卷四八五《夏国传上》]
又作没移
没移皆山 [《长编》卷一六二，仁宗庆历八年正月辛未条]
按：西夏文写作𗧁𗤁。

没细氏

没细游成宁 [《长编》卷四九四，哲宗元符元年二月乙未条]

没细好德 [《松漠记闻》卷二一]

又作穆齐

郎穆齐好德 [《建炎以来系年要录》卷一一八]

按：西夏文写作𘟣𘞤。

没啰氏

没啰卧沙 [《宋史》卷一六《神宗纪》]

又作没罗

没罗埋布 [《儒林公议》上]

按：西夏文写作𘟣𘟥。

没赏氏

知见人没赏……[俄藏 Инв No. 2208《西夏乾祐十四年安推官文书》(俄 6·300)]

按：西夏文写作𘜶𘕞。

没藏氏

没藏 [Д x 2822《杂字·番姓名》(俄 6·138)]

又作没藏

宣穆惠文皇后没藏氏 [《宋史》卷四八五《夏国传上》]

没藏讹庞 [《长编》卷一八四，仁宗嘉祐元年十二月甲子条]

又作兀藏

兀藏讹庞 [《宋史》卷一八六《食货志》下 8]

又作密藏氏

密藏氏 [《涑水记闻》卷一〇]

按：西夏文写作𗢊𗥔；"兀藏讹庞"即"没藏讹庞"，出没藏族。

纽卧氏

纽卧文忠 [《金史》卷六一《交聘表中》]

纽尚氏

纽尚德昌 [《金史》卷六一《交聘表中》]

芭里氏

芭里 [Д x 2822《杂字·番姓名》(俄 6 · 138)]

芭里你令布 [俄 Инв .No.2208《西夏乾祐十四年安推官文书》(俄 6 · 300)]

芭里昌祖 [《金史》卷六一《交聘表中》]

芭里直信 [《金史》卷六一《交聘表中》]

又作把里

把里公亮 [《金史》卷六〇《交聘表上》]

按：西夏文写作𗋽𗫐，出自"把利族"。

连奴氏

连奴氏 [Д x 2822《杂字·番姓名》(俄 6 · 138)]

又作连都氏

连都敦信 [《金史》卷六二《交聘表下》]

按：西夏文写作𗢊𗦬。

卧氏

卧屈皆 [G32·001《凉州重修护国寺感通塔碑》(中 18·91)]

卧德忠 [《金史》卷六二《交聘表下》]

按：西夏文写作𗆁。

卧利氏

卧利 [Д x 2822《杂字·番姓名》(俄 6·138)]

卧利华严国师。[《大方广佛华严经海印道场十重行愿常遍礼忏仪》卷
四二：参见白滨《元代西夏一行慧觉法师辑汉文〈华严忏仪〉补释》,《西夏学》
第一辑，宁夏人民出版社 2006 年版，第 78 页]

按：西夏文或写作𗣼𗆁或写作𗊱𗆁。

卧没氏

卧没 [Д x 2822《杂字·番姓名》(俄 6·138)]

按：西夏文写作𗊱𗙏。

卧咩氏

卧咩氏呱呱哥。[俄藏 TK300V《有关黑水人的信札》(俄 4·388)]

按：西夏文写作𗊱𗄊。

卧落氏

卧落绍昌 [《金史》卷六一《交聘表中》]

夜利氏

立文人夜利那征 [英藏 Or.8212/727K.K. Ⅱ .0253(a)《西夏天庆年间裴松

寿典麦契》(斯 1 · 198)]

夜利仁□ [N42 · 011 ［ M2E : 21]《西夏陵残碑》,（ 中 19 · 220)]

又作野利

野利仁荣 [《宋史》卷四八五《夏国传上》]

野利旺荣 [《宋史》卷四八五《夏国传上》]

迤逦、易里、昌里、夜利、叶勒

又作野力

宪成皇后野力氏 [《宋史》卷四八五《夏国传上》]

又作拽利

拽利 [《宋朝事实类苑》卷七五]

又作迤逦

迤逦遇乞 [《长编》卷一四五,仁宗庆历三年十一月乙酉条]

又作易里

易里马乞 [《长编》卷一二二,仁宗宝元元年十月甲戌条]

又作昌里

昌里马乞 [《宋史》卷四八五《夏国传上》] "

按 : 西夏文写作𗣼𗼷 ;"昌里" 为 "易里" 之形近讹,其他为同音异译。

夜浪氏

夜浪 [Д x 2822《杂字 · 番姓名》(俄 6 · 138)]

又作拽浪

拽浪獠黎 [《长编》卷一九三,仁宗嘉祐六年六月庚辰条]

拽浪南山 [《宋史》卷六《真宗纪》]

又作伊朗

伊朗僧鄂 [《长编》卷四七九,哲宗元祐七年十二月庚戌条]

又作异浪

异浪升崖 [《宋会要》兵 17 之 5]

又作易浪

易浪升结 [《潞公文集》卷二○《奏议六》]

按：西夏文写作𗿓𗆤；伊朗，四库馆臣改译。

妹轻氏

妹轻 [Д x 2822《杂字·番姓名》（俄 6 · 138）]

按：西夏文写作𘁂𗎫。

妹勒氏

妹勒 [Д x 2822《杂字·番姓名》（俄 6 · 138）]

妹勒都逋 [《宋史》卷四八六《夏国传下》]

妹勒 [《儒林公议》卷上]

又作昧勒

昧勒都逋 [《宋史》卷二五三《折可适传》]

按：西夏文写作𘟙𘄒。

季嗦氏

季嗦氏 [Д x 2822《杂字·番姓名》（俄 6 · 138）]

季卧

季卧 [Д x 2822《杂字·番姓名》（俄 6 · 138）]

按：西夏文写作𗷙𗅫。

庞静氏

庞静 [Д x 2822《杂字·番姓名》（俄 6 · 138）]

庞静师德。[《金史》卷六二《交聘表下》]

按：西夏文写作𗩊𗇋；出"庞青"族。

䢍来氏

䢍来思聪 [《金史》卷六二《交聘表下》]

又作䢍令

䢍令思敬 [《金史》卷六一《交聘表中》]

䢍令思聪 [《金史》卷六二《交聘表下》]

按：西夏文写作𘝞𗗚。

泪丁氏

泪丁讹遇 [《宋史》卷四八五《夏国传上》]

直多氏

直多昌磨嗦 [俄藏 Дx.19076《直多磨嗦代还钱契》（ 俄敦 17 · 326 ）]

细母氏

细母嵬名 [《儒林公议》卷上]

细卧氏

细卧 [Д x 2822《杂字 · 番姓名》（ 俄 6 · 138 ）]

细赏氏

细赏者埋 [《儒林公议》卷上]

按：西夏文写作𘞶𗒘。

细遇氏

细遇 [Д x 2822《杂字·番姓名》(俄 6 · 138)]

按：西夏文写作𗰖𗏀。

按：出"喜玉族"，"细遇""喜玉"同音异译。

罔佐氏

罔佐执中 [《金史》卷六二《交聘表下》]

耶布移氏

耶布移守贵 [《长编》卷一三八，仁宗庆历元年九月壬申条]

又作耶保移氏

耶保移 [《续资治通鉴长编》卷二四，太平兴国八年四月壬寅]

按：出耶保移族；"耶布移""耶保移"同音异译

逊讹氏

逊讹 [Д x 2822《杂字·番姓名》(俄 6 · 138)]

便嗠

便嗠 [Д x 2822《杂字·番姓名》(俄 6 · 138)]

喻咩

喻咩海印国师。[《大方广佛华严经海印道场十重行愿常遍礼忏仪》卷四二；参见白滨：《元代西夏一行慧觉法师辑汉文〈华严忏仪〉补释》,《西夏学》第一辑，宁夏人民出版社 2006 年版，第 78 页]

咩氏

咩元礼 [《金史》卷六二《交聘表下》]

咩吡埋 [《长编》卷三四五, 神宗元丰七年五月壬寅条]

咩布氏

咩布 [Д x 2822《杂字·番姓名》(俄 6·138)]

咩布勒嵬。[G32.004《甘肃武威市西郊西夏墓汉文硃书木牍》(中 18·267)]

咩布师道 [《金史》卷六一《交聘表中》]

又作咩布

咩布移则 [《长编》卷一五五, 仁宗庆历五年四月辛卯条]

疑又作咩保

咩保吴良 [《宋史》卷二五三《折克行传》]

按: 西夏文写作帮後; 出自宁边寨咩保。

咩迷氏

德明娶三姓, ……咩迷氏生成遇。[《宋史》卷四八五《夏国传上》]

遣使谟箇咩迷乞遇来贡。[《宋史》卷四八六《夏国传下》]

曩霄凡七娶……四曰咩迷氏, 生子阿理, 谋杀曩霄, 为卧香乞所告, 沈於河, 杀咩迷氏於王亭镇。[《长编》卷一六二, 仁宗庆历八年正月辛未条]

又作咩朱

咩朱氏 [《隆平集》卷二〇《夷狄传》]

按: "咩朱氏", "咩米氏"之形近误。

咩铭氏

咩铭友直［《金史》卷六二《交聘表下》］

恃胡氏

恃胡［Д x 2822《杂字 · 番姓名》（俄 6 · 138）］
按：西夏文写作[illegible]。

拽臼氏

绥州羌部军使拽臼等百九十五口内属。［《宋史》卷四九一《党项传》］
按：西夏文写作[illegible]。

拽厥氏

拽厥嵬名［《长编》卷三五四，神宗元丰八年四月甲申条］
又作槐厥
槐厥嵬名［《宋史》卷三三二《赵卨传》］

拽税氏

拽税［Д x 2822《杂字 · 番姓名》（俄 6 · 138）］
拽税守节［《金史》卷六二《交聘表下》］
按：西夏文写作[illegible]。

浑货氏

浑货［Д x 2822《杂字 · 番姓名》（俄 6 · 138）］

祐税氏

祐税 [Д x 2822《杂字 · 番姓名》(俄 6 · 138)]

药乜氏

药乜 [Д x 2822《杂字 · 番姓名》(俄 6 · 138)]

药乜永诠 [G32 · 001《凉州重修护国寺感通塔碑》(中 18 · 90)]

又作耀密

耀密楚美 [《长编》卷二七三，神宗熙宁九年二月癸丑条]

按：西夏文写作𦝼𦤩。

赵哆氏

赵哆 [Д x 2822《杂字 · 番姓名》(俄 6 · 138)]

轻宁氏

轻宁 [Д x 2822《杂字 · 番姓名》(俄 6 · 138)]

又作轻泥

轻泥嚷侧 [《司马文正公集》卷二五《章奏》]

迺来氏

迺来 [Д x 2822《杂字 · 番姓名》(俄 6 · 138)]

迺来赏没米 [俄 Дx.19076《直多磨哆代还钱契》(俄敦 17 · 326)]

又作迺来

迺来思聪 [《金史》卷六二《交聘表下》]

又作迺令

迺令思聪 [《金史》卷六二《交聘表下》]

按：西夏文写作𗧘𗰖。

迺税氏

迺税［Д x 2822《杂字·番姓名》（俄 6·138）］
按：西夏文写作𗙊𗄼。

骨勒氏

骨勒［Д x 2822《杂字·番姓名》（俄 6·138）］
骨勒茂才［俄 Инв.No.214 等《番汉合时掌中珠》汉文序（俄 10·2）］
骨勒文昌［《金史》卷六二《交聘表中》］
按：西夏文写作𗧘𗉣。

骨婢氏

骨婢［Д x 2822《杂字·番姓名》（俄 6·138）］
又作骨被
骨被［《长编》卷一三一，仁宗庆历元年二月辛巳条］
按：西夏文写作𗫡𗈾。

党移氏

党移赏粮［《宋史》卷三五〇《刘绍能传》］
按：西夏文写作𗼨𗤋。

埋笃氏

埋笃皆［G32·001《凉州重修护国寺感通塔碑》（中 18·91）］
按：西夏文写作𗦲𗥤。

恶恶氏

恶恶存忠 [《金史》卷六一《交聘表中》]

恶恶世忠 [《金史》卷六二《交聘表下》]

按：西夏文写作蔹蔹，蔹蔹本族名柔然，又译蠕蠕、茹茹。

悟儿氏

悟儿思齐 [《宋史》卷四四六《朱昭传》]

按：西夏文写作㒼戙；出自讹二族。

浪讹氏

浪讹 [Д x 2822《杂字·番姓名》（俄 6·138）]

浪讹元智 [《金史》卷六一《交聘表中》]

浪讹文广 [《金史》卷六二《交聘表下》]

按：西夏文写作㳠頏。

特啰氏

特啰 [Д x 2822《杂字·番姓名》（俄 6·138）]

破丑氏

破丑氏 [N42·022[P9：1] 西夏陵残碑（中 19·332）]

破丑重遇贵 [《宋史》卷四八五《夏国传上》]

破丑以 [《宋史》卷三三五《种世衡传》]

按：出早期党项八姓中的"颇超氏"。

部细氏

部细皆移［《宋朝事实类苑》卷七五］

又作补细

补细吃多巳者［《长编》卷一八四，仁宗嘉祐元年十二月甲子条］

又作保细

保细吃多巳［东都事略》卷一二八］

又作部曲

部曲嘉伊克［《长编》卷一八五，仁宗嘉祐二年二月壬戌条］

按：出保细族。

都啰氏

都啰［Дx2822《杂字·番姓名》（俄6·138）］

都啰马尾［《长编》卷二一九，神宗熙宁四年正月己丑条］

都啰重进［《宋大诏令集》卷二三五《赐夏国主不还绥州诏》］

又作都罗

都罗重进［《宋史》卷四八六《夏国传下》］

都罗马尾［《元刊梦溪笔谈》卷二五］

按：西夏文写作𗾱𗙬。

勒瓦氏

勒瓦［Дx2822《杂字·番姓名》（俄6·138）］

勒啰氏

勒啰［Дx2822《杂字·番姓名》（俄6·138）］

按：西夏文写作𗴲𗙬。

啰哆氏

啰哆守忠 [《金史》卷六二《交聘表下》]

啰哆思忠 [《金史》卷六二《交聘表下》]

按：西夏文写作𗙣𗦤。

㝻嵬氏

㝻嵬 [Д x 2822《杂字·番姓名》（俄 6·138）]

㝻嵬英 [《金史》卷六二《交聘表下》]

按：西夏文写作𗄊𗍳；出"熟魏"族，㝻嵬、熟魏同音异译。

梅讹氏

梅讹宇文 [《金史》卷六一《交聘表中》]

谋宁氏

谋宁好德 [《金史》卷六一《交聘表中》]

谋宁光祖 [《金史》卷六二《交聘表下》]

又作穆纳

穆纳僧格 [《长编》卷四九一，哲宗绍圣四年九月丙辰条]

按：西夏文写作𗩈𗥃。

野马氏

野马 [Д x 2822《杂字·番姓名》（俄 6·138）]

按：西夏文写作𗴼𗆁，出河西吐蕃野马族。

野货氏

野货 [Д x 2822《杂字·番姓名》（俄 6·138）]

按：西夏文或写作𗼩𗼩或写作𗼩𗼩。

野遇氏

野遇克忠 [《金史》卷六二《交聘表下》]

野遇思文 [《金史》卷六二《交聘表下》]

按：西夏文写作𗼩𗼩。

隈才氏

隈才浪罗 [《儒林公议》卷上]

猥才：《儒林公议》卷上记元昊自卫队第六队队长"隈才浪罗"。

按：出自"猥才族"，"猥才""隈才"同音异译。

麻七氏

蕃官借职刘良保、麻七讹赏二人为军向导，自绥德城出横山至夏州，水草丰足，及差使高福进指发官私窖谷，军粮充备，已补右班殿直。[《长编》卷三一九，神宗元丰四年十一月甲申条]

麻乜氏

麻乜 [Д x 2822《杂字·番姓名》（俄 6·138）]

又作麻七

麻七讹赏 [《长编》卷三一九，神宗元丰四年十一月甲申条]

又作麻也

麻也讹赏等 [《长编》卷三一八，神宗元丰四年十月丙子条]

又作麻女

麻女阣多革 [《长编》卷三一六，神宗元丰四年九月庚戌条]

麻女喫多革 [《长编》卷三一八，神宗元丰四年十月丙寅条]

按："麻也""麻七""麻女"皆为"麻乜"形近讹。

麻奴氏

麻奴绍文 [《金史》卷六一《交聘表中》]

麻骨氏

麻骨进德 [《金史》卷六一《交聘表中》]

嵬啰氏

嵬啰执信 [《金史》卷六一《交聘表中》]

按：西夏文写作𗼲𗁾。

嵬迎

嵬迎 [Д x 2822《杂字·番姓名》(俄 6 · 138)]

按：西夏文写作𗼲𘌤。

嵬宰氏

嵬宰师宪 [《金史》卷六一《交聘表中》]

嵬恧氏

嵬恧 [《金史》卷六一《交聘表中》]

按：西夏文写作𗼲𘜶。

赏啰氏

赏啰讹乞 [《宋史》卷四八六《夏国传下》]

又作赏罗

赏罗讹乞 [《宋会要》兵 8 之 35]

铺主氏

铺主 [Д x 2822《杂字·番姓名》（俄 6·138）]

按：西夏文写作𘔁𗵐。

鲁布氏

鲁布智云 [《大方广佛华严经海印道场十重行愿常遍礼忏仪》（卷四二），参见白滨：《元代西夏一行慧觉法师辑汉文〈华严忏仪〉补释》，《西夏学》第一辑，宁夏人民出版社 2006 年版，第 78 页]

按：西夏文写作𗊱𗼕。

路嚟氏

路嚟 [Д x 2822《杂字·番姓名》（俄 6·138）]

慕容氏

慕容洧 [《系年要录》卷三八]

按：西夏文写作𗼃𗠒。

蔡令氏

蔡令 [Д x 2822《杂字·番姓名》（俄 6·138）]

按：西夏文写作𗣫𗦾。

鲜卑氏

鲜卑讹答 [《蒙兀儿史记》卷三成吉思可汗本纪下]

鲜卑宝源 [《功德宝集偈》，参见罗炤:《藏汉〈圣胜慧到彼岸功德宝集偈〉考略，《世界宗教》，1983 年第 4 期]

鲜卑真义国师 [《大方广佛华严经海印道场十重行愿常遍礼忏仪》卷四二，参见参阅白滨:《元代西夏一行慧觉法师辑汉文〈华严忏仪〉补释》，《西夏学》，宁夏人民出版社 2006 年版，第 78 页]

又作西壁氏

西壁讹答 [《元史》卷一《太祖纪》]

按:西夏文写作𗾻𗳍，源出"鲜卑族"。

播盃氏

播盃氏愿月明像 [G12·005[M61（1）] 莫高窟石窟第 61 洞（中 18·207）]

按:西夏文写作𗾑𗼋。

磨讹氏

磨讹 [Д x 2822《杂字·番姓名》（俄 6·138）]

按:西夏文写作𗉵𗤶

2. 西夏文番姓录

𗾻𗾇

𗾻𗾇 [俄 Инв.No.210、6340《杂字·番姓名》（俄 10·48）]

𗾻𗾇𗾈𗾉 [俄 Инв.No.208、209、4775《音同》（俄 7·29）]

𗾻𗾇𗲲𗲳 [俄 Инв.No.2570、4187《天盛改旧新定律令·颁律表》（俄 8·47）]

按：汉文写作"嵬名"，西夏王室姓。

𗼲𘕕

𗼲𘕕 [俄 Инв.No.210、6340《杂字·番姓名》（俄 10·49）]

𗄊𗜀

𗄊𗜀𗼲𘉼 [G12·005 [M61（3）] 莫高窟石窟第 61 窟（中 18·207）]

按：汉文写作"杂谋"，出自杂母族，"杂谋""杂母"同音异译。

𗈀𗤄

𗈀𗤄 [俄 Инв.No.210、6340《杂字·番姓名》（俄 10·49）]

𗈀𘋥

𗈀𘋥 [俄 Инв.No.210、6340《杂字·番姓名》（俄 10·49）]

𗈀𘋥 [俄 Инв.No.741《新集碎金置掌文》（俄 10·109）]

𗍫𘕿

𗍫𘕿 [俄 Инв.No.210、6340《杂字·番姓名》（俄 10·49）]

𗍫𘕿𗟲𗤋𗰖 [官 64，壬申四年印]

𗤙𗗡

𗤙𗗡 [俄 Инв.No.210、6340《杂字·番姓名》（俄 10·49）]

按：汉文写作"季卧"。

𗤂𗴂

𗤂𗴂 [俄 Инв.No.210、6340《杂字·番姓名》（俄 10·49）]

按：汉文写作"光宁"。

𗧊𗤊

𗧊𗤊［俄 Инв.No.210、6340《杂字·番姓名》（俄 10·49）]

𗣼𗤄

𗣼𗤄［俄 Инв.No.210、6340《杂字·番姓名》（俄 10·49）

𗢭

𗢭［俄 Инв.No.207《音同》（俄 7·3）]

𗣼𗎆

𗣼𗎆［俄 Инв.No.210、6340《杂字·番姓名》（俄 10·49）]
𗣼𗎆𗮈𗧬［G21·003[15512] 西夏《天庆寅年会款单》（中 16·257）]
按：汉文写作"咩布"。

𗾀𗫓

𗫳𗾀𗫓𗫉［安西榆林窟第 25 窟（中 18·242）]

𗰖𗤑

𗰖𗤑［俄 Инв.No.208、209、4775《音同》19B3（俄 7·37）]
𗰖𗤑［俄 Инв.No.2539《义同》（俄 10·76）]
按：汉文写作"冬至"。

𗼨𗫌

𗼨𗫌［俄 Инв.No.210、6340《杂字·番姓名》（俄 10·49）]

𗵋𗀔

𗵋𗀔 [俄 Инв.No.210、6340《杂字·番姓名》(俄 10·49)]

𗵋𗹲

𗵋𗹲𗵋𗹲 [Инв.No.208、209、4775《音同》(俄 7·29)]

𗵋𗄭

𗵋𗄭 [俄 Инв.No.210、6340《杂字·番姓名》(俄 10·49)]

𗵋𗥨

𗵋𗥨 [俄 Инв.No.210、6340《杂字·番姓名》(俄 10·48)]

度𗀔

度𗀔 [俄 Инв.No.210、6340《杂字·番姓名》(俄 10·49)]

按：汉文写作"迺税"。

𗺉𗙴

𗺉𗙴 [俄 Инв.No.210、6340《杂字·番姓名》(俄 10·49)]

𗗙𗴢

𗗙𗴢 [俄 Инв.No.210、6340《杂字·番姓名》(俄 10·49)]

𗩱𗥨

𗩱𗥨 [俄 Инв.No.210、6340《杂字·番姓名》(俄 10·49)]

𗟲𗷻

𗟲𗷻 [俄 Инв.No.210、6340《杂字·番姓名》(俄 10·49)]

𗿦𗣧

𗿦𗣧 [俄 Инв.No.211、212、213《文海》28·221 (俄 7·134)]

𗿦𗉼

𗿦𗉼 [俄 Инв.No.210、6340《杂字·番姓名》(俄 10·49)]

𗿦𗉼□□𗾺 [(N112·001) 西夏宿卫牌背面 (中 20·81)]

𗿦𗉼𗋽𗤶 [俄 Инв.No.2736《黑水守将告近禀帖》(俄 13·103)]

按：汉文写作"谋宁"相通。

𗷓𗆤

𗷓𗆤 [俄 Инв.No.210、6340《杂字·番姓名》(俄 10·49)]

𗷓𗼛

𗷓𗼛 [俄 Инв.No.210、6340《杂字·番姓名》(俄 10·49)]

𗷓𗼛𗾟𗰖 [俄 Инв.No.876《宫廷诗集》(俄 10·313)]

𗷓𗼛𗋽𗥾 [N42·010 [M2W·124]《西夏陵残碑》(中 19·147)]

按：汉文写作"野利"。

𗷓𗴲

𗷓𗴲 [俄 Инв.No.210、6340《杂字·番姓名》(俄 10·49)]

按：汉文写作"夜浪"。

𗣼𗟻

𗣼𗟻 [俄 Инв.No.210、6340《杂字·番姓名》（俄 10·49）]

𗣼𗟻𗣼𗟻𗣼 [俄 Инв.No.4991—8《迁溜人口税帐》]

𗣼𗟻

𗣼𗟻 [俄 Инв.No.210、6340《杂字·番姓名》（俄 10·49）]

按：汉文写作"拽白"。

𗣼𗟻

𗣼𗟻 [俄 Инв.No.210、6340《杂字·番姓名》（俄 10·48）]

𗣼𗟻𗣼□□ [俄 Инв.No.2570、4187《天盛改旧新定律令·颁律表》（俄 8·48）]

𗣼𗟻

𗣼𗟻 [俄 Инв.No.210、6340《杂字·番姓名》（俄 10·49）]

𗣼𗟻 [俄 Инв.No.741《新集碎金置掌文》（俄 10·110）]

按：汉文写作"卧利"。

𗣼𗟻

𗣼𗟻 [俄 Инв.No.211、212、213《文海》8·262（俄 7·124）]

𗣼𗟻

𗣼𗟻 [俄 Инв.No.210、6340《杂字·番姓名》（俄 10·49）]

𗣼𗟻

𗣼𗟻 [俄 Инв.No.210、6340《杂字·番姓名》（俄 10·49）]

按：汉文写作"恃胡"。

𘚡𘜍

𘚡𘜍［俄 Инв.No.210、6340《杂字·番姓名》（俄 10·49）］

𘚡绕

𘚡绕［俄 Инв.No.210、6340《杂字·番姓名》（俄 10·49）］

𘚡绕

𘚡绕［俄 Инв.No.210、6340《杂字·番姓名》（俄 10·49）］

𘚡颂

𘚡颂［俄 Инв.No.210、6340《杂字·番姓名》（俄 10·49）］

𘚡洮

𘚡洮［俄 Инв.No.210、6340《杂字·番姓名》（俄 10·48）］

𘚡㹸

𘚡㹸［俄 Инв.No.211、212、213《文海》59·223（俄 7·149）］

𘚡㹸

𘚡㹸［俄 Инв.No.211、212、213《文海》杂 2·111（俄 7·166）］

𘚡㡊

𘚡㡊［俄 Инв.No.210、6340《杂字·番姓名》（俄 10·48）］

𗼨𘜶

𗼨𘜶 [俄 Инв.No.210、6340《杂字·番姓名》(俄 10·48)]

𗼨𘙅

𗼨𘙅 [俄 Инв.No.210、6340《杂字·番姓名》(俄 10·48)]

𗾔𘊰

𗾔𘊰 [俄 Инв.No.207《音同》(俄 7·4)]

𗼳𘓺

𗼳𘓺 [俄 Инв.No.210、6340《杂字·番姓名》(俄 10·49)]

𗼍𗤋

𗼍𗤋 [俄 Инв.No.210、6340《杂字·番姓名》(俄 10·49)]

按：汉文写作"拽税"。

𗼍𘏟

𗼍𘏟 [俄 Инв.No.210、6340《杂字·番姓名》(俄 10·49)]

𗼍𘚟

𗼍𗤋 [俄 Инв.No.211、212、213《文海》79·221（俄 7·159)]

𗼛𘍞

𗼛𘍞 [俄 Инв.No.210、6340《杂字·番姓名》(俄 10·49)]

𗄊𘝜

𗄊𘝜 [俄 Инв.No.211、212、213《文海》10·261（俄 7·125）]

𗥍𘝧

𗥍𘝧 [俄 Инв.No.210、6340《杂字·番姓名》（俄 10·49）]

𗤱𗤱

𗤱𗤱 [俄 Инв.No.210、6340《杂字·番姓名》（俄 10·49）]

𗤱𘌒

𗤱𘌒 [俄 Инв.No.210、6340《杂字·番姓名》（俄 10·49）]

按：汉文写作"杂里"。

𗤱𘒣

𗤱𘒣 [俄 Инв.No.210、6340《杂字·番姓名》（俄 10·49）]

𗤱𘒦

𗤱𘒦 [俄 Инв.No.210、6340《杂字·番姓名》（俄 10·49）]

𗤱𘒦𗦴𗑟𘌒 [B11·037[1.14]《金光明最胜王经》跋（中 4·85）]

𗢯𘄒

𗢯𘄒 [俄 Инв.No.210、6340《杂字·番姓名》（俄 10·49）]。

𘐔𗰜

𘐔𗰜 [俄 Инв.No.210、6340《杂字·番姓名》（俄 10·49）]

𗁬𗥚

𗁬𗥚 [俄 Инв.No.210、6340《杂字·番姓名》（俄 10·48）]

𗁬𗥚𗱕𘄒 [N42·010 ［M2W：404+421］《西夏陵残碑》（中 19·137）]

𗁬𗥚𗴮𗉷𗀔𘀗𗵣 [B11·052《过去庄严劫千佛名经》（中 6·59）]

按：汉文写作"都啰"。

𗺓𗼃

𗺓𗼃 [俄 Инв.No.210、6340《杂字·番姓名》（俄 10·49）]

𗺓𗭘

𗺓𗭘 [俄 Инв.No.210、6340《杂字·番姓名》（俄 10·49）]

𗼃𗭜

𗼃𗭜 [俄 Инв.No.210、6340《杂字·番姓名》（俄 10·49）]

𘊲𘄄

𘊲𘄄 [俄 Инв.No.210、6340《杂字·番姓名》（俄 10·49）]

𗸦𘈇

𗸦𘈇 [俄 Инв.No.210、6340《杂字·番姓名》（俄 10·49）]

𗤊𗤻𗾈

𗤊𗤻𗾈 [俄 Инв.No.210、6340《杂字·番姓名》（俄 10·48）]

𗏁𗆷

𗏁𗆷 [俄 Инв.No.210、6340《杂字·番姓名》(俄 10 · 49)]

𗏁𗆷 [俄 Инв.No.2539《义同》(俄 10 · 75)]

𗏁𗆷

𗏁𗆷 [俄 Инв.No.210、6340《杂字·番姓名》(俄 10 · 49)]

𗏁𗆷

𗏁𗆷 [俄 Инв.No.210、6340《杂字·番姓名》(俄 10 · 48)]

𗏁𗆷

𗏁𗆷 [俄 Инв.No.210、6340《杂字·番姓名》(俄 10 · 48)]

𗏁𗆷 [俄 Инв.No.741《新集碎金置掌文》(俄 10 · 110)]

𗏁𗆷𗏁 [官 58，戊辰五年印]

𗏁𗆷

𗏁𗆷 [俄 Инв.No.210、6340《杂字·番姓名》(俄 10 · 48)]

𗏁𗆷

𗏁𗆷 [俄 Инв.No.210、6340《杂字·番姓名》(俄 10 · 48)]

𗏁𗆷

𗏁𗆷𗏁𗆷 [俄 Инв.No.4154、8364《文海宝韵》(俄 7 · 177)]

𗏁𗆷𗏁𗆷 [Инв.No.208、209、4775《音同》(俄 7 · 29)]

𗼨𗫦

𗼨𗫦 [俄 Инв.No.210、6340《杂字·番姓名》(俄 10 · 49)]

𗼨𗫦 [俄 Инв.No.741《新集碎金置掌文》(俄 10 · 109)]

𗼨𗫦𗰖□ [G32 · 001《凉州重修护国寺感通塔碑》(中 18 · 89)]

𗼨𗫦𗙼𗥫𗯨 [КТБП 212]

𗼨𗫦𗖻𗱡 [КТБП 239]

按：汉文写作"药也"。

𗏆𗱡

𗏆𗱡 [俄 Инв.No.210、6340《杂字·番姓名》(俄 10 · 49)]

𗣼𗪯

𗣼𗪯 [俄 Инв.No.210、6340《杂字·番姓名》(俄 10 · 49)]

𗣼𗪯𗱢𗴽𗱡 [官 63]

按：汉文写作"庞静"。

𗤛𗰜

𗤛𗰜 [俄 Инв.No.210、6340《杂字·番姓名》(俄 10 · 48)]

𗤛𗤛𗰜 [俄 Инв.No.207《音同》(俄 7 · 16)]

𗤛𗰜𗴒𗴒 [官 77，藏北京市文物局]

𗤛𗏆

𗤛𗏆 [俄 Инв.No.210、6340《杂字·番姓名》(俄 10 · 49)]

𗼲𗼲

𗼲𗼲 [俄 Инв.No.210、6340《杂字·番姓名》(俄 10·48)]

𗼲𗪩

𗼲𗪩 [俄 Инв.No.210、6340《杂字·番姓名》(俄 10·49)]

𗼲𗴂

𗼲𗴂 [俄 Инв.No.210、6340《杂字·番姓名》(俄 10·49)]

𗼲𗴂□□ [安西榆林窟第 25 窟 (中 18·242)]

𗧠𗴍

𗧠𗴍 [俄 Инв.No.210、6340《杂字·番姓名》(俄 10·48)]

𗧠𗴍 [俄 Инв.No.741《新集碎金置掌文》(俄 10·109)]

𗄭𗲟

𗄭𗲟 [俄 Инв.No.210、6340《杂字·番姓名》(俄 10·49)]

𗄭𗲟 [俄 Инв.No.2539《义同》(俄 10·75)]

𗄭𗲟𗣀𗭚𗫲 [官 47]

按：汉文写作"如定"。

𗰖𗰖

𗰖𗰖 [俄 Инв.No.210、6340《杂字·番姓名》(俄 10·49)]

𗰖𗰖𗵽𗧠𗱕 [官 4]

𗰖𗰖𗾖□ [官 37]

按：汉文写作"恧恧"，出自族名"柔然"。

薣瓲

薣瓲祸庇拜 [官 26]

按：汉文写作"啰啰"。

蓊娸

蓊娸 [俄 Инв.No.210、6340《杂字·番姓名》（俄 10·49 ）]

菮燚

菮燚 [俄 Инв.No.2539《义同》（俄 10·75 ）]

萷虇

萷虇 [俄 Инв.No.211、212、213《文海》31·132（俄 7·135 ）]

萷虇□ [俄 Инв.No.8005-3《借贷文书》]

萷虇□□稴 [俄 Инв.No.5949—31《光定寅年众会契》（俄 14·92 ）]

按：汉文写作"契丹"，出自族名"契丹"。

萷殩

萷殩 [俄 Инв.No.210、6340《杂字·番姓名》（俄 10·49 ）]

蕝腩

蕝腩 [俄 Инв.No.210、6340《杂字·番姓名》（俄 10·48 ）]

蕝腩湍殘敩 [G21·003[15512] 西夏《天庆寅年会款单》（中 16·257 ）]

蕝腩蕬疆 [G21·003[15512] 西夏《天庆寅年会款单》（中 16·257 ）]

𗴈𗼕

𗴈𗼕［俄 Инв.No.210、6340《杂字·番姓名》（俄 10·48）］

𗴈𗼕𗴒𗣼𘀋［俄 Инв.No.2539《义同》（俄 10·101）］

按：汉文写作"讹静"。

𗴈𗒹

𗴈𗒹［俄 Инв.No.210、6340《杂字·番姓名》（俄 10·48）］

𗴈𗒹𗪉𗣼𘃜𘀋［B11·037[1.14]《金光明最胜王经》（中 4·86）］

𗴈𗒹�[G11·049[B125：22]《持金牌讹二三等发愿诵读功效文》（中 16·155）］

按：汉文写作"悟儿"。

𗴈𗟨

𗴈𗟨［俄 Инв.No.210、6340《杂字·番姓名》（俄 10·48）］

𗴈𗟨𗾔𘃜𗐯［B11·037[1.14]《金光明最胜王经》跋（中 4·85）］

按：汉文写作"卧利"。

𗴈𗢭

𗴈𗢭［俄 Инв.No.210、6340《杂字·番姓名》（俄 10·48）］

𗴈𘄡

𗴈𘄡［俄 Инв.No.210、6340《杂字·番姓名》（俄 10·49）］

𗴈𘄡□𘟛［中 M21·151[F1：W60/0060]《僧人名单》（中 17·251）］

按：汉文写作"卧咩"。

𗼷𗟲

𗼷𗟲 [俄 Инв.No.210、6340《杂字·番姓名》(俄 10 · 48)]

𗼷𗟲𘄒𘄒𘞵 [G21 · 003[15512]《天庆寅年会款单》(中 16 · 257)]

按：汉文写作"讹六"。

𗼷𗤛

𗼷𗤛 [俄 Инв.No.2570、4187《天盛改旧新定律令·颁律表》(俄 8 · 48)]

按：汉文写作"卧没"。

𗼷𘊻

𗼷𘊻 [俄 Инв.No.210、6340《杂字·番姓名》(俄 10 · 48)]

𗼷𘈷

𗼷𘈷𗼓𗆟𘎶 [КТБП 241]

□𗼷𘈷𘋠𘞵 [官 55，大庆四年]

𗼷𗤉

𗼷𗤉 [俄 Инв.No.210、6340《杂字·番姓名》(俄 10 · 48)]

𗼷𗤊

𗼷𗤊 [俄 Инв.No.210、6340《杂字·番姓名》(俄 10 · 48)]

𗼷𗤊□□ [中 M21 · 151[F1：W60/0060]《僧人名单》(中 17 · 251)]

𗼷𗵒

𗼷𗵒 [俄 Инв.No.210、6340《杂字·番姓名》(俄 10 · 48)]

按：汉文写作"讹嗲"。

𗄛𗀅

𗄛𗀅 [俄 Инв.No.210、6340《杂字·番姓名》（俄 10·48）]

𗀅𗄛𗀅𗤺 [G12·039 [Y13] 安西榆林窟第 13 窟（中 18·240）]

𗄛𗢏

𗄛𗢏 [俄 Инв.No.210、6340《杂字·番姓名》（俄 10·48）]

𗬌

𗬌𗟲𗰖𗖰 [官 72，已卯十一年]

𗬌𗥽𗤺 [官 82，天庆八年]

𗬌𗧫

𗬌𗧫𗣼 [《保定出土明代西夏文石幢》]

𗬌𗼃

𗬌𗼃 [俄 Инв.No.210、6340《杂字·番姓名》（俄 10·48）]

𗬌𗼃𗾱𗕜𗏷 [官 13]

𗬌𗼃𗐷□□ [俄 Инв.No.2570、4187《天盛改旧新定律令·颁律表》（俄 8·47）]

按：按：汉文写作"浪讹"。

𗤅𗾟

𗤅𗾟 [俄 Инв.No.210、6340《杂字·番姓名》（俄 10·48）]

𗤅𗾟𗴝𗤱 [官 17，贞观壬午二年印]

𗿦𗿦

𗿦𗿦 [俄 Инв.No.210、6340《杂字·番姓名》（俄 10·49）]

𗿦𗿦

𗿦𗿦 [俄 Инв.No.210、6340《杂字·番姓名》（俄 10·49）]

𗿦𗿦

𗿦𗿦 [俄 Инв.No.210、6340《杂字·番姓名》（俄 10·48）]

𗿦𗿦𗿦𗿦 [КТБП211]

𗿦𗿦𗿦𗿦 [КТБП204]

𗿦𗿦

𗿦𗿦 [俄 Инв.No.210、6340《杂字·番姓名》（俄 10·48）]

𗿦𗿦

𗿦𗿦 [俄 Инв.No.210、6340《杂字·番姓名》（俄 10·48）]

𗿦𗿦𗿦𗿦 [G12·043[Y25] 安西榆林窟第 25 窟（中 18·242）]

𗿦𗿦𗿦𗿦𗿦 [G12·048[Y39（1）] 安西榆林窟第 25 窟（中 18·252）]

𗿦𗿦

𗿦𗿦 [俄 Инв.No.210、6340《杂字·番姓名》（俄 10·49）]

𗿦𗿦 [俄 Инв.No.741《新集碎金置掌文》（俄 10·110）]

𗿦𗿦 [俄 Инв.No.2539《义同》（俄 10·75）]

按：汉文写作"妹轻"。

𘞷𘚫

𘞷𘚫 [俄 Инв.No.210、6340《杂字·番姓名》(俄 10·49)]

𘞷𘋀

𘞷𘋀𘄷𘝥 [G32·001《凉州重修护国寺感通塔碑》(中 18·89)]

𘞷𘋀𘏊𘕑 [官 12，雍宁六年印]

按：汉文写作"韦移"。

𘜶𘊓

𘜶𘊓 [俄 Инв.No.210、6340《杂字·番姓名》(俄 10·48)]

𘜶𘊟

𘜶𘊟𘎳 [G32·001《凉州重修护国寺感通塔碑》(中 18·92)]

按：汉文写作"埋笃"。

𘞆𘅍

𘞆𘅍 [俄 Инв.No.210、6340《杂字·番姓名》(俄 10·49)]

𘞆𘒼

𘞆𘒼 [俄 Инв.No.210、6340《杂字·番姓名》(俄 10·49)]

𘚝𘛷

𘚝𘛷 [俄 Инв.No.210、6340《杂字·番姓名》(俄 10·49)]

𘚝𘛷𘕿𘏨 [N162·001 西夏官印 (中 20·61)]

𗗟𗤁

𗗟𗤁 [俄 Инв.No.210、6340《杂字 · 番姓名》(俄 10 · 49)]

𗕣𗵒

𗕣𗵒 [俄 Инв.No.210、6340《杂字 · 番姓名》(俄 10 · 48)]

𗕣𗵏

𗕣𗵏 [俄 Инв.No.210、6340《杂字 · 番姓名》(俄 10 · 48)]

𗕣𗵞

𗕣𗵞 [俄 Инв.No.210、6340《杂字 · 番姓名》(俄 10 · 48)]

𗕣𗹏

𗕣𗹏 [俄 Инв.No.210、6340《杂字 · 番姓名》(俄 10 · 48)]

𗕲𗰖

𗕲𗰖 [俄 Инв.No.210、6340《杂字 · 番姓名》(俄 10 · 49)]

𗵈𗽏

𗵈𗽏 [俄 Инв.No.210、6340《杂字 · 番姓名》(俄 10 · 48)]

𗵈𗫔

𗵈𗫔 [俄 Инв.No.210、6340《杂字 · 番姓名》(俄 10 · 48)]

𗦀𗦀

𗦀𗦀 [俄 Инв.No.210、6340《杂字·番姓名》（俄 10·49）]

𗣀𗣀

𗣀𗣀 [俄 Инв.No.210、6340《杂字·番姓名》（俄 10·49）]

𗲀𗲀

𗲀𗲀 [俄 Инв.No.210、6340《杂字·番姓名》（俄 10·49）]

按：汉文写作"没嘧"。

𗪀𗋀

𗪀𗋀 [俄 Инв.No.210、6340《杂字·番姓名》（俄 10·48）]

𗪀𗋀𗿀𗰀 [参见史金波《西夏官印姓氏考》，上海辞书出版社 2005 年版），内蒙伊克昭盟出土]

𗪀𗋀𗣀𗎀 [《番汉合时掌中珠》汉文序（俄 10·2）]

按：汉文写作"骨勒"。

𗭀𗛀

𗭀𗛀 [俄 Инв.No.210、6340《杂字·番姓名》（俄 10·49）]

𗭀𗹀

𗭀𗹀 [俄 Инв.No.210、6340《杂字·番姓名》（俄 10·49）]

𗭀𗹀𗢀𗙀 [B11·047[3.15]《现在劫千佛名经》（中 5·187）]

按：汉文写作"鲁布"。

𘜜𘓮

𘜜𘓮 [俄 Инв.No.210、6340《杂字·番姓名》(俄 10 · 49)]

𘜜𘑾

𘜜𘑾 [俄 Инв.No.210、6340《杂字·番姓名》(俄 10 · 49)]

𘜜𘎠

𘜜𘎠 [俄 Инв.No.210、6340《杂字·番姓名》(俄 10 · 49)]

𘛻𘜔

𘛻𘜔 [俄 Инв.No.210、6340《杂字·番姓名》(俄 10 · 49)]

𘞇𘜞

𘞇𘜞 [俄 Инв.No.210、6340《杂字·番姓名》(俄 10 · 48)]

𘞇𘜞𘞴𘝙 [КТБП 56]

𘞇𘜞𘛻𘓥 [КТБП 59]

𘀗𘚖

𘀗𘚖 [俄 Инв.No.210、6340《杂字·番姓名》(俄 10 · 48)]

𘀗𘒞

𘀗𘒞 [俄 Инв.No.210、6340《杂字·番姓名》(俄 10 · 48)]

𘀗𘒞𘝉𘎠𘝲 [G12 · 044[Y29 (17)] 榆林窟第 29 窟 (中 18 · 248)]

按：汉文写作"讹啰"。

�️𗊩

頍𗊩 [俄 Инв.No.210、6340《杂字·番姓名》(俄 10·48)]

頍𗊩𘃠𗣼 [俄 Инв.No.799 3947《德行集》卷尾款题（俄 11·154）]

頍𗊩𗢸𗴺 [B11·037[1.14]《金光明最胜王经》跋（中 4·85）]

按: 汉文写作"讹藏"。

頍𘒀

頍𘒀 [俄 Инв.No.210、6340《杂字·番姓名》(俄 10·48)]

頍𗏼

頍𗏼 [俄 Инв.No.210、6340《杂字·番姓名》(俄 10·49)]

𘞲𘕦

𘞲𘕦 [俄 Инв.No.210、6340《杂字·番姓名》(俄 10·49)]

按: 汉文写作"连奴"。

𗀛𗴺

𗀛𗴺 [俄 Инв.No.210、6340《杂字·番姓名》(俄 10·49)]

𗣼𗅉

𗣼𗅉 [俄 Инв.No.210、6340《杂字·番姓名》(俄 10·49)]

𗣼𗅉𘄿𘊧 [G12·012[M285] 莫高窟石窟第 285 窟（中 18·214）]

𗣼𗅉𗝶 [（G12·021[M464（2）]）莫高窟石窟第 464 窟（中 18·218）]

按: 汉文写作"骨婢"勘同。

綟赕

綟赕 [俄 Инв.No.210、6340《杂字·番姓名》(俄 10·49)]

綟諕

綟諕 [俄 Инв.No.210、6340《杂字·番姓名》(俄 10·49)]

綟諕 [俄 Инв.No.741《新集碎金置掌文》(俄 10·109)]

按：汉文写作"勒啰"。

緩羝

緩羝 [俄 Инв.No.210 6340《杂字·番姓名》(俄 10·48)]

緩羝諕席叕扬 [俄 NO:954《光定未年谷物借文书》(依松泽博《西夏文·谷物借贷文书私见——俄罗斯科学院东方学研究所列宁格勒分所藏 NO：954 再读》所附图版,《东洋史苑》第 46 号，1995 年)]

按：汉文写作"嗲讹"

娘緩

娘緩 [俄 Инв.No.210、6340《杂字·番姓名》(俄 10·49)]

緷姕

緷姕 [俄 Инв.No.741《新集碎金置掌文》(俄 10·110)]

緷耗

緷耗 [俄 Инв.No.210、6340《杂字·番姓名》(俄 10·48)]

𗼱𗰖

𗼱𗰖 [俄 Инв.No.210、6340《杂字·番姓名》(俄 10·49)]

𗼅𗥃

𗼅𗥃 [俄 Инв.No.210、6340《杂字·番姓名》(俄 10·48)]

𗼜𗤻

𗼜𗤻 [俄 Инв.No.210、6340《杂字·番姓名》(俄 10·48)]

𗼉𗫀

𗼉𗫀 [俄 Инв.No.210、6340《杂字·番姓名》(俄 10·49)]

𗼇𗲲

𗼇𗲲 [俄 Инв.No.210、6340《杂字·番姓名》(俄 10·49)]

按：汉文写作"并尚"。

𗼇𗴭

𗼇𗴭 [俄 Инв.No.210、6340《杂字·番姓名》(俄 10·49)]

𗼇𗾔

𗼇𗾔 [俄 Инв.No.210、6340《杂字·番姓名》(俄 10·49)]

𗽔𗾧

𗽔𗾧 [俄 Инв.No.210、6340《杂字·番姓名》(俄 10·48)]

𗼾𗾑

𗼾𗾑 [俄 Инв.No.210、6340《杂字·番姓名》(俄 10·48)]

𗼾𗾑𗷻𗴲 [官 48，大德乙卯元年印]

𗼾𗾑𗴟𗣭 [官 61，辛未三年印]

𗼾𗾑

𗼾𗾑 [俄 Инв.No.210、6340《杂字·番姓名》(俄 10·48)]

𗼾𗾑

𗼾𗾑 [俄 Инв.No.210、6340《杂字·番姓名》(俄 10·48)]

𗼾𗾑𗆴𗗚𗾑 [G21·003[15512] 西夏《天庆寅年会款单》(中 16·257)]

𗼾𗾑𗣼𗥃 [G32·001《凉州重修护国寺感通塔碑》(中 18·89)]

按：汉文写作"令介"。

𗼾𗾑

𗼾𗾑 [俄 Инв.No.210、6340《杂字·番姓名》(俄 10·48)]

𗼾𗾑

𗼾𗾑 [俄 Инв.No.210、6340《杂字·番姓名》(俄 10·48)]

𗼾𗾑𗍲𗗚 [Инв.No.208、209、4775《音同》(俄 7·29)]

𗼾𗾑

𗼾𗾑 [俄 Инв.No.210、6340《杂字·番姓名》(俄 10·48)]

𘜼𗟇

𘜼𗟇 [俄 Инв.No.211、212、213《文海》22 · 112（俄 7 · 131）]

𘜼𗽀

𘜼𗽀 [俄 Инв.No.210、6340《杂字 · 番姓名》（俄 10 · 48）]

𗵐𘝞

𗵐𘝞 [俄 Инв.No.210、6340《杂字 · 番姓名》（俄 10 · 49）]

𗴺𘜶

𗴺𘜶 [俄 Инв.No.211、212、213《文海》92 · 142（俄 7 · 165）]

𗴺𘜶 [俄 Инв.No.2539《义同》（俄 10 · 76）]

按：汉文写作"匈奴"，出自族名"匈奴"。

𗼝𘀆

𗼝𘀆 [俄 Инв.No.210、6340《杂字 · 番姓名》（俄 10 · 49）]

𘀣𗈼

𘀣𗈼 [俄 Инв.No.210、6340《杂字 · 番姓名》（俄 10 · 48）]

𗷜𗀈

𗷜𗀈 [俄 Инв.No.210、6340《杂字 · 番姓名》（俄 10 · 48）]

按：汉文写作"铺主"。

𘜶𘉄

𘜶𘉄［俄 Инв.No.210、6340《杂字·番姓名》（俄 10·48）］

𘜶𗵈

𘜶𗵈［俄 Инв.No.210、6340《杂字·番姓名》（俄 10·49）］

𘜷𗼑

𘜷𗼑［俄 Инв.No.210、6340《杂字·番姓名》（俄 10·48）］

𘜸𗵈

𘜸𗵈𗾞𗦻［俄 Инв.No.5010《西夏文天盛二十二年卖地文契》（俄 14·2）］

按：汉文写作"没啰"。

𘜸𗦳

𘜸𗦳［俄 Инв.No.210、6340《杂字·番姓名》（俄 10·48）］

𘜸𗦳𗂤𗥤［官 42，正德四年印］

𘜸𗧇

𘜸𗧇𗁒𗾞［俄 Инв.No.121《宫廷诗集》（俄 10·312）］

𘜸𗧇𗾞𗦻［中 M21·151[F1：W60/0060]《僧人名单》（中 17·251）］

按：汉文写作"没细"，出自"没细族"。

𘜸𗥤

𘜸𗥤𗄽𗮔［《宫廷诗集》（俄 Инв.No.876）（俄 10·314）］

𘀦𘎤

𘀦𘎤 [俄 Инв.No.210、6340《杂字·番姓名》（俄 10·48）]

按：汉文写作"没藏"，出自"没藏族"。

𗿫𗤀

𗿫𗤀 [俄 Инв.No.210、6340《杂字·番姓名》（俄 10·49）]

𗿫𗥰

𗿫𗥰 [俄 Инв.No.210、6340《杂字·番姓名》（俄 10·49）]

𗿫𗤊

𗿫𗤊 [俄 Инв.No.210、6340《杂字·番姓名》（俄 10·49）]

𗿫𗤓

𗿫𗤓 [俄 Инв.No.210、6340《杂字·番姓名》（俄 10·49）]

𗾟𗤀𘃽𗤁

𗾟𗤀𘃽𗤁 [俄 Инв.No.211、212、213《文海》56·151（俄 7·147）]

𗾫𘃌

𗾫𘃌 [俄 Инв.No.211、212、213《文海》杂 19·113（俄 7·175）]

𘀜𘈩

𘀜𘈩 [俄 Инв.No.210、6340《杂字·番姓名》（俄 10·49）]

𗼍𗟻

𗼍𗟻 [俄 Инв.No.210、6340《杂字·番姓名》(俄 10·49)]

𗟻𗰜

𗟻𗰜 [俄 Инв.No.210、6340《杂字·番姓名》(俄 10·48)]
𗟻𗰜𗼍𗾦 [天津艺术博物馆藏，天盛戌年印]

𗟻𗰱

𗟻𗰱 [俄 Инв.No.210、6340《杂字·番姓名》(俄 10·48)]

𗟻𗰳

𗟻𗰳 [俄 Инв.No.210、6340《杂字·番姓名》(俄 10·48)]

𗟻𗰴

𗟻𗰴 [俄 Инв.No.210、6340《杂字·番姓名》(俄 10·48)]

𗟻𗰵

𗟻𗰵 [俄 Инв.No.210、6340《杂字·番姓名》(俄 10·48)]

𗟻𗰶

𗟻𗰶 [俄 Инв.No.210、6340《杂字·番姓名》(俄 10·48)]

𗟻𗰷

𗟻𗰷𗾒 [中 M21·151[F1：W60/0060]《僧人名单》(中 17·251)]

𘓺𘕚

𘓺𘕚 [俄 Инв.No.210、6340《杂字·番姓名》(俄 10·48)]

𘓺𘕦

𘓺𘕦 [俄 Инв.No.210、6340《杂字·番姓名》(俄 10·48)]

𘓺𘕦𘕭𘕏 [官 49，大德元年]

𘓺𘕦𘕜𘕆 [B11·047[3.15]《现在劫千佛名经》(中 5·187)]

按：汉文写作"细遇"。

𘖔𘕜

𘖔𘕜 [俄 Инв.No.210、6340《杂字·番姓名》(俄 10·49)]

𘖔𘕫

𘖔𘕫 [俄 Инв.No.210、6340《杂字·番姓名》(俄 10·49)]

𘒴𘕲

𘒴𘕲 [俄 Инв.No.210、6340《杂字·番姓名》(俄 10·48)]

𘗒𘗞

𘗒𘗞 [俄 Инв.No.211、212、213《文海》47·212（俄 7·143）]

𘙮𘙴

𘙮𘙴 [俄 Инв.No.211、212、213《文海》35·112（俄 7·137）]

𘙮𘙴□ [《借贷文书》(Инв.No.7741)，参见杜建录、史金波：《西夏社会文书研究》，上海古籍出版社 2010 年版，第 121 页]

𗴂𘟣𗁅𗄠𗪙 [俄 Инв.No.5010《西夏文天盛二十二年卖地文契》(俄
14·2)]

按: 汉文写作"契丹", 出自族名"契丹"。

𗄠𘝰

𗄠𘝰 [俄 Инв.No.210、6340《杂字·番姓名》(俄 10·49)]

𗎮𗟩𗉛𗄠𗤎𗱕 [КТБП 202]

𗄠𘓺

𗄠𘓺 [俄 Инв.No.210、6340《杂字·番姓名》(俄 10·49)]

𗄼𗰖

𗄼𗰖 [俄 Инв.No.210、6340《杂字·番姓名》(俄 10·48)]

𗄠𗡪

𗄠𗡪 [俄 Инв.No.210、6340《杂字·番姓名》(俄 10·49)]

𗄠𘓯

𗄠𘓯 [俄 Инв.No.210、6340《杂字·番姓名》(俄 10·48)]

𗄠𘘥

𗄠𘘥 [俄 Инв.No.210、6340《杂字·番姓名》(俄 10·49)]

𗴂𗾔

𗴂𗾔 [俄 Инв.No.210、6340《杂字·番姓名》(俄 10·49)]

按: 汉文写作"野马"。

𘊞𘜼

𘊞𘜼𗵣𗵥𘙊 [俄 Инв.No.5010《西夏文天盛二十二年卖地文契》(俄
14·2)]

按: 汉文疑写作 "野货"。

𘊞𗥻

𘊞𗥻 [俄 Инв.No.210、6340《杂字·番姓名》(俄 10·49)]

𘊞𗥻○○𗣼 [俄 Инв.No.741《新集碎金置掌文》(俄 10·112)]

𘊞𗥾

𘊞𗥾 [俄 Инв.No.210、6340《杂字·番姓名》(俄 10·49)]

按: 汉文疑写作 "野货"。

𘊞𘜽

𘊞𘜽 [俄 Инв.No..211、212、213《文海》34·163 (俄 7·137)]

𘊞𗴛

𘊞𗴛 [俄 Инв.No.210、6340《杂字·番姓名》(俄 10·48)]

𘊞𗴛𗒹𗊉 [官 20, 贞观壬午二年印]

𘊞𗦸

𘊞𗦸𘒜𗥻 [КТБП47、59]

𘊞𗦸𗦸𗀔𘒸 [КТБП66]

按: 汉文写作 "野遇"。

𗼋𗟬

𗼋𗟬 [俄 Инв.No.210、6340《杂字·番姓名》（俄 10·49）]

𗼋𗟬𗣼𗣂 [G12·043 [Y25] 安西榆林窟第 25 窟（中 18·242）]

𗼋𗟬𗆟𗣫 [官 24]。

𗍳𗣩

𗍳𗣩 [俄 Инв.No.210、6340《杂字·番姓名》（俄 10·49）]

𗝣𗰖

𗝣𗰖 [俄 Инв.No.210、6340《杂字·番姓名》（俄 10·49）]

𗖱𗆠

𗖱𗆠 [俄 Инв.No.210、6340《杂字·番姓名》（俄 10·48）]

按：汉文写作"卫慕"，出自"卫慕族"。

𗱕𗴬

𗱕𗴬 [俄 Инв.No.211、212、213《文海》30·241（俄 7·135）]

𗁾𗙴

𗁾𗙴𗸈𗟭 [G32·001《凉州重修护国寺感通塔碑》（中 18·92）]

按：汉文写作"慕容"。

𗣩𗰖

𗣩𗰖 [俄 Инв.No.210、6340《杂字·番姓名》（俄 10·49）]

𗣼𘑲

𗣼𘑲 [俄 Инв.No.210、6340《杂字·番姓名》(俄 10·49)]

𗣼𗄊

𗣼𗄊 [俄 Инв.No.210、6340《杂字·番姓名》(俄 10·49)]

𗤁𗄊

𗤁𗄊 [俄 Инв.No.210、6340《杂字·番姓名》(俄 10·49)]

按：汉文写作"来里"。

𗤁𗤼

𗤁𗤼 [俄 Инв.No.210、6340《杂字·番姓名》(俄 10·49)]

𗢲𗖵

𗢲𗖵 [俄 Инв.No.210、6340《杂字·番姓名》(俄 10·48)]

𗢲𗖵□𗿒 [俄 Инв.No.2570、4187《天盛改旧新定律令·颁律表》(俄 8·47)]

按：汉文写作"遇来"。

𗥃𗤁

𗥃𗤁 [俄 Инв.No.210、6340《杂字·番姓名》(俄 10·49)]

𗤋𗣼𘃡𗤺𗥃𗤁𗥃𗥃 [G12·044[Y29 (10)] 榆林窟第 29 窟中（中 18·246)]

𗥃𗤁𘝞𘍵𘃡𗤺 [俄 Инв.No.2538《贤智集序》]

按：汉文写作"鲜卑"，出自"鲜卑族"。

𗼨𗟲

𗼨𗟲 [俄 Инв.No.210、6340《杂字·番姓名》(俄 10·49)]

𗼨𗴮

𗼨𗴮 [俄 Инв.No.210、6340《杂字·番姓名》(俄 10·49)]

𗼨𗴾

𗼨𗴾 [俄 Инв.No.210、6340《杂字·番姓名》(俄 10·49)]

𘄒𗄼

𘄒𗄼 [俄 Инв.No.210、6340《杂字·番姓名》(俄 10·49)]

𘄒𗄼𗟭𗁬𗴮 [G21·003[15512] 西夏《天庆寅年会款单》(中 16·257)]

𘄒𗄼𗆧𗄼𘜶𗾔 [(G12·005[M61（1）]) 莫高窟石窟第 61 窟 (中 18·207)]

按：汉文写作"播盂"。

𘄒𘈷

𘄒𘈷 [俄 Инв.No.210、6340《杂字·番姓名》(俄 10·49)]

𗡱𘉤

𗡱𘉤 [俄 Инв.No.210、6340《杂字·番姓名》(俄 10·48)]

𗡱𘉤𘋩𘌢𗀱 [官 81，乾祐二十四年印]

𗡱𘉤𗼨𘜶 [КТБП59]

按：汉文写作"党移"。

𗼑𗉮

𗼑𗉮［俄 Инв.No.211、212、213《文海》9·212（俄 7·124）］

𗼑𗉮

𗼑𗉮［俄 Инв.No.210、6340《杂字·番姓名》（俄 10·49）］

𗼑𗉮

𗼑𗉮［俄 Инв.No.211、212、213《文海》32·241（俄 7·136）］

𗼑𗉮

𗼑𗉮［俄 Инв.No.211、212、213《文海》杂 7·272（俄 7·169）］

𗼑𗉮

𗼑𗉮［俄 Инв.No.211、212、213《文海》64·221（俄 7·151）］

𗼑𗉮

𗼑𗉮［俄 Инв.No.210、6340《杂字·番姓名》（俄 10·49）］

𗼑𗉮

𗼑𗉮［俄 Инв.No.210、6340《杂字·番姓名》（俄 10·49）］

𗼑𗉮𗼑𗉮［Каталог тангутских буддийских памятников（ Инв No. 1513）］

按：汉文写作"妹勒"。

𗼑𗉮

𗼑𗉮［俄 Инв.No.210、6340《杂字·番姓名》（俄 10·49）］

𗗂𗀗

𗗂𗀗𗣷𗣉 [俄 Инв.No.876《宫廷诗集》(俄 10 · 313)]

𗗂𗣀

𗗂𗣀 [俄 Инв.No.210、6340《杂字 · 番姓名》(俄 10 · 49)]

𗗃𗣈

𗗃𗣈 [俄 Инв.No.210、6340《杂字 · 番姓名》(俄 10 · 49)]

𗗇𗢸

𗗇𗢸 [俄 Инв.No.210、6340《杂字 · 番姓名》(俄 10 · 49)]

按 : 汉文写作 "磨讹"。

𗤺𗣮

𗤺𗣮 [俄 Инв.No.210、6340《杂字 · 番姓名》(俄 10 · 48)]

𗤻𗢸

𗤻𗢸 [俄 Инв.No.210、6340《杂字 · 番姓名》(俄 10 · 49)]

按 : 汉文写作 "逃讹" 勘同。

𗤼𗣍

𗤼𗣍 [俄 Инв.No.210、6340《杂字 · 番姓名》(俄 10 · 49)]

𗤼𗣝

𗤼𗣝 [俄 Инв.No.210、6340《杂字 · 番姓名》(俄 10 · 49)]

𘒉𗙬

𘒉𗙬 [俄 Инв.No.210、6340《杂字·番姓名》(俄 10·49)]

𘒉𗴺

𘒉𗴺 [俄 Инв.No.210、6340《杂字·番姓名》(俄 10·49)]

𘒉𗴺𗣼𘒉 [G12·012[M285] 莫高窟石窟第 285 窟 (中 18·214)]

𗧘𘜶

𗧘𘜶 [俄 Инв.No.211、212、213《文海》16·172 (俄 7·128)]

按：与𗣼𘜶含义相同，即汉文中的帝君姓"嵬名"。

𗼑

𗼑 [俄 ИнвNo.207《音同》45A4]

𗼑𗧅𗔅 [G32·001《凉州重修护国寺感通塔碑》(中 18·88)]

𗼑𗴺𘃂 [俄 Инв.No.2570、4187《天盛改旧新定律令·颁律表》(俄 8·47)]

按：汉文写作"讹"。

𗣼𗓁

𗣼𗓁 [俄 ИнвNo.210、6340《杂字·番姓名》(俄 10·48)]

按：汉文写作"嵬迎"。

𗣼𗴺

𗣼𗴺 [俄 ИнвNo.210、6340《杂字·番姓名》(俄 10·48)]

𗣼𗴺𗴅□□ [官 32，元德甲辰六年印]

按：汉文写作"嵬嗯"。

纔䖲

纔䖲 [俄 Инв.No.210、6340《杂字·番姓名》（俄 10 · 48）]

纔䖲羧帯 [G12 · 012[M285] 莫高窟石窟第 285 窟，（中 18 · 214）]

纔綖

纔綖□ [M21 · 003[F135：W75/2026]《乙亥年借麦契》（中 17 · 153）]

纔綖繖菔綩 [КТБП 239]

按：汉文写作"藐嗲"。

継蕊

継蕊 [俄 Инв.No.210、6340《杂字·番姓名》（俄 10 · 49）]

継蔿

継蔿 [俄 Инв.No.210、6340《杂字·番姓名》（俄 10 · 49）]

詨殀

詨殀 [俄 Инв.No.210、6340《杂字·番姓名》（俄 10 · 49）]

骸筏

骸筏 [俄 Инв.No.210、6340《杂字·番姓名》（俄 10 · 49）]

骸筏 [俄 Инв.No.741《新集碎金置掌文》（俄 10 · 110）]

骸继

骸继 [俄 Инв.No.210、6340《杂字·番姓名》（俄 10 · 49）]

骸继紪薮 [俄 Инв.No.2538《贤智集序》]

按：汉文写作"孰蒗"，出"熟蒗族"。

𗱊𗗦

𗱊𗗦 [俄 Инв.No.210、6340《杂字·番姓名》(俄 10 · 49)]

𗱊𗗦𗁇𗢳𗖻 [俄 Инв.No.2570、4187《天盛改旧新定律令·颁律表》(俄 8·47)]

𗱊𗗦𗤋𗦗 [G21 · 003[15512] 西夏《天庆寅年会款单》(中 16 · 257)]

𗴷𗜈

𗴷𗜈 [Инв.No.207《音同》(俄 7 · 15)]

𗴷𗟂

𗴷𗟂 [俄 Инв.No.210、6340《杂字·番姓名》(俄 10 · 48)]

按：汉文写作"赵嗲"。

𗴞𗾈

𗴞𗾈 [俄 Инв.No.210、6340《杂字·番姓名》(俄 10 · 49)]

𗤀

𗤀 [俄 Инв.No.2539《义同》(俄 10 · 75)]

𗤀𗝝

𗤀𗝝 [俄 Инв.No.210、6340《杂字·番姓名》(俄 10 · 48)]

𗝢𗏯

𗝢𗏯 [俄 Инв.No.210、6340《杂字·番姓名》(俄 10 · 49)]

𗯸𗙴

𗯸𗙴 [俄 Инв.No.210、6340《杂字·番姓名》（俄 10·48）]

𗙴𗙴

𗙴𗙴 [俄 Инв.No.210、6340《杂字·番姓名》（俄 10·49）]

𗙴𗙴

𗙴𗙴 [俄 Инв.No.210、6340《杂字·番姓名》（俄 10·48）]

𗙴𗙴

𗙴𗙴 [俄 Инв.No.210、6340《杂字·番姓名》（俄 10·48）]

𗙴𗙴𗙴𗙴𗙴𗙴 [B11·037[1.14]《金光明最胜王经》跋（中 4·86）]

𗙴𗙴

𗙴𗙴 [俄 Инв.No.211、212、213《文海》8·252（俄 7·124）]

𗙴𗙴

𗙴𗙴 [俄 Инв.No.211、212、213《文海》杂 17·221（俄 7·174）]

𗙴𗙴

𗙴𗙴 [俄 Инв.No.210、6340《杂字·番姓名》（俄 10·49）]

𗙴𗙴

𗙴𗙴 [俄 Инв.No.210、6340《杂字·番姓名》（俄 10·48）]

按：汉文写作"回纥"，出自"回纥族"。

𗿢𗀊

𗿢𗀊 [俄 Инв.No.2539《义同》(俄 10 · 75)]

𗣼𗥫

𗣼𗥫 [俄 Инв.No.210、6340《杂字 · 番姓名》(俄 10 · 49)]

𗣼𗥫𗣼𗥫𗥬 [N21.012[F028]《经咒》(中 15 · 130)]

按：汉文写作"宁浪"。

𗥃𗸰

𗥃𗸰 [俄 Инв.No.210、6340《杂字 · 番姓名》(俄 10 · 48)]

𗤱𗆌

𗤱𗆌 [俄 Инв.No.210、6340《杂字 · 番姓名》(俄 10 · 49)]

𗤱𗒣

𗤱𗒣 [俄 Инв.No.210、6340《杂字 · 番姓名》(俄 10 · 49)]

𗤱𗸺

𗤱𗸺 [俄 Инв.No.210、6340《杂字 · 番姓名》(俄 10 · 49)]

𗤱𗾔

𗤱𗾔 [俄 Инв.No.210、6340《杂字 · 番姓名》(俄 10 · 49)]

𗤱𗾕

𗤱𗾕 [俄 Инв.No.210、6340《杂字 · 番姓名》(俄 10 · 49)]

𗼑𘝞

𗼑𘝞 [俄 Инв.No.210、6340《杂字·番姓名》(俄 10·48)]

𗼑𘝞𘕿𗏹 [B32·002 故宫博物院藏西夏文铜牌 (中 20·82)]

按：汉文写作"吴嗲"勘同。

𘋩𗌽

𘋩𗌽 [俄 Инв.No.211、212、213《文海》27·142 (俄 7·133)]

𘋩𘄒

𘋩𘄒 [俄 Инв.No.210、6340《杂字·番姓名》(俄 10·48)]

按：汉文写作"季嗲"。

𗷸𘝞

𗷸𘝞 [俄 Инв.No.210、6340《杂字·番姓名》(俄 10·48)]

𗏹𗳦

𗏹𗳦 [俄 Инв.No.210、6340《杂字·番姓名》(俄 10·49)]

𗏹𗳦𘝙□ [俄 Инв.No.799 3947《德行集》卷尾款题 (俄 11·154)]

𗏹𗳦𘝙𘗽 [俄 Инв.No.121《赋诗》(俄 10·268)]

𗋽𘟙

𗋽𘟙 [俄 Инв.No.210、6340《杂字·番姓名》(俄 10·49)]

𗋽𘟙𗤶𗡪 [俄 Инв.No.2570、4187《天盛改旧新定律令·颁律表》(俄 8·48)]

按：汉文写作"芭里"勘同。

贡祗

贡祗 [俄 Инв.No.211、212、213《文海》57·132（俄 7·148）]

（二）西夏汉姓录

丁氏

丁师周 [《金史》卷六二《交聘表下》]

丁守素 [《长编》卷一五二仁宗庆历四年九月丁丑]

马氏

马能嵬 [TK.49P《西夏天庆年间裴松寿典麦契》（俄 2·38）]

贺正旦 [《金史》卷六一《交聘表中》]

王氏

王那征遇 [G32·001《凉州重修护国寺感通塔碑》（中 18·91）]

王真 [G32·001《凉州重修护国寺感通塔碑》（中 18·91）]

西夏文作"𗄊"。

𗄊𘈈𘝶 [G11·048[D.0208]《大朝戊午年印佛经残页》（中 16·154）]

邓氏

邓昌祖 [《金史》卷六一《交聘表中》]

邓三锤 [G32·001《凉州重修护国寺感通塔碑》（中 18·91）]

韦氏

韦吃□ [英藏 Or.12380—3291[K.K.11.0238.1.iv]《白毛凉子等物账》（英

藏 4·88）]

史氏

史从礼 [《金史》卷六二《交聘表下》]

史屈子 [《东都事略》卷六一《种谔传》]

左氏

左支信 [G32·001《凉州重修护国寺感通塔碑》（中 18·91）]

左□移 [G32·001《凉州重修护国寺感通塔碑》（中 18·91）]

田氏

田公懿 [《金史》卷六一《交聘表中》]

田周臣 [《金史》卷六一《交聘表中》]

白氏

白伴狗 [俄 Д x 2828《西夏乾祐二年漫土与材柏帐》（俄 6·156）]

白姥 [《梦溪笔谈》卷一三]

西夏文作"𗾿"。

𗾿𗯮𗙤 [G32·001《凉州重修护国寺感通塔碑》（中 18·89）]

𗾿𗵘𘂯 [B11·052《过去庄严劫千佛名经》（中 6·57）]

石氏

石方 [《长编》卷一九八，仁宗嘉祐八年正月癸丑条]

任氏

任遇子 [G32·001《凉州重修护国寺感通塔碑》（中 18·91）]

西夏文作"𗩾"。

𗩾𗙲𗥔[G32·001《凉州重修护国寺感通塔碑》（中 18·91）]

刘氏

刘折兀埋 [英 Or.8212/727K.K.Ⅱ.0253[a]《西夏天庆年间裴松寿典麦契》（斯 1·198）]

刘番家 [俄敦 Дx.18993《西夏光定十二年正月李春狗等凭租饼房契》（俄敦 17·320）]

刘仁勖 [《宋史》卷四八五《夏国传上》]

西夏文作"𗣼"。

𗣼 [俄 Инв.No.210、6340《杂字·番姓名》（俄 10·50）]

𗣼𗤒𗢏 [俄 Инв.No.121《大诗》（俄 10·271）]

同氏

同 [俄 Дx 2822《杂字·汉姓名》（俄 6·137）]

同崇义 [《金史》卷六二《交聘表下》]

吕氏

吕效忠 [《宋史》卷三五〇《周永清传》]

吕子温 [《金史》卷六一《交聘表中》]

字氏

字 [俄 Дx 2822《杂字·汉姓名》（俄 6·137）]

字得贤 [《金史》卷六一《交聘表中》]

孙氏

孙 [俄 Д x 2822《杂字 · 汉姓名》(俄 6 · 137)]

孙猪苟 [俄 B61《乾祐二年材柏帐》(俄 6 · 60)]

安氏

安善惠 [《陇右金石录》卷四《黑河建桥勅碑》62 上]

安德信 [《金史》卷六一《交聘表中》]

扬氏

扬彦敬 [《金史》卷六一《交聘表中》]

扬彦直

朱氏

朱智用 [《长编》卷四八七，哲宗绍圣四年五月甲子条]

　按：原文记"朱智用"，"久已向汉"，当为汉名蕃人。

权氏

权鼎雄 [《金史》卷六一《交聘表中》]

祁氏

祁师子 [《西夏光定十三年千户刘寨杀了人口状》(俄藏编号 Д x 2957]

祁赛兄 [《西夏光定十三年千户刘寨杀了人口状》(俄藏编号 Д x 2957]

米氏

米崇吉 [《金史》卷六一《交聘表中》]

米元杰 [《金史》卷六二《交聘表下》]

按：宋夏沿边有党项"米氏"蕃族。

严氏

严 [俄 Д x 2822《杂字·汉姓名》（俄 6 · 137）]

严立本 [《金史》卷六一《交聘表中》]

余氏

余良 [《金史》卷六一《交聘表中》]

按：西夏"余氏"当承北朝"余氏"而来。

利氏

利守信 [《金史》卷六一《交聘表中》]

吴氏

吴 [俄 Д x 2822《杂字·汉姓名》（俄 6 · 137）]

吴箇 [G32 · 001《凉州重修护国寺感通塔碑》（中 18 · 91）]

吴没兆 [G32 · 001《凉州重修护国寺感通塔碑》（中 18 · 91）]

西夏文作"𗋒"。

𗋒𗟽𗆟𗬊 [G31 · 003 [6727] 1—2《武威乾定酉年卖牛契》（中 16 · 387）]

𗋒𘕿𘃺 [G12 · 005[M61（9）]《莫高窟石窟第 61 窟》（中 18 · 209）]

员氏

员元亨 [《金史》卷六二《交聘表下》]

宋氏

宋弘 [《金史》卷六一《交聘表中》]

宋克忠 [《金史》卷六二《交聘表下》]

庐氏

庐阿苟□ [俄 Инв.No.8026《短麻皮等账物》（俄 6 · 321）]

张氏

张正思 [G32 · 001《凉州重修护国寺感通塔碑》（中 18 · 91）]

张灵州奴 [《长编》卷三〇一，元丰三年十二月己亥条]

按：张灵州奴，西夏张姓蕃名。

西夏文写作"𗗼"。

𗗼𘘣𗾔 [G32 · 001《凉州重修护国寺感通塔碑》（中 18 · 89）]

𗗼𗤛𗗼𗦲 [G12 · 039 [Y13]《榆林石窟第 12 至 13 窟通道内》（ 中 18 · 240）]

李氏

李遇的 [俄藏 Д x 2828《西夏乾祐二年纳材植帐》（俄 6 · 50）]

李讹移岩名 [《儒林公议》卷上]

李知白 [《辽史》卷一一五《西夏传》]

李安全 [《金史》卷一二《章宗纪四》

西夏文作"𗉘"。

𗉘𗷻𗫸𗦻 [中 M21 · 151[F1：W60/0060]《僧人名单》（中 17 · 251）]

𗉘𗆟𗾔𗣼 [G31 · 004 [6728]《乾定申年典糜契约》（中 16 · 389）]

按：汉文写作"李"。

杜氏

杜 [俄 Дx 2822《杂字·汉姓名》(俄 6·137)]

杜文广 [《长编》卷一三四，庆历元年二月辛巳条]

来氏

来 [俄 Дx 2822《杂字·汉姓名》(俄 6·137)]

来子敬 [《金史》卷六一《交聘表中》]

按：唐五代有党项"来氏"，宋"唐龙镇"亦有"来氏"，西夏"来氏"当与此有关。

杨氏

杨 [俄 Дx 2822《杂字·汉姓名》(俄 6·137)]

杨守素 [《宋史》卷四八五《夏国传上》]

杨巴凌 [《长编》卷二三〇，神宗熙宁五年二月辛酉条]

汪氏

汪三郎 [《金史》卷一〇一《仆散端传》]

按："汪三郎"，夏萉俄族首领，降金后赐皇姓"完颜"。

苏氏

苏 [俄 Дx 2822《杂字·汉姓名》(俄 6·137)]

苏木醜辛 [俄 Инв.No.8026《短麻皮等账物》(俄 6·321)]

苏奴儿 [《宋史》卷四八五《夏国传上》]

西夏文作"蘓"。

蘓蒎譀 [俄 Инв.No.2570、4187《天盛改旧新定律令·颁律表》(俄 8·48)]

𘟜𗟲𘏨𗐛 [G21·003[15512] 西夏《天庆寅年会款单》（中 16·257）]

邹氏

邹 [俄 Д x 2822《杂字·汉姓名》（俄 6·137）]

邹显忠 [《金史》卷六一《交聘表中》]

周氏

周遇僧 [俄 Инв.No.7779A《西夏天盛十五年王受贷钱契》（俄 6·321）]

周宗义 [《范太史集》卷四〇《检校司空左武卫上将军郭公墓志铭》]

呼氏

呼珍来 [《宋史》卷四八六《夏国传下》]

孟氏

孟阿永 [俄 Д x 2828《西夏乾祐二年漫土与材柏帐》（俄 6·158）]

孟伯达 [《金史》卷六一《交聘表中》]

武氏

武用和 [《金史》卷六一《交聘表中》]

武绍德 [《金史》卷六二《交聘表下》]

画氏

画惠嵩 [G12·005[M61（5）莫高窟石窟第 61 窟（中 18·208）]

罔氏

罔萌讹 [《宋史》卷四八六《夏国传下》]

罔荣忠 [《金史》卷六一《交聘表中》]

罗氏

罗 [俄 Д x 2822《杂字·汉姓名》(俄 6·137)]

罗世昌 [《金史》卷六二《交聘表下》]

郑氏

郑□ [《金史》卷六二《交聘表下》]

柔氏

柔 [俄 Д x 2822《杂字·汉姓名》(俄 6·138)]

柔思义 [《金史》卷六二《交聘表下》]

浑氏

浑 [俄 Д x 2822《杂字·汉姓名》(俄 6·138)]

浑崈名遇 [G32·001《凉州重修护国寺感通塔碑》(中 18·91]

浑进忠 [《金史》卷六一《交聘表中》]

按：吐谷浑省称"浑氏"，又有九姓回鹘浑氏。

西夏文写作"𗀰"。

𗀰□𗴰 [Инв.No.208、209、4775《音同》(俄 7·29)]

𗀰𗝠𗝠𗊱 [G32·001《凉州重修护国寺感通塔碑》(中 18·88)]

胡氏

胡住儿 [TK49P《西夏天庆年间裴松寿典麦契》(俄 2·37)]

胡僧的 [俄藏 TK16V《西夏典麦契》(俄 1·226)]

贺氏

贺九言［《宋史》卷一一《仁宗纪 3》］

贺从勖［《宋史》卷三一一《庞籍传》］

赵氏

赵良［《金史》卷六一《交聘表中》］

赵衍［《金史》卷六一《交聘表中》］

西夏文作"𘟗"

𘟗𗤵𗺯𗵒［（G31·003［6727］1—2）《武威乾定酉年卖牛契》（中16·387）］

𘟗𗱕𗴼［G12·044[Y29（12）] 榆林石窟第 29 窟（中 18·246）］

郝氏

郝黑儿［俄敦 Дх.18993《西夏光定十二年正月李春狗等凭租饼房契》（俄敦 17·320）］

郝处俊［《金史》卷六一《交聘表中》］

钟氏

钟［俄 Дx 2822《杂字·汉姓名》（俄 6·137）］

钟伯达［《金史》卷六二《交聘表下》］

党氏

党［俄 Дx 2822《杂字·汉姓名》（俄 6·138）］

党得敬［《金史》卷六一《交聘表中》］

按："党"姓出自羌。

唐氏

唐 [俄 Дx 2822《杂字·汉姓名》（俄 6·137）]

唐惠清 [英藏 Or.8212/727K.K.Ⅱ.0253[a]《西夏天庆年间裴松寿典麦契》（斯 1·198）]

席氏

席智 [俄 Инв.No.316《收取席智□榷场贸易税呈状》（俄 6·282）]

徐氏

徐敏宗 [《宋史》卷四八五《夏国传上》]

徐舜卿 [《宋史》卷四八五《夏国传上》]

晁氏

晁 [俄 Дx 2822《杂字·汉姓名》（俄 6·137）]

晁直信 [《金史》卷六一《交聘表中》]

索氏

索 [俄 Дx 2822《杂字·汉姓名》（俄 6·138）]

索智尊 [G12·005[M61（11）莫高窟石窟第 61 窟（18·210）]

郭氏

郭那正威 [《陇右金石录》卷四《黑河建桥勅碑》]

酒氏

酒 [俄 Дx 2822《杂字·汉姓名》（俄 6·137）]

酒五斤 [俄 Инв.No.307《收取酒五斤等榷场贸易税呈状》(俄 6 · 279)]

酒智清 [G32 · 001《凉州重修护国寺感通塔碑》(中 18 · 91)]

高氏

高守忠 [《宋史》卷四八六《夏国传下》]

高慎言 [《金史》卷六一《交聘表中》]

崔氏

崔 [俄 Д x 2822《杂字 · 汉姓名》(俄 6 · 138)]

崔那正 [俄 B.61《乾祐二年纳材植帐》(俄 6 · 60)]

康氏

康 [G32 · 001《凉州重修护国寺感通塔碑》(中 18 · 91)]

康吃□ [《西夏天庆年间裴松寿典麦契》(英藏 Or.8212/727K.K. Ⅱ .0253[a])]

曹氏

曹 [俄 Д x 2822《杂字 · 汉姓名》(俄 6 · 137)]

曹价 [《辽史》卷二九《天祚帝纪》]

西夏文写作"𗁁"

𗁁𗏁𗑗 [B11 · 047[3.15]《现在劫千佛名经》(中 5 · 187)]

梁氏

梁 [俄 Д x 2822《杂字 · 汉姓名》(俄 6 · 137)]

梁行者乜 [G32 · 001《凉州重修护国寺感通塔碑》(中 18 · 90)]

梁乙埋 [《宋史》卷三二《赵卨传》]

西夏文写作"𗊱"。

𗀚𗹈𘎘𗤟 [中 M21·151[F1∶W60/0060]《僧人名单》(中 17·251)]

𗾖𗀚𗥰𘃀𗤁𗼃 [B11·047[3.15]《现在劫千佛名经》(中 5·187)]

限氏

限敏修 [《金史》卷六二《交聘表下》]

又作隗氏

隗敏修 [《金史》卷六二《交聘表下》]

傅氏

傅 [俄 Д x 2822《杂字·汉姓名》(俄 6·138)]

傅六斤 [俄 B.61《乾祐二年纳材植帐》(俄 6·60)]

傅丑奴 [俄 Д x 2828《西夏乾祐二年纳材植帐》(俄 6·50)]

景氏

景 [俄 Д x 2822《杂字·汉姓名》(俄 6·138)]

景珣 [《长编》卷二二六，神宗熙宁四年九月庚子条]

焦氏

焦 [俄 Д x 2822《杂字·汉姓名》(俄 6·138)]

焦阿遇 [英藏 Or.12380—3291[K.K.11.0238.1.iv]《白毛凉子等物账》(英 4·88)]

焦景颜 [《宋史》卷四八六《夏国传下》]

程氏

程公济 [《金史》卷六一《交聘表中》]

陈师古 [《金史》卷六一《交聘表中》]

韩氏

韩道喜 [《宋史》卷三三二《赵峝传》]

韩德容 [《金史》卷六一《交聘表中》]

鲁氏

鲁 [俄 Д x 2822《杂字·汉姓名》(俄 6·137)]

鲁吃怛 [英藏 Or.12380—3291[K.K.11.0238.1.iv]《白毛凉子等物账》(英 4·88)]

煞氏

煞执直 [《金史》卷六一《交聘表中》]

煞进德 [《金史》卷六一《交聘表中》]

窦氏

窦惟吉 [《宋史》卷四八五《夏国传上》]

窦珪祐 [《辽史》卷一五《圣宗纪六》]

路氏

路修篁 [《长编》卷一六二，仁宗庆历八年正月辛未条]

靳氏

靳 [俄 Д x 2822《杂字·汉姓名》(俄 6·138)]

靳允中 [《东原录》卷三四]

慕氏

慕 [俄 Д x 2822《杂字·汉姓名》(俄 6·137)]

慕洧 [《宋史》卷四八六《夏国传下》]

按："慕容"出西北吐谷浑。

斡氏

斡道冲 [《蒙兀儿史记》卷一五四《色目氏族上》]

翟氏

翟 [俄 Д x 2822《杂字·汉姓名》(俄 6·137)]

翟嵬名九 [G12·005 [M61（2）] 莫高窟石窟第 61 窟（中 18·207）]

按：河西有大姓"翟"。

裴氏

裴 [俄 Д x 2822《杂字·汉姓名》(俄 6·137)]

裴没哩埋 [《短麻皮等账物》(俄 Инв.No.8026)]

裴松寿 [俄藏 TK. 49P《西夏天庆年间裴松寿典麦契》(俄 2·38)]

薛氏

薛 [俄 Д x 2822《杂字·汉姓名》(俄 6·137)]

薛宗道 [《宋史》卷四八六《夏国传下》]

甤氏

甤德昭 [《金史》卷六一《交聘表中》]

甤德元 [《金史》卷六二《交聘表下》]

参考文献

（一）古籍文献

（汉）司马迁：《史记》，中华书局 1982 年版。

（汉）班固：《汉书》，中华书局 1976 年版。

（南朝）范晔：《后汉书》，中华书局 1965 年版。

（北齐）魏收：《魏书》，中华书局 1974 年版。

（唐）姚思廉：《梁书》，中华书局 1973 年版。

（唐）魏征：《隋书》，中华书局 1974 年版。

（后晋）刘昫：《旧唐书》，中华书局 1975 年版。

（宋）欧阳修：《新唐书》，中华书局 1975 年版。

（宋）薛居正：《旧五代史》，中华书局 1976 年版。

（宋）欧阳修：《新五代史》，中华书局 1974 年版。

（唐）李延寿：《北史》，中华书局 2003 年版。

（元）脱脱：《宋史》，中华书局 1977 年版。

（元）脱脱：《辽史》，中华书局 1974 年版。

（元）脱脱：《金史》，中华书局 1975 年版。

（明）宋濂：《元史》，中华书局 1976 年版。

（宋）宇文懋昭：《大金国志》，中华书局 2011 年版。

（宋）王溥：《五代会要》，上海古籍出版社 1978 年版。

（宋）彭百川：《太平治迹统类》，文渊阁四库全书影印本。

（宋）李昉：《太平御览》，中华书局 2011 年版。

（宋）乐史：《太平寰宇记》，中华书局 2013 年版。

（金）元好问编：《中州集》，中华书局 1959 年版。

（元）马端临：《文献通考》，中华书局 1986 年版。

（宋）王偁：《东都事略》，齐鲁书社 2000 年版。

（宋）龚鼎臣：《东原录》，文渊阁四库全书影印本。

（宋）曾巩著，王瑞来校证：《隆平集校证》，中华书局 2012 年版。

（宋）张方平：《乐全集》，文渊阁四库全书影印本 。

（宋）王珪：《华阳集》，文渊阁四库全书影印本。

（宋）司义祖：《宋大诏令集》，中华书局 2009 年版。

（宋）吕祖谦：《宋文鉴》，中华书局 1992 年版。

（清）徐松辑：《宋会要辑稿》，上海古籍出版社 2014 年版。

（清）黄以周等辑注，顾吉辰点校：《续资治通鉴长编拾补》，中华书局
2004 年版。

（宋）江少虞：《宋朝事实类苑》，上海古籍出版社 1981 年版。

（宋）赵汝愚编：《宋朝诸臣奏议》，上海古籍出版社 1999 年版。

（宋）钱若水著，范学辉校：《宋太宗皇帝实录校注》，中华书局 2013
年版。

（宋）范仲淹：《范文正公集》，中华书局 1984 年版。

（宋）洪皓：《松漠纪闻》，文渊阁四库全书影印本。

（宋）欧阳修，李之亮笺注：《欧阳修集编年笺注》，巴蜀书社 2007 年版。

（宋）欧阳修著，李逸安点校：《欧阳文忠公全集》，中华书局 2009 年版。

（宋）宋敏求：《唐大诏令集》，学林出版社 1992 年版。

（宋）王溥:《唐会要》,中华书局 1955 年版。

（宋）司马光:《资治通鉴》,中华书局 1956 年版。

（唐）杜佑:《通典》,中华书局 1984 年版。

（宋）沈括:《梦溪笔谈》,上海书店四部丛刊本。

（宋）李纲:《梁溪集》,文渊阁四库全书影印本。

（宋）李焘:《续资治通鉴长编》,中华书局 2004 年版。

（宋）李心传:《建炎以来系年要录》,中华书局 1988 年版。

（宋）刘攽:《彭城集》,中华书局丛书集成本。

（宋）田况:《儒林公议》,中华书局 2017 年版。

（宋）文彦博:《潞公文集》,文渊阁四库全书影印本。

（宋）司马光:《涑水记闻》,中华书局 1989 年版。

（宋）司马光著,李之亮笺注:《司马温公集编年笺注》,巴蜀书社 2009 年版。

（宋）杜大珪辑:《名臣碑传琬琰之集》,清文渊阁四库全书本。

（宋）杨仲良:《皇宋通鉴长编纪事本末》,宛委别藏清钞本。

　汪圣铎点校:《宋史全文》,中华书局 2016 年版。

（宋）宋庠:《元宪集》,文渊阁四库全书补配文津阁四库全书本。

（宋）苏颂:《苏魏公文集》,中华书局 2004 年版。

（宋）文彦博,申利校注:《文彦博集校注》,中华书局 2016 年版。

（宋）王钦若等:《册府元龟》,凤凰出版社 2006 年版。

（明）胡汝砺:《嘉靖宁夏新志》,宁夏人民出版社 1982 年版。

（清）吴广成:《西夏书事》,龚世俊等《西夏书事校证》本,甘肃文化出版社 1995 年版。

　曾枣庄、刘琳:《全宋文》,上海辞书出版社 2006 年版。

（二）出土文献

史金波、魏同贤、［俄］E. N. 克恰诺夫主编，俄罗斯科学院东方文献研究所，中国社会科学院民族研究所，上海古籍出版社编：《俄藏黑水城文献》，上海古籍出版社 1996—2020 年版。

史金波、陈育宁总主编，宁夏大学西夏学研究中心、国家图书馆、甘肃省古籍文献整理编译中心编：《中国藏西夏文献》，甘肃人民出版社、敦煌文艺出版社 2006 年版。

宁夏大学西夏学研究中心、内蒙古考古研究所、甘肃省古籍文献整理编译中心编：《中国藏黑水城汉文文献》，国家图书馆出版社 2008 年版。

谢玉杰、吴芳思主编，西北第二民族学院、上海古籍出版社、英国国家图书馆编纂：《英藏黑水城文献》，上海古籍出版社 2005—2010 年版。

俄罗斯国立艾尔米塔什博物馆、西北民族大学、上海古籍出版社编：《俄藏黑水城艺术品》，上海古籍出版社 2008 年版。

沙知、吴芳思主编：《斯坦因第三次中亚考古所获汉文文献》（非佛经部分），上海辞书出版社 2005 年版。

西北第二民族学院、上海古籍出版社编：《法藏敦煌西夏文献》，上海古籍出版社 2007 年版。

俄罗斯科学出版社东方文学部、上海古籍出版社编：《俄藏敦煌文献》，上海古籍出版社 2004 年版。

夏鼐、宿白等编：《中国石窟》，中国文物出版社、日本国平凡社 1997 年版。

敦煌研究院编：《中国石窟·敦煌莫高窟》，文物出版社 2011 年版。

敦煌研究院编：《中国石窟·安西榆林窟》，文物出版社 2012 年版。

中国社会科学院西夏文化研究中心、宁夏大学西夏学研究院、甘肃古籍文献整理编译中心、内蒙古博物院等编：《西夏文物·内蒙古编》，中华书局、天津古籍出版社 2014 年版。

中国社会科学院西夏文化研究中心、宁夏大学西夏学研究院、甘肃古籍文献整理编译中心、甘肃博物馆等编:《西夏文物·甘肃编》,中华书局、天津古籍出版社 2014 年版。

中国社会科学院西夏文化研究中心、宁夏大学西夏学研究院、甘肃古籍文献整理编译中心、宁夏博物馆等编:《西夏文物·宁夏编》,中华书局、天津古籍出版社 2016 年版。

李范文:《西夏陵墓出土残碑粹编》,宁夏人民出版社 1984 年版。

曾晓梅、吴明冉:《羌族文献石刻集成·集释汇考》,巴蜀书社 2016 年版。

(三)研究著作

史金波、聂鸿音、白滨:《天盛改旧新定律令》,法律出版社 2000 年版。

史金波、白滨、黄振华:《文海研究》,中国社会科学出版社 1983 年版。

史金波、白滨、吴峰云:《西夏文物》,文物出版社 1988 年版。

[俄]克恰诺夫、李范文、罗矛昆:《圣立义海研究》,宁夏人民出版社 1995 年版。

史金波:《西夏经济文书研究》,社会科学文献出版社 2017 年版。

史金波:《西夏文化》,吉林教育出版社 1986 年版。

史金波:《西夏社会》,上海人民出版社 2007 年版。

漆侠、乔幼梅:《辽夏金经济史》,河北大学出版社 1998 年版。

史金波:《西夏佛教史略》,宁夏人民出版社 1988 年版。

杜建录:《西夏经济史》,中国社会科学出版社 2002 年版。

杜建录:《党项西夏碑石整理研究》,上海古籍出版社 2015 年版。

吴天墀:《西夏史稿》,四川人民出版社 1983 年版。

白滨:《西夏史论文集》,宁夏人民出版社 1984 年版。

陈炳应:《西夏文物研究》,宁夏人民出版社 1985 年版。

杜建录、史金波:《西夏社会文书研究》,上海古籍出版社 2012 年版。

韩荫晟:《党项西夏资料汇编》,宁夏人民出版社 2000 年版。

周伟洲:《党项西夏史论》,甘肃文化出版社 2017 年版。

杜建录主编:《党项西夏文献研究》,中华书局 2011 年版。

宁夏文化厅文物处编:《西夏文史论丛》,宁夏人民出版社 1992 年版。

李蔚:《西夏史研究》,宁夏人民出版社 1989 年版。

陈炳应译:《西夏谚语》,山西人民出版社 1993 年版。

罗福颐:《西夏官印汇考》,宁夏人民出版社 1982 年版。

聂鸿音:《西夏文德行集研究》,甘肃文化出版社 2002 年版。

聂鸿音:《西夏文〈新集慈孝传〉研究》,宁夏人民出版社 2009 年版。

彭向前:《党项西夏名物汇考》,甘肃文化出版社 2017 年版。

佟建荣:《西夏姓氏辑考》,宁夏人民出版社 2013 年版。

佟建荣:《西夏姓名研究》,社会科学文献出版社 2015 年版。

惠宏、段玉泉:《西夏文献解题目录》,阳光出版社 2015 年版。

史金波:《西夏文教程》,社会科学文献出版社 2013 年版。

芮传明:《古突厥碑名研究》,上海古籍出版社 1998 年版。

陈垣:《元西域人华化考》,上海古籍出版社 2000 年版。

［意］马可·波罗口述,鲁斯梯谦笔录,陈开俊译:《马可·波罗游记》,福建科学技术出版社 1981 年版。

［俄］戈尔巴切娃、克恰诺夫:《西夏文刊本和写本目录》,莫斯科东方学出版社 1963 年版。

［日］西田龙雄:《西夏语月月乐诗研究》,日本京都大学文学部研究纪要第二十五,1986 年版。

后　记

编纂一部多卷本西夏通志是多年的夙愿，2001 年教育部批准建设西夏学重点研究基地时，就将该任务纳入基地建设规划。只是鉴于当时资料匮乏，研究团队也比较薄弱，在上级主管部门和学界的支持下，确定先从基础资料和研究团队抓起，采取西夏文献资料整理出版、西夏文献资料专题研究和大型西夏史著作编纂的"三步走"战略，率先开展教育部基地重大项目"国内藏西夏文献整理研究"。2008 年多卷本《中国藏西夏文献》出版后，开始着手《西夏通志》的编纂，起初取名《西夏国志》，后更名《西夏通志》。经过几年的准备，2015 年获批国家社科基金重大项目，2017 年得到滚动支持，2022 年完成结项。

《西夏通志》编纂团队除史金波等前辈学者外，大多是基地培养出的学术带头人和学术骨干，他们绝大部分主持多项国家社科基金项目和部省级项目，有的承担国家社科基金重大重点项目，研究领域涉及西夏政治、经济、军事、文化、艺术、地理、文字、文献、文物等方方面面，为保质保量完成编纂任务奠定了坚实的基础。

《西夏通志》编纂过程中，得到学界的大力支持，史金波、陈育宁、聂鸿音、李华瑞、王希隆、程妮娜、孙伯君等先生或讨论提纲，或参与撰稿，或评审稿本，提出宝贵的意见。人民出版社赵圣涛编审积极组稿，并获批国家出版基金资助，使本书得以顺利出版，在此表示由衷地感谢！

杜建录

2025 年 3 月 12 日